"中华元典引读丛书"出版委员会

主　任：谢清溪
副主任：纪庆芳　展文婕
委　员（以姓氏笔画为序）：
　　　　　马　博　仝一帆　阮林要　李亚涛
　　　　　时　海　陈建恩　郑　鑫　胡玲霞
　　　　　姜　畅　高枫叶　谌洪波

春秋引读

涂文学 周德钧 著

河南大学出版社
·郑州·

图书在版编目（CIP）数据

春秋引读/涂文学，周德钧著. -- 郑州：河南大学出版社，2024.12. --（中华元典引读丛书/李振宏主编）. -- ISBN 978-7-5649-6077-3

Ⅰ.K225.04

中国国家版本馆 CIP 数据核字第 2024312PL1 号

春秋引读
CHUNQIU YINDU

总 策 划	孔令刚
责任编辑	杨光辉　时　海
责任校对	李　云
封面设计	翟淼淼
出版发行	河南大学出版社
	地址：郑州市郑东新区商务外环中华大厦 2401 号
	邮编：450046　电话：0371-86059701（营销部）
	网址：hupress.henu.edu.cn
排　　版	郑州印之星数字文化产业有限公司
印　　刷	河南印之星印务有限公司
版　　次	2024 年 12 月第 1 版
印　　次	2024 年 12 月第 1 次印刷
开　　本	889 mm×1194 mm　1/32　　印　张　10.75
字　　数	190 千字　　　　　　　　　　定　价　45.00 元

版权所有·侵权必究
本书如有印装质量问题，请与河南大学出版社营销部联系调换。

序

中华元典创生于春秋战国的大变革时代。自夏以来的中国早期文明社会,到周代的分封制度达到成熟阶段,这一社会形态的国家政体是贵族制。以中央王朝的国君即天子为一权力主体,以公卿士大夫即贵族为另一权力主体,世袭国君和世袭贵族通过宗亲和姻亲血缘纽带组成一个统治网络,代代相传、永恒不变地占据着国家政治生活、经济生活和文化精神生活的中心。这样一个贵族制社会从夏开始,一直延续了一千多年,到公元前770年周平王东迁,终于走向了它的衰落和蜕变。平王东迁作为一个象征性事件,标志着一个新时代的开端。春秋时期,王室衰微,礼崩乐坏,历史表面的混乱局面,掩盖着深层的历史潜流,人们往往用"春秋无义战"来描述这个时代;但历史一进入战国时期,其演变的本质便显示出来。战国时期各国变法的主流揭示,从春秋开始的这场历史大动荡,预示着一个崭新的历史时代的到来,它是一场社会形态的变革,是中国历史从贵族政治向官僚政治的过渡。

大凡历史剧烈动荡的岁月,给人们的启迪也往往更加丰富和深刻。历史的大动荡,亵渎了一切传统的神圣的东西。传统的政治体制逐渐坍塌,传统的意识形态、社会观念、思想文化遇到了前所未有的挑战。历史何以会发生这样剧烈的变革和动荡,在动荡中崩溃的社会应该以怎样的模式重新塑造等等,一系列带有世界观、历史观、社会观性质的问题,逼迫着人们去思考,去回答。于是,在思想文化领域,展开了一场长达三百年的百家争鸣。正是在这场反省历史、洞察现实、描绘未来的思想运动中,古圣先贤们为我们提供了一批支配后世民族文化发展的中华元典。这批中华元典,诸如《周易》《诗经》《尚书》《春秋》《礼记》《老子》《庄子》《论语》《墨子》《管子》《商君书》《韩非子》等等,是夏商周以来古典传统文化的积淀和结晶,又是新旧时代交替的历史启迪;它既积累了中华先民两千年文明史的卓越智慧,又是对一个新的历史进程的揭示和预见,充当了一个新时代的号角和先声。

中华元典是春秋战国这个特定时代的产物。一方面,社会历史在政治、经济上所经历的深刻变迁,给当时的思想家们以深刻的历史启迪,使其著作具有其他时代所无法比拟的深刻性；另一方面，传统社会坍塌的剧烈震撼，促使人们从历史的根本点上思考问题，从而使当时人们所提出的问题，多具有世界观、历史观和人生观的性质，具有比较广泛的普遍性价值或意义。

三十年前，冯天瑜先生在《元典文化丛书·序》中说：

> 历史的辩证法反复昭示：发展不是简单的生长和增进，它往往不一定呈直线式进步，而是通过一系列螺旋式圈层实现的。这样"回复"便不总是重复往昔，而可能是一种上升的形式，是"唤醒"事物在其开端时即已蕴蓄着的可能性的一种形式。作为由具有自觉意识的人类创造的文化，也生动地展现着螺旋式的发展轨迹，如欧洲"文艺复兴"的崇尚古希腊、"宗教改革"的服膺《圣经》，便是对"元典精神"的发扬和再造，而欧洲文化正是在这种"回复"中赢得历史性进步的。这种向"文化元典"汲取灵感，获得前进基点的现象在中国也多次出现，著名的"古文运动"便是典型事例。考之以中国近现代思想文化史，这种"返本开新""以复古为解放"，即回归元典精神以求新变的情形也俯拾即是。

冯天瑜先生所讲人类思想史上这种不断发生的"返本开新"现象，佐证了元典的不朽性。的确，中国先秦时代

所产生的文化元典,就有其不朽性。大致说,元典的不朽性主要取决于两个方面:

其一,它所提出的问题具有普遍性意义,是不同时代人们所关注的共同性问题,处在不同历史条件下的人们,都能从元典的阐述中汲取智慧,都能使自己的思考追溯到人类智慧的最初观照。譬如在元典中一再提出的如下问题:"天人之辨"(人与自然的关系)、"人性之辨"(关于人的本性善恶的思考)、"义利之辨"(社会道义与经济利益的关系)、"刑礼之辨"(刑法治理与礼制教化的关系)等等,这些问题对于两千多年的传统社会来说,无疑都是不朽的课题,像"天人之辨""人性之辨""义利之辨"等,还具有普遍的人类意义。

其二,"中华元典"的不朽性,还在于它对以上基本问题的解决,给后人的思考提供了一种具有高度抽象性的哲理性回答,从而使人们可以从各种角度受到它的启迪。在人类认识的早期时代,人们还不可能对自然界和社会进行解剖、分析,自然界和人类社会只能被作为一个整体去观察,从而得出混沌的整体性认识。这种认识,一方面有它不精确不完善的特点,而另一方面则使它有可能包含了对自然界和人类社会整体联系性的不少天才猜测。例如《老子》中的"道",《周易》中的运动观、发展观、变易观,《论语》中孔子的仁学思想体系,等等,都是对自然变化之道，人的社会属性的整体性、哲理性把握；而这种把握，则是其后人们借以展开自己思想的重要基础。"中华元典"在后世人们借以发挥自己思想创造的过程中，一再证明着自己的生命力和不朽性。

然而，从历史唯物主义的观点看问题，"中华元典"也不可避免地具有其历史局限性，世界上没有任何一种理论观点、学说体系具有超历史的价值和意义。每一时代的理论思维，"都是一种历史的产物"，都有它所适应的、能够发挥其作用的历史环境；一旦历史条件发生了根本性的变更，它的作用就将丧失或者发生相应的改变。"中华元典"作为一种理论思维的历史成果，它的基本内容，它所提出的各种命题的具体内涵，都不能不具有这种历史性质。这个历史性，既是它在其后两千多年传统社会中能够发挥重要作用的原因，也同时决定了它的局限性。解读和阐释文化元典，就是发扬或转换其不朽性，而正视其局限性，以确保在文化传承中保持清醒的头脑，秉持科学的态度。

解读元典文化精神，研究、传承和弘扬优秀传统文化的工作，已经进行了很多年，有了颇为丰硕的成果。然反省其研究状况，还是存在某些缺憾。

一是研究大多还集中在知识精英阶层，而把对元典思想的阐释变成广大社会公众的精神食粮，还有许多工作要做。

二是就社会大众的元典文化阅读来说，所做的工作多是集中在直接的普及方面，侧重对元典文献的注释或翻译，以为社会大众借助白话读本就可以进入元典精神的世界，就完成了元典文化的普及，而这是有认识上的误区的。

三是社会大众直接阅读元典译本，并不能对元典文化的历史作用有深刻的认识，而研究元典文化或者普及元典文化精神，其最终目的是帮助社会大众认识我们的文化国情，使人们知道民族精神的来龙去脉，知道今人的思想、思维、价值观念、心理观念之来源，清醒而理智地看待传统文化，继承和弘扬优秀传统文化。

河南大学出版社策划出版的这套"中华元典引读丛书"，目的就在于弥补以上缺憾。这套丛书的特色是：读者一书在手，既可窥见一部元典的思想要旨，又可明了其全方位历史影响，进入元典文化生成与发展的历史世界。这是真正地认识中华元典文化精神的导读丛书，是写给普通读者的书。

既是为社会大众提供适宜的元典导读，就必须在著作的科学性、导向性上下功夫。我们力求用充分辩证的科学理性去阐释元典文化的基本精神，对元典著作积极的或消极的文化影响，都给予尽可能全面的历史评说，使普通读者懂得如何从积极的方面对传统文化进行扬弃和取舍。因此，冷静的历史思辨色彩，成为这套丛书在著述风格上的重要特色。此外，我们还要求作者从以往学术著作引经据典、旁征博引、烦琐考证的传统文风中解脱出来，采用夹叙夹议、以议论为主的散体笔法，无论是对元典内涵的揭示，还是对其历史价值或历史影响的阐述，都尽可能结合具体生动的历史事例来展开，力求做到深入浅出，引人入胜。

现在丛书就要出版了，作者们贡献了自己的辛勤劳动、学识和智慧，但是否真的能够实现丛书的编写初衷，它的效果究竟如何，就交给亲爱的读者去判断了。

李振宏

2023 年 12 月 10 日于开封

目 录

一 "五经之管钥":《春秋》在儒家元典中的地位 / 1
　1.《春秋》释义 / 1
　2.《春秋》的作者 / 3
　3.《春秋》的内容、体例和"书法" / 13
　4.《春秋》在儒家元典中的地位 / 18
　5.《春秋》"三传":《公羊传》《穀梁传》
　　《左氏传》/ 22

二 《春秋》与中国传统政治文化 / 41
　1.《春秋》的政治文化理念 / 41
　2.《春秋》与中国传统政治文化 / 87

三 《春秋》与中国传统民族观及民族政策 / 128
　1.《春秋》华夷之辨 / 128
　2.《春秋》与中国传统民族观及民族政策 / 142

四 《春秋》与近代变革 / 168

1. "春秋公羊学"的复兴：近代学风变迁的肇始 / 168
2. "以经术为治术"：道、咸之际的经世思潮 / 198
3. "三统""三世"说与康、梁维新变法思想 / 228

五 《春秋》与中国传统学术范式 / 259

1. 历代"《春秋》学"述论 / 259
2. 《春秋》与中国传统史学 / 298
3. "三传"经典阐释路向与中国传统学术范式 / 308

一 "五经之管钥":《春秋》在儒家元典中的地位

1.《春秋》释义

将《春秋》作为史书的书名由来已久。据先秦时期的文献记载,西周末期至东周前期不少诸侯国的编年史大都以"春秋"相称。如墨子就曾说,"吾见百国《春秋》";《国语·晋语》记司马侯对晋悼公说,"羊舌肸习于《春秋》";《国语·楚语》记申叔时论教太子时说,"教之《春秋》";《战国策·燕策》记苏代说,"今臣逃而纷齐、赵,始可著于《春秋》";又记乐毅说,"贤明之君,功立而不废,故著于《春秋》";《管子·法法》说,"故《春秋》之记,臣有弑其君,子有弑其父者矣";《韩非子·内储说上》说,"鲁哀公问于仲尼曰:'《春秋》之记曰:"冬十二月,霣霜不杀菽。'"何为记此?"由此可见,其时晋、楚、燕、齐、鲁诸国史书都有《春秋》之名。故《墨子·明鬼》中有"周之《春秋》""燕之《春秋》""宋之《春秋》""齐之《春秋》"诸说。

《春秋》虽然为西周晚期和春秋时期各诸侯国史书的通名,但随着岁月的流逝,各国史书大都湮没散佚,除了鲁国编年史——《鲁春秋》。于是到春秋末期和战国时期,"春秋"便蜕演为鲁国编年史的专称。如《孟子·离娄下》说,"晋之《乘》,楚之《梼杌》,鲁之《春秋》,一也";《礼记·坊记》说,"鲁《春秋》记晋丧曰:'杀其君之子奚齐'""鲁《春秋》犹去夫人之姓曰'吴',其死曰'孟子卒'";《左传·昭公二年》记晋大夫韩宣子聘鲁,"观书于太史氏,见《易》象与《鲁春秋》";《公羊传·庄公七年》释"星霣如雨"条说,"不修《春秋》曰:雨星不及地尺而复。君子修之曰:星霣如雨"。这里说的"不修《春秋》",即指未经孔子删修的鲁国旧《春秋》。

《春秋》既演变为鲁国编年史的专称,这一名称便直接为孔子删修鲁国史书时所承袭。自从《春秋》传言为孔子所作,被拥上经典的宝座之后,后人在研究、阐释《春秋》经文的时候,也对《春秋》之名给予各种不同的解释。一些经学家尤其是今文经学家牵强附会,赋《春秋》之名以种种深意:"一、以为《春秋》当一王之法,其命名含有赏刑的意义，就是说：'取赏以春夏，刑以秋冬。'二、以为含有褒贬的意义，'一褒一贬，若春若秋'。三、以为《春秋》成书时期的关系，'哀公十四年春，西狩获麟，作《春秋》；九月，书成。以其书春作秋成，故云《春秋》'。"[①]上述诸说显然是《春秋》"经学化"的产物，而从根本上忽略了作为编年体史书本身所应该具有的本来含义。因此，当晋人杜预以一个史学家的眼光审视、研究《春秋》及《左传》时，才给《春秋》一个为后世一致公认的确切诠释。他认为，作为鲁国的一部史书，《春秋》把历史事件和时间紧密结合，按年、时、月、日的顺序记叙当时所发生的事情。"记事者，以事系日，以日系月，以月系时，以时系年，所以纪远近、别同异也。"（《春秋左传集解序》）后来徐彦为《春秋公羊传》作注疏时，也发表了类似的看法："《春秋》者，道春为生物之始，而秋为成物之终，故云：始于春，终于秋，故曰《春秋》也。"（《春秋公羊传注疏》）

2.《春秋》的作者

关于《春秋》的作者，也是一个久争不休的话题。从战国时期孟子提出孔子作《春秋》，到民国前期钱玄同等

[①] 周予同：《周予同经学史论著选集》（增订本），上海人民出版社，1996，第255页。

人认为《春秋》与孔子无涉，两千多年来关于《春秋》作者的争论就围绕孔子是否作《春秋》而展开，概括起来大致有三种说法：一是《春秋》为孔子所作；一是《春秋》为孔子据鲁国旧史而刊削；一是孔子根本就没有创作或刊削过《春秋》。

最早提出孔子作《春秋》之说的是孟子。在《孟子》一书中，多处提及孔子作《春秋》，如在《孟子·滕文公下》中，他说由于当时世道衰微，思想混乱，异端邪说和暴力争权横行，臣子杀君王、儿子杀父亲的事情时有发生，孔子感到十分恐惧，于是作《春秋》。《春秋》是讲君王之道的书。因为有了《春秋》，乱臣贼子就有所畏惧了。

在先秦典籍中，提到孔子与《春秋》有关系的还有《庄子》："孔子谓老聃曰：'丘治《诗》《书》《礼》《乐》《易》《春秋》六经，自以为久矣，孰知其故矣；以奸者七十二君，论先王之道而明周、召之迹，一君无所钩用。甚矣！夫人之难说也，道之难明邪？'"（《庄子·外篇·天运》）这里的"治《诗》……《春秋》六经"，不似《孟子》"孔子作《春秋》"意义明确，但也肯定了孔子与《春秋》的密切关系。

孟子关于孔子作《春秋》而乱臣贼子惧的观点，对后世影响极大。汉代史学大师司马迁作《史记·孔子世家》时，便直引孟子的这一观点：孔子说，君子最痛恨的是死后而名声不被世人所称颂。我的主张不能推行，我用什么东西留给后世呢？于是他就凭借鲁国史官留下的史料编写了《春秋》，上至鲁隐公，下迄鲁哀公十四年，前后一共十二个国君的历史。《春秋》是以鲁国历史为主体，以周王室为宗主，并上溯至殷商古代，上承三代传统。《春秋》一书虽然文辞简练，但义旨博大。所以吴国、楚国的国君自称王时，《春秋》将他们贬斥为"子"爵。践土的会盟，实际上是晋文公召周天子，而《春秋》避讳说是周天子狩猎于河阳。以此类推，孔子的目的是对当时不合礼乐制度的行径纠偏补弊。这种贬斥责备的深义，是为了使后世英明的王有所遵循并广为推行。如果《春秋》义旨能够推行，那么天下的乱臣贼子就会有所畏惧了。孔子在任时，审理诉讼案件，文辞上应该与别人商议和共同斟酌的，就从不武断判案。到他写《春秋》时，当写的就写，当删的就删，包括子夏在内的弟子们都不能增删一个字。弟子们学习《春秋》，孔子说：后世的人知道我的是通过这部书，怪罪指责我的也是因为这部书啊。

不仅是司马迁，董仲舒、刘向、桓宽、王充等著名学者也一致对孔子作《春秋》的说法予以认同。如董仲舒说：孔子作《春秋》，以王道为准绳来记述评价历史上万事万物，从而显现出他这位"素王"（有帝王之德而无帝王之位）的思想；孔子作《春秋》，向上探求天道以探正王公的位置，顺从万民的意愿。起用贤才，以待后来的圣人。所以引史书之记载,整理历史旧事,明辨是非。《春秋》所记鲁国十二公时期,都是衰微时代的史事,所以其弟子感到困惑。孔子说,我根据这些往事揣摩君王的心意,如果我是君王,光讲空话大道理没什么用,不如通过历史记述来得深刻明了。(《春秋繁露·俞序》)

刘向说:如果夏朝的道和秩序没有完全崩溃,那么商朝的道和秩序就不会产生;同样,如果商朝的道和秩序没有崩溃,那么周朝的道和秩序也不会自然产生。如果周朝的道和秩序没有完全崩溃,那么也不会有孔子作《春秋》,《春秋》作而后世的君子因此而明白周朝的道和秩序之所以崩溃的原因。(《说苑·君道》)

桓宽说:孔子说,《诗经》的作者因为天下无道而不能沉默不语,天下礼崩乐坏的时候我也不能充耳不闻而保持沉默。所以到七十多个国家到处游说,但没有发生什么作用。于是返回鲁国研究王道,编撰《春秋》,使之流传万世,作为天下判断万物的标准。(《盐铁论·相刺》)

王充说:孔子得鲁国史籍而作《春秋》,其立义创意,褒贬赏罚,没有重复照搬鲁国史籍,而是深思熟虑之后直抒胸臆。孔子作《春秋》,阐述王者思想主张,他虽然没有帝王之位,但其作《春秋》却是"素王"的事业。(《论衡·超奇》)

汉人认为《春秋》为孔子所作者,当然不止上述这些,在当时通行的一些谶纬类书中，类似说法比比皆是。如《春秋纬演孔图》《春秋纬元命苞》《春秋纬感精符》《春秋握诚图》《春秋说题辞》等，但这类书荒诞不经、推测之辞甚多，不足征信，兹不赘引。

分析上引各家说法，认为孔子作《春秋》，主要有两点：一是鲁国旧史只是孔子作《春秋》的素材，其体例乃孔子所创；二是《春秋》中的微言大义是原鲁《春秋》所没有的，即王充所谓"立义创意，褒贬赏诛，不复因史记者，眇思自出于胸中也"。这就将《春秋》说成是完全脱离鲁国旧有编年史而为孔子独立完成的著作了。

孟子及两汉诸家的上述说法为魏晋以降不少经学家所承袭，直至近代康有为、梁启超等仍力排众议，维持斯说。如康有为《孔子改制考》说："定《春秋》为孔子改制创作之书，谓文字不过其符号，如电报之密码，如乐谱之音符，非口授不能明。又不惟《春秋》而已，凡六经皆孔子所作。"（梁启超《清代学术概论》之二十三）

与"孔子作春秋"说稍有差异的是"孔子修春秋"之说。这一说又因经学派系不同（即今文经学与古文经学）而有很大差异。著名经学史家周予同先生对此说得颇为清楚："'今文学派'认孔子是经学的开创人物，所以《春秋》是孔子的著作。《春秋》有'未修的《春秋》'和'笔削后的《春秋》'的区别，他们是承认的；但'未修的《春秋》'

只是材料，不是著作；经过孔子笔削后的《春秋》，含有孔子的'微言大义'，那就一变而为孔子的著作了……'古文学派'不然，他们认周公是经学的开创人物，他们说《春秋》源于鲁史，鲁史的发凡起例由于周公，所以孔子对于《春秋》，只是根据周公的鲁史凡例加以修订补充，不能算是著作。"①

最先提出《春秋》凡例源于周公而非孔子之说的是晋人杜预。其《春秋左传集解序》云："周德既衰，官失其守，上之人不能使《春秋》昭明，赴告策书，诸所记注，多违旧章。仲尼因鲁史策书成文，考其真伪，而志其典礼，上以遵周公之遗制，下以明将来之法。其教之所存，文之所害，则刊而正之，以示劝戒。其余则皆即用旧史，史有文质，辞有详略，不必改也。故传曰其善志，又曰非圣人，孰能修之。盖周公之志，仲尼从而明之……其发凡以言例，皆经国之常制，周公之垂法，史书之旧章；仲尼从而修之，以成一经之通体。其微显阐幽，裁成义类者，皆据旧例而发义，指行事以正褒贬……然亦有史所不书，即以为义者，此盖《春秋》新意。"（《十三经注疏·春秋左传正义》）杜预此论的立足点是视《春秋》为史，认为《春秋》除了有褒善贬恶的劝诫之义外，并无所谓"经世大法"；而且其

---

①周予同：《周予同经学史论著选集》（增订本），第495页。

凡例大义周公早已确立，孔子在刊削时当然也加进了自己的见解，但只在原有基础上刊削增减而已。这实际上是提出了包括《春秋》在内的"六经"的创始人和集大成者是周公而非孔子的新观点。此论一出，后世古文家多宗之。如唐时"以周公为先圣，孔子为先师，孔子止配享周公，不得南面专太牢之祭"（皮锡瑞《经学历史》），便是源于这种观念。清代著名史学家章学诚提出"六经皆史"的著名命题，显然也深受杜氏之说的影响，他亦认为六经集大成者是周公而非孔丘："周公成文、武之德，适当帝全王备，殷因夏鉴，至于无可复加之际，故得借为制作典章，而以周道集古圣之成。斯乃所谓集大成也。孔子有德无位，即无从得制作之权，不得列于一成，安有大成可集乎？"（《文史通义》内篇二《原道上》）

杜预诸人的说法，理所当然地受到今文学派的非议。晚清著名今文经学家皮锡瑞辩驳尤甚。他认为：其一，孔子作《春秋》，先秦至西汉已有定论："六经皆孔子手订，无有言周公者。作《春秋》尤孔子特笔，自孟子及两汉诸儒，皆无异辞。孟子以孔子作《春秋》比禹抑洪水、周公兼夷狄驱猛兽，又引孔子'其义窃取'之言，继舜、禹、汤、文、武、周公之后，足见孔子功继群圣，全在《春秋》一书。尊孔子者，必遵前汉最初之古义，勿惑于后起之歧说。与其信杜预之言，降孔子于配享周公之列，不如信孟子之言，尊孔子以继禹、周公之功也。"其二,《春秋》是经不是史,孔子以前没有所谓经学,"经学开辟时代,断自孔子删定六经为始","《春秋》,鲁史旧名,止有其事、其文而无其义;亦如晋《乘》、楚《梼杌》,止为记事之书而已。晋《乘》、楚《梼杌》不得为经,则鲁之《春秋》亦不得为经矣","《春秋》自孔子加笔削褒贬,为后王立法,而后《春秋》不仅为记事之书"。他驳斥杜预等以孔子本周公之例删《春秋》是"降经为史",并指出杜预之人以为孔子的《春秋》有如《汉书》承继《史记》,简单抄录,稍加增删。杜预等人不相信《春秋》字里行间寓褒贬的微言大义,宋代王安石更正说《春秋》有如"断烂朝报"。这样就把《春秋》贬为一堆废纸了。这都是由于不知道孔子作"六经"为教万世治国理政、为人处世的标准和宗旨,不信汉代经学家的学说,而横生臆说,诋毁先秦儒家,开始于怀疑经典,最后发展到非难否定圣人的地步。(皮锡瑞《经学历史》)

显而易见,今、古文学派关于《春秋》与孔子关系的论争,由于对这部儒学元典旨趣的不同理解,带有较多主观意气及推测的成分,缺少纯客观的考证求真的历史态度。晚近以来,一些历史学家从对文献本身的考据出发,对上述诸说均提出了否定性意见。率先提出"孔子非《春秋》作者"这一惊世骇俗之论的是民国初年疑古大家钱玄同,他从三个方面阐述其见解:其一,从总体上否定"六经"的"经学元典"价值,认为是后世(汉及汉以后)儒家的"托古":"'六经'固非姬旦底政典,亦非孔丘底'托古'的著作(但其中有后来底儒者'托古'的部分;《论语》中道及尧、舜、文王、周公,这才是孔丘底'托古'),'六经'底大部分固无信史底价值,亦无哲理和政论底价值。"据此,他进而提出"孔丘无删述或制作'六经'之事"的结论。其二,通过检索《论语》中关于"六经"的言论,发现其中独无关于《春秋》的话,故证明孔子不曾作过《春秋》,《论语》"关于《春秋》的话,简直一句也没有。'答子张问十世'和'答颜渊问为邦'两节,今文家最喜征引,说这是关于《春秋》底微言大义,但我们仔细读这两节话,觉得真是平淡无奇,一点也看不出是什么'非常异义可怪之论';而且《春秋经》《公羊传》《春秋繁露》中也并没有和这两节相同或相近的话。这样一件大事业,《论语》中找不出一点材料来,不是极可疑的吗!"其三,孔子作《春秋》是孟轲的伪造,"孟轲因为要借重孔丘,于是造出'《诗》亡然后《春秋》作','孔子成《春秋》而乱臣贼子惧'的话,就这部断烂朝报,硬说它有'义',硬说它是'天子之事'"。"孟轲要将自己底学说依托孔丘,正与朱熹自己底'格物穷理说'和王守仁自己底'致良知说'要依托《大学》同样地心理。"究其根源,钱氏认为是"道统"思想作祟:"孟轲是第一个讲'道统'的人,他底全书底末章,由尧、舜、汤、文王、孔子,叙到他的时候,明明有'独力肩道统'的意思。"(钱玄同《答顾颉刚先生书》,见《古史辨》第一册中编)钱玄同上述论证尽管仍不乏武断推测之辞,如关于"孟子伪造"一节就缺少足够的证据,但毕竟开了彻底推倒"孔子作《春秋》"定论的先声。今人徐中舒、罗世烈等在此基础上进一步拓展,又提出了不少相关证据。首先,《春秋》的书法体例,前后不一,歧异甚多,证明其出于众手而非孔子一人所删定。如在隐公和桓公时,若不是鲁国卿大夫,无论诸侯盟会或统军作战,都不写诸侯国卿大夫的姓名。到庄公二十二年,《春秋》才写"及齐高傒盟于防",这是和诸侯国卿大夫结盟时书写诸侯国卿大夫姓名之始。又如,隐公、桓公、庄公、闵公四公时,诸侯国卿大夫统军出战征伐,都只称某国,而不具体写卿大夫的名称。如隐公二年写"郑人伐卫",到僖公十五年才写"公孙敖(鲁人孟穆伯)帅师及诸侯之大夫救徐"。写"诸侯之大夫",还不写出大夫的名字。到文公三年才写"晋阳处父帅师伐楚以救江",才将诸侯国统帅姓名写明。到宣公六年写"晋赵盾、卫孙免侵陈",才将两国率领军队的卿大夫都写出。直到成公二年,写"季孙行父、臧孙许、叔孙侨如、公孙婴齐帅师会晋郤克、卫孙良夫、曹公子首及齐侯战于鞌,齐师败绩",才将各国统军之官一一写明。诸如此类,不一而足。

另外,《春秋》中有"孔子生""孔子卒"的记载,也证明孔子不可能是《春秋》的作者。①

两千余年来关于孔子与《春秋》的关系,众说纷纭,莫衷一是。笔者以为,说孔子作《春秋》缺乏足够的证明,完全排除孔子与《春秋》的关系也嫌武断。至少,孔子曾经以《春秋》作为主要的历史教科书教授门徒(《史记·孔子世家》中"孔子以《诗》《书》《礼》《乐》教,弟子盖三千焉,身通六艺者七十有二人"即是明证),并在其间对《春秋》有所增删损益。孔子与《春秋》之间的关系仅此而已。

3.《春秋》的内容、体例和"书法"

《春秋》是春秋时期鲁国的编年体史书。它分年记事,"以事系日,以日系月,以月系时,以时系年",记述自鲁隐公元年至鲁哀公十四年共十二公、二百四十二年的历史。

《春秋》既然记鲁国十二公的历史,按常理说分为十二篇(或十二卷)应该是没有问题的,但由于今、古文经学之争,《春秋》的篇数也成为一个问题被争执不决。

---

①参见徐中舒:《〈左传〉的作者及其成书年代》,《历史教学》1962年第11期;罗世烈:《孔子与〈春秋〉》,《中国史研究》1980年第1期;张积:《四书五经》,新华出版社,1993。

《汉书·艺文志》有《春秋古经》十二篇,又有《春秋经》十一卷。在"经十一卷"下自注曰"公羊穀梁二家",可知"经十一卷"为今文经学所本,而古文经十二篇则为《左传》所据,清人钱大昕注"古经十二篇"句云:"谓《左氏》经也。汉儒传《春秋》者,以《左氏》为古文,《公羊》《穀梁》为今文,称'古经',则共知其为左氏矣。"今文经为何称十一卷,其理由如何休所说,闵公只在位两年,"子未三年,无改于父之道",故将闵公附于庄公。清人沈钦韩在《汉书疏证》中亦说,公羊、穀梁"二家合闵公于庄公,故十一卷。彼师当缘闵公事短,不足成卷,并合之耳"。

《春秋》作为鲁国编年史本是一极平常的史书,但自从被孟子赋予褒善贬恶、为王制法的深刻意旨后,后世儒家无论是古文经还是今文经的经学家都津津乐道,并开掘其"凡例""书法"和"微言大义"。洪兴祖云:"《春秋》本无例,学者因行事之迹以为例,犹天本无度,治历者因周天之数以为度。"(转引自皮锡瑞《经学通论·春秋》)这已明白道出《春秋》的所谓"例"是后儒附会开掘的主观产物。朱彝尊《经义考》进一步明确指出,"以例说《春秋》,自汉儒始"。

作为叙事及评断臧否人事价值标准规范的"例",由于出自后儒之手,自然歧义横生,莫衷一是。皮锡瑞《经学通论·春秋》"论三传以后说《春秋》者亦多言例,以为本无例者非是"条中曾罗列一大堆这类"例"。这些"例"虽然名目繁杂，但归纳起来，其实可简单地分为两点，即"书"与"不书"之例以及"如何书"之例。

所谓"书"与"不书"，是指什么该记载，什么该详记或略记，什么不该记载。关于此，杜预和唐人赵匡曾有较为明晰的说明。杜预在《春秋左传集解序》中说："其发凡以言例，皆经国之常制，周公之垂法，史书之旧章；仲尼从而修之，以成一经之通体。其微显阐幽，裁成义类者，皆据旧例而发义，指行事以正褒贬。诸称'书''不书''先书''故书''不言''不称''书曰'之类，皆所以起新旧，发大义，谓之'变例'。然亦有史所不书，即以为义者，此盖《春秋》新意。"他归纳《春秋》之"例"有五条：一曰"微而显"，二曰"志而晦"，三曰"婉而成章"，四曰"尽而不污"，五曰"惩恶而劝善"。"推此五体以寻经传，触类而长之，附于二百四十二年行事，王道之正，人伦之纪备矣。"赵匡归纳《春秋》"书"与"不书"的"体例"，有所谓"三""十"等。所谓"三"，包括：

（1）凡"即位""崩薨""卒葬""朝聘""盟会"等事为"常典"，故"悉书"之，且随其"邪正"定褒贬。

（2）凡"祭祀""婚姻""赋税""军旅""蒐狩"等，皆"国家"大事，属"书"的范围，唯其中"合礼"者，悉皆不取，《公羊》《穀梁》"常事不书"是之谓。至于事之"非"者，以及其合乎"变之正"者,乃取而"书"之,略为损益增饰,"以寄褒贬之意"。

(3)凡"庆瑞""灾异"及君王"被杀""被执"以及"奔、放、逃、归、入、纳、立"等,属"并非常"之事,也应该"书",并因之而加以"褒贬"。

所谓"十"者,包括：

(1)悉书以志实;(2)略常以明礼;(3)省辞以从简;(4)变文以示义;(5)即辞以见意;(6)记是以著非;(7)示讳以存礼;(8)详内以异外;(9)阙略因旧史;(10)损益以成辞。(陆淳《春秋集传纂例》卷一《赵氏损益义第五》)

《春秋》在"如何书"方面,主要是以一字定褒贬,所谓"一字之褒,荣于华衮;一字之贬,严于斧钺",通过极为精练的文辞表达"惩恶扬善"之大义。这正是司马迁所说的"约其文辞而指博"。"故吴、楚之君自称王,而《春秋》贬之曰'子';践土之会,实召周天子,而《春秋》讳之曰'天王狩于河阳'。推此类以绳当世。"(《史记·孔子世家》)同样是鲁君故世,《春秋》或书以"薨"(诸侯亡故的正式说法),或书之曰"卒"(大夫亡故的正式说法)。诸侯国之间的战争,《春秋》分别书以伐、侵、袭、入、克、灭、取、战、围、歼、追等不同文辞,以显示其性质差异。

如前所述,由于《春秋》的"凡例""书法"大多是汉儒生发出来的，因此，其穿凿附会、主观臆断便常常受到后人的批评。唐代著名史学家刘知几在《史通》中辟《惑经》专章对《春秋》"书法"的"虚美"倾向予以严厉指责；宋代大儒朱熹干脆否认《春秋》有所谓"一字定褒贬"的"微言大义"："《春秋》只是直载当时之事，要见当时治乱兴衰，非是于一字上定褒贬。""若欲推求一字之间，以为圣人褒善贬恶专在于是，窃恐不是圣人之意。""若谓添一个字，减一个字，便是褒贬，某不敢信。"朱熹不仅不信"一字之褒贬"，而且还否定其有"凡例变例"："或论及《春秋》之凡例，先生曰：《春秋》之有例固矣，奈何非夫子之为也。昔尝有人言及命格。予曰：命格，谁之所为乎？曰：善谈五行者为之也。予曰：然则何贵？设若自天而降，具言其为美为恶，则诚可信矣；今特出于人为，乌可信也！知此，则知《春秋》之例矣。""或人论《春秋》，以为多有变例，所以前后所书之法多有不同。曰：此乌可信？圣人作《春秋》，正欲褒善贬恶，示万世不易之法；今乃忽用此说以诛人，未几又用此说以赏人，使天下后世皆求之而莫识其意，是乃后世弄法舞文之吏之所为也，曾谓大中至正之道而如此乎！"(《朱子语类》卷八十三《春秋》)这里，朱熹主要是将《春秋》以史书视之，他理解的《春秋》"大义"是通过当时之事的叙载以见治乱兴衰，仅此而已。其他"书法""凡例"则不敢妄信。因此，他一针见血地指出，《春秋》病于"经文之太略,诸说之太烦,且其前后抵牾非一"。(《答龚惟微》)正是"经文太略"才给后儒留下阐释、附会、穿凿的广阔空间,《春秋》也因此而获得了超越文本而对后世产生深远影响的社会与文化意义。

4.《春秋》在儒家元典中的地位

《春秋》在《诗》《书》《礼》《乐》《易》等儒家经典著作中所处的地位,也是一个很有意思的问题。有些人如王安石、梁启超说它是"断烂朝报""流水账簿",将其贬得一文不值,但更多的则是推崇备至,赞誉有加。清代著名今文经学家刘逢禄指出:"圣人之道,备乎五经,而《春秋》者,五经之管钥也。"(《春秋公羊经何氏释例叙》)康有为也说:"六经粲然深美,浩然繁博,将何统乎?统一于《春秋》。《诗》《书》《礼》《乐》并立学官,统于《春秋》,有据乎?据于孟子。孟子述禹、汤、文、武、周公而及孔子,不及其他;书惟尊《春秋》。"(《春秋董氏学自序》)刘氏、康氏所云,代表了封建社会一般儒家对《春秋》的倾向性意见,《春秋》作为"五经之管钥""六经之首""诸经之总龟"被抬高到至高无上的地位。

《春秋》本来是一部极普通的编年体史书,何以能冠盖群经,独享至尊,这显然与今文学家对其政治性"大义"的阐释有关。如《礼记·经解》这样说:孔子说,进入一个国家,可以了解其对国民教化的情况,如果民众为人处世温柔厚道,一定是《诗》教化的结果;如果人们开明通达,博古通今,那当然是《书》教化的结果;如果是心胸开阔,轻松和善,那就是《乐》教化的结果;如果是清静清明,细致入微,那就是《易》教化的结果;如果是谦恭辞让,庄重严肃,那就是《礼》教化的结果;如果是善于辞令,明断是非,那就是《春秋》教化的结果。庄子也谈道:《诗》言明志向,《书》叙述历史,《乐》谈论和谐之道,《易》主张阴阳学说,《春秋》辨明君臣等级名分。董仲舒在《春秋繁露·玉杯》篇中则云:《诗》《书》标明其志向,《礼》《乐》涵养人之人格和性情,《易》《春秋》使人对人事和自然之认知变得更加智慧。司马迁在《史记·滑稽列传》中如此阐释道:孔子说,六艺在治理国家方面是有相同的作用的。《礼》可以节制、规范人的行为,《乐》可以促进人际关系的和谐,《书》可以让人知晓历史知识,《易》因讲天道阴阳让人领略自然界的神奇莫测,《春秋》因为讲君臣之道让人们知道恪守名分等级。

上引诸段文字,集中体现了古代思想家对几部儒学经典精神旨趣的根本性看法。笔者以为,今文学派对"六经"教化教义的看法是有层次性的。大体上说,《诗》《书》《礼》《乐》或局限于对具体人事的表达或记述,或着眼于对个体情感和普通人伦关系的教化与熏陶,属于儒家对社会教化的初级层次。《易》《春秋》则超越了个体人事和一般性的情感、人伦领域，而对自然与社会作整体性的哲理思考，因此属于高级层次。这种划分早在孔子教授弟子时就已确定："孔子以《诗》《书》《礼》《乐》教，弟子盖三千焉，身通六艺者七十有二人。"（《史记·孔子世家》）晚清著名今文经学家皮锡瑞对此作进一步申论说：

> 据此，则孔子删定"六经"，《书》与《礼》相通，《诗》与《乐》相通，而《礼》《乐》又相通。《诗》《书》《礼》《乐》教弟子三千，而通六艺止七十二人；则孔门设教，犹乐正四术之遗，而《易》《春秋》非高足弟子莫能通矣。（皮锡瑞《经学历史》）

在《易》与《春秋》这两部高级经典中，今文经学家更推崇和看重《春秋》，这主要是因为《春秋》通过对善恶作出价值判断并予以褒贬，对封建统治秩序、名分等级进行界定，对封建专制制度的极力维护而阐发了"大一统""尊王攘夷"等所谓"微言大义"，等等，从而成为历代封建帝王治世经邦的"政治教科书"。如孟子直称"《春秋》，天子之事也"。董仲舒认为其"上明三王之道，下辨人事之纪，别嫌疑，明是非，定犹豫，善善恶恶，贤贤贱不肖……王道之大者也"（《史记·太史公自序》转引董语）。他甚至武断地宣称"《春秋》之道，大得之则以王，小得之则以霸"(《春秋繁露·俞序》)。宋儒石介则以《周礼》《春秋》为二大典,也特别看重《春秋》的这种"治世"功能:"《周礼》明王制,《春秋》明王道,可谓尽矣。执二大典以兴尧、舜、三代之治,如运诸掌。"(《徂徕石先生文集》卷七《二大典》)此书对统治者有如此直截明了的功用,当然要受到统治者的重视,作为"诸经之总龟"予以厚待了。

《春秋》作为封建统治阶级的"政治教科书"受到经学家和政治家们的青睐,与中国传统文化体系重政治、重伦理有密切关系。"六经"中的其他几部经典,除了《易经》外,宗法伦理的意蕴都极为丰富,但相对于《春秋》而言,在政治与伦理的结合上就稍显逊色。唯有《春秋》,把"治术"与"礼"——即政治与伦理紧密黏合起来,赋予独尊的王权以合理的伦理内涵,使统治者的"治术"上升为政治哲学。因此,《春秋》作为中国传统政治—伦理型文化的主要渊源之一被置于"六经之首"就毫不足怪了。

经学家把《春秋》列为"六经之首"的另一个直接的表现就是"六经"顺序的排列。古文学家一般是按《易》《书》《诗》《礼》《乐》《春秋》顺序排列,如班固《汉书·艺文志》《白虎通德论·五经篇》。这个顺序大致按"六经"成书时代的先后排列,没有什么深意。今文学家所列"六经"顺序一般为《诗》《书》《礼》《乐》《易》《春秋》,如董仲舒《春秋繁露·玉杯》《史记·儒林列传》

等。这种顺序与古文学家不同,将《诗》《书》《礼》《乐》排在前,《易》《春秋》殿后。今文学家的这种编排方法,显然寓意不凡。周予同先生对此有过简洁明了的论述:

> 今古文学对于六经次第的排列,是有意义的。所谓意义是什么呢?就是古文学的排列次序是依六经产生时代的早晚,今文学却是按六经内容程度的浅深……今文学家视孔子为教育家、哲学家、政治家。他们以为六经固有前代的史料,但这只是孔子"托古改制"的工具。孔子所着重的,不在于六经的文字事实,而在于六经的微言大义;这正如孟子赞美《春秋》所说,"其事则齐桓、晋文,其文则史,其义则丘窃取之矣"。孔子既是一位改制的"素王",则六经的次第当然要按程度的浅深而排列。①

这里,今文学家以其惯用的方式,赋所有事物以深刻寓意,通过六经次第的排列,将《春秋》殿后,对《春秋》"六经之尊"的崇高位置给予了最直露的肯定。

5.《春秋》"三传":《公羊传》《穀梁传》《左氏传》

由于《春秋》文辞简约,词义隐晦,二百四十余年漫长时段中的列国史事,只用短短一万六千多字加以记叙,

---

①周予同:《周予同经学史论著选集》(增订本),第214—215页。

于是后世便不断有解释《春秋》的文字问世。据《汉书·艺文志》记载，西汉时阐释《春秋》的共有五家，即左氏、公羊、穀梁、邹氏、夹氏。因《春秋》被儒家后学尊称为"经"，释经之书便被称为"传"。解《春秋》的五部书中，邹氏无师，夹氏无书，传世者有《春秋公羊传》《春秋穀梁传》及《春秋左氏传》，合称"《春秋》三传"。

（1）《春秋》"三传"的作者及其传授

与《春秋》本经一样，《春秋》"三传"的作者及其传授经历也是一个众说纷纭的话题。

《春秋公羊传》简称《公羊传》，亦称《公羊春秋》。关于其作者，最早的说法认为是战国时齐人公羊高。《汉书·艺文志》："《公羊传》十一卷。公羊子，齐人。"《春秋说题辞》记孔子曰："传我书者，公羊高也。"颜师古据此在其《汉书注》中称"公羊子"就是公羊高。关于《公羊传》作者的另一说法是西汉时人公羊寿。东汉经学家何休在《公羊经传解诂》中有此一说。唐人徐彦在其《春秋公羊传注疏》中引戴宏序云："子夏传与公羊高，高传与其子平，平传与其子地，地传与其子敢，敢传与其子寿。至汉景帝时，寿乃共弟子齐人胡母子都著于竹帛。"《四库全书总目提要》取何休、徐彦之说，把作者定为公羊寿，并驳斥作者为公羊高的说法："今观《传》中有'子沈子曰''子司马子曰''子女子曰''子北宫子曰',又有'高子曰''鲁子曰',盖皆传授之经师,不尽出于公羊子。定公元年《传》'正棺于两楹之间'二句,《穀梁传》引之,直称沈子,不称公羊。是并其不著姓氏者亦不尽出公羊子。且并有'子公羊子曰',尤不出于高之明证。知《传》确为寿撰,而胡母子都助成之。旧本首署高名,盖未审也。"(《四库全书总目提要》卷二六《春秋类一·春秋公羊传注疏》)

上述两说,公羊高之说显然不足征信,而定为公羊寿也失之偏颇。其实,《四库全书总目提要》已经说得很明白,《公羊传》并非出自某一人之手。较为符合历史真实的情形是:战国时期《公羊传》始见雏形,以后一直口耳相传,经众多无名氏不断加工改作,到汉景帝时才成书传世。事成于公羊寿持之有故,而始于孔子门徒子夏,则纯系传说,大不可信。近人崔适《春秋复始》对此申论说:"子夏少孔子四十四岁,孔子生于襄公二十一年,则子夏生于定公二年,下迄景帝之初,三百四十余年。自子夏至公羊寿,甫及五传,则公羊氏世世相去,六十余年,又必父享耄年,子皆夙慧,乃能及之,其可信乎?"

《春秋穀梁传》简称《穀梁传》,亦称《穀梁春秋》。关于《穀梁传》的作者也是歧义纷陈,史无确载。《汉书·艺文志》:"《穀梁传》十一卷。穀梁子,鲁人。"

颜师古《汉书注》曰："穀梁子名喜。"清儒钱大昭《汉书辨疑》认为"喜"应为"嘉"。除此之外，关于穀梁子之名还有多种说法：王充《论衡·案书》作"穀梁寘"，桓谭《新论》、应劭《风俗通义》、蔡邕《正交论》、陆德明《经典释文》引糜信注，都认为叫"穀梁赤"，阮孝绪《七录》及《元和姓纂》引《尸子》语作"穀梁俶"，杨士勋《春秋穀梁传注疏》又引作"穀梁椒"。

关于《穀梁传》的产生与传授也无定论。唐人杨士勋在《春秋穀梁传注疏》中叙说最详："穀梁子名椒，字元始，鲁人。一名赤。受经于子夏，为经作传，故曰《穀梁传》。传孙卿，孙卿传鲁人申公，申公传博士江翁。其后鲁人荣广大善《穀梁》，又传蔡千秋。汉宣帝好《穀梁》，擢千秋为郎，由是穀梁之传大行于世。"杨氏言之凿凿，线索清晰，但越是这样疑点越多。其主要之点在于杨氏以确切的口吻说穀梁子为子夏门人，《穀梁传》为其一人所创作，与其他经传经口耳传授成于众手、最后著录成书的历史实际大相径庭。《四库全书总目提要》对此予以辩驳说："'为《经》作《传》'则当为穀梁子所自作。徐彦《公羊传疏》又称，公羊高五世相授，至胡母生乃著竹帛，题其亲师，故曰《公羊传》；穀梁亦是著竹帛者题其亲师，故曰《穀梁传》，则当为传其学者所作。案《公羊传》'定公即位'一条，引'子沈子曰'，何休《解诂》以为后师……此《传》'定公即位'

一条,亦称'沈子曰'。公羊、穀梁既同师子夏,不应及见后师。又'初献六羽'一条,称'穀梁子曰'。《传》既穀梁自作,不应自引己说。且此条又引'尸子曰',尸佼为商鞅之师,鞅既诛,佼逃于蜀,其人亦在穀梁后,不应预为引据。疑徐彦之言为得其实,但谁著于竹帛,则不可考耳。"(《四库全书总目提要》卷二六《春秋类一·春秋穀梁传注疏》)这段话,实际上从三个方面否定了杨氏的"定论":一是穀梁氏非子夏门人;二是《穀梁传》并不是穀梁子一人著录;三是《穀梁传》成书于《公羊传》之后。因此,关于《穀梁传》成书经过,还是皮锡瑞的说法较为可信:《公》《穀》二传大致相似,世代相传,非一人之手所完成。(参见皮锡瑞《经学通论·春秋》)

《春秋左氏传》,简称《左传》,另有《左氏春秋》《〈春秋〉古文》诸称。《左传》作者,相传为与孔子同时的左丘明。这一说法,最早见之于史载的是《史记·十二诸侯年表序》:"是以孔子明王道,干七十余君,莫能用,故西观周室,论史记旧闻,兴于鲁而次《春秋》,上记隐,下至哀之获麟,约其辞文,去其烦重,以制义法,王道备,人事浃。七十子之徒口授其传指,为有所刺讥褒讳挹损之文辞不可以书见也。鲁君子左丘明惧弟子人人异端,各安其意,失其真,故因孔子史记具论其语,成《左氏春秋》。"稍后,班固著《汉书》,在《艺文志》和《刘歆传》中分别阐明对左丘明作《左传》的看法："仲尼思存前圣之业……以鲁周公之国，礼文备物，史官有法，故与左丘明观其史记。据行事，仍人道，因兴以立功，就败以成罚，假日月以定历数，借朝聘以正礼乐。有所褒讳贬损，不可书见，口授弟子，弟子退而异言；丘明恐弟子各安其意，以失其真，故论本事而作传，明夫子不以空言说经也。""歆以为左丘明好恶与圣人同，亲见夫子，而公羊、穀梁在七十子后；传闻之与亲见之，其详略不同。"观《史记》与《汉书》上述记载，可谓同异互见。同者，认为左丘明与孔子同时，也是鲁人，孔子作《春秋》后，担心孔门弟子各据己意，乖违经义，故作《左传》，为《春秋》作标准解释。异者则有二：一是《史记》未言孔子与左丘明同观鲁之史记，二是《史记》以左丘明为鲁君子，而《汉书》则说左丘明为孔门七十二弟子之一。自《史记》《汉书》之说出，左丘明作《左传》几成定论。"自刘向、刘歆、桓谭、班固皆以《春秋》传出左丘明，左丘明受经于孔子。魏晋以来儒者更无异议。"(《四库全书总目提要》卷二六《春秋类一·春秋左传正义》)典型者如杜预在《春秋左传集解序》里所说的：左丘明从孔子那里接受了经书，并认为这些经书是不可更改的经典之作。所以他撰写《左传》，或者是在经文的前面叙述史事，或者在经文的后面通过叙事来阐释经文的大义，或者依托经文来辨明道理，或者修改和结合经书的文字来表达作者与经书相同和不同的观点。左氏依随经文大义撰写史书，他重视史书体例，对于旧史遗文该略写即略写，并不都是详尽列举。这主要是因为这些史事并非都是圣人修订经书时所主张的东西。左氏身为国史，亲自读遍了所有历史典籍，广泛记载历史上发生的事件以备后人知晓、研究。他的文章气象博大，意旨深远，将能帮助学者探求事物发展的始末及规律，使他们不仅了解事情的一般状况，更可探求隐藏在事件背后的终极原因……

但是，这一定论到了唐朝开始被人怀疑。赵匡提出左氏不是左丘明，《左传》作者左氏与《论语》上说的左丘明是两人，左丘明是孔子以前贤人，如"史佚、迟任之类"，而左氏则与公羊氏、穀梁氏相似，皆为孔门以后的门人。（见陆淳《春秋集传纂例·赵氏损益义》）此论一出，响应者颇多。如王安石专著《春秋解》，证左氏非左丘明十一事；朱熹说"左氏不必解是丘明"；叶梦得云《左传》记事终于智伯，当是六国时人；郑樵在《六经奥论》一书中列八条证据，证明左氏应为六国时之楚人。到了清代，刘逢禄作《左氏春秋考证》，不仅否认左氏为左丘明，而且欲从根本上推倒左氏作《左传》的成见，提出《左传》系刘歆根据《国语》改窜而成的观点，晚清康有为撰《新学伪经考》也申此说。这一观点后来得到瑞典汉学家高本汉的印证，其《左传真伪考》通过对《左传》《论语》《孟子》《国语》的文法组织、字词用法作详细比较，证明《左传》与《国语》属同一语言、文法体系，据此推断《左传》并非鲁君子所作。既然《左传》非左丘明所作，那么《史记·十二诸侯年表序》的记载又作何解释？近人崔适在《史记探源》中设七证予以辨正，以为系古文经学家依刘歆《七略》之言所窜入。此言果当是实，则无疑为釜底抽薪，刘歆依《国语》窜作《左氏》可成定论。只可惜崔氏经学党派意气太浓，武断推测之辞甚多，后人并未相信。

如此看来，有关《左传》的作者可谓众说纷纭，难解之至。无论是谁，都不能确断谁是其真正的作者。近半个世纪以来，新中国史学工作者对这一问题的研究争论仍持续不断。学术界既怀疑左丘明作《左传》的传统说法，也否认刘歆据《国语》篡改伪作的结论，一般倾向于其成书于战国初中期，至于作者，则存而不论。

《左传》作者之谜，与其发现与传授充满传奇和疑点有关。关于《左传》的发现，古代也缺乏明确记载。周予同先生通过研究，归为三说：

一、以为汉代藏于秘府，为刘歆所发现。《汉书·刘歆传》载歆《移让太常博士书》说："《春秋左氏》丘明所修,皆古文旧书……藏于秘府,伏而未发。孝成皇帝闵学残文缺,稍离其真,乃陈发秘藏,校理旧文,得此三事。"(按三事指《左传》及《古文尚书》《逸礼》)又本传亦说:"歆校秘书,见古文《春秋左氏传》……初《左氏传》多古字古言,学者传训故而已。及歆治《左氏》,引传文以解经,转相发明,由是章句义理备焉。"按今文学家以《左传》为刘歆所窜改伪造,则这史料也殊可疑。

二、以为系汉初张苍所献。许慎《说文解字序》说:"北平侯张苍献《春秋左氏传》。"《隋书·经籍志》本其说,亦以为"《左氏》,汉初出于张苍之家,本无传者"。按许慎为东汉古文学者,张苍献《左传》的话不见于西汉他书,恐亦难可凭信。

三、以为发现于孔子宅壁中。王充《论衡·案书篇》说:"《春秋左氏传》者,盖藏孔子壁中。孝武皇帝时,鲁恭王坏孔子教授堂以为宫,得佚《春秋》三十篇,《左氏传》也。"又《佚文篇》说:"鲁恭王坏孔子宅以为宫,得《春秋》三十篇……上言武帝,武帝遣吏发取。"按这说恐是王充谰言,清段玉裁已加以否认。《说文解字序》段注说:"《论衡》说《左传》三十篇出恭王壁中,恐非事实。"

总之,《左传》的来源,在西汉时代,已没有明确的记载可考。[1]

《左传》的来历史载多有歧义，然关于其传授过程却有明确的记录。《左传正义》引刘向《别录》："左丘明授曾申，申授吴起，起授其子期，期授楚人铎椒，铎椒作《抄撮》八卷授虞卿，虞卿作《抄撮》九卷授荀卿，荀卿授张苍。"这段记述尽管谱系明确，但验之以前引诸说，左丘明作《左传》已成一大疑案，而张苍献《左传》又仅有许慎《说文解字序》之"孤证"，斩头去尾，其可信程度就不得不大打折扣，殊觉可疑了。通过对汉代诸种史料的综合分析，关于《左传》渊源、传授、成书，最后只能得出这样一个大致结论：《左传》大约肇始于战国初、中期，西汉初年已在民间流传，西汉末年成帝时，经刘歆整理诠释始见正式文字著录，至汉平帝时王莽当政，立于学官，从此影响大著。

（2）《春秋》"三传"的内容和旨趣

《春秋》"三传"分属古文经学与今文经学两大学派，《公羊传》《穀梁传》是今文经学，《左传》是古文经学。"三传"在与《春秋》的关系上，在解释经文的旨趣上都有很多违异之处。

---

[1] 周予同：《周予同经学史论著选集》（增订本），第260–261页。

《公羊传》是今文经学最为推崇的典籍之一，着重阐发《春秋》的"微言大义"，在编撰体裁上采用问答体，对经文逐层加以系统阐释。何休在《春秋公羊经传解诂序》中认为《公羊传》"多非常异义可怪之论"。这些"怪论"后人归纳为"三科九旨""五始""七等""六辅""二类""七缺""八缺"等。关于"三科九旨"，何休和宋翔凤解释各不相同。何休认为："三科九旨者，新周，故宋，以《春秋》当新王，此一科三旨也。""所见异辞，所闻异辞，所传闻异辞，二科六旨也。""内其国而外诸夏，内诸夏而外夷狄，是三科九旨也。"宋氏的解释是："三科者，一曰张三世，二曰存三统，三曰异外内，是三科也。九旨者，一曰时，二曰月，三曰日，四曰王，五曰天王，六曰天子，七曰讥，八曰贬，九曰绝。时与日、月，详略之旨也；王与天王、天子，是录远近亲疏之旨也；讥与贬、绝，则轻重之旨也。"何、宋的区别在于，前者认为九旨在三科之内，后者则说九旨在三科以外。"五始""七等""六辅""二类"，徐彦《春秋公羊传注疏》引何休《文谥例》谓："五始者，元年、春、王、正月、公即位是也。七等者，州、国、氏、人、名、字、子是也。六辅者，公辅天子，卿辅公，大夫辅卿，士辅大夫，京师辅君，诸夏辅京师是也。二类者，人事与灾异是也。""七缺"，徐彦上书引《春秋说》云："七缺者，惠公妃匹不正，隐、桓之祸生，是为夫之道缺也。文姜淫而害夫，为妇之道缺也。大夫无罪而致戮,为君之道缺也。臣而害上,为臣之道缺也。僖五年,晋侯杀其世子申生;襄二十六年,宋公杀其世子痤:残虐枉杀其子,是为父之道缺也。文元年,楚世子商臣弑其君髡;襄三十年,蔡世子般弑其君固:是为子之道缺也。桓八年正月己卯,烝;桓十四年八月乙亥,尝;僖三十一年夏四月,四卜郊,不从,乃免牲,犹三望:郊祀不修,周公之礼缺。是为七缺也矣。"《通纬逸书考·春秋纬》另有所谓"八缺之义":"隐元年不书即位,君道缺。祭伯来非王命,臣道缺。郑伯克段,兄弟道缺。书惠公仲子,夫妇道缺,父子道缺矣。其八缺之义与!"

《公羊传》的这些"非常异义可怪之论",表现的是《公羊传》适应封建专制统治的需要,着意于从政治伦理的角度对《春秋》予以阐发。尽管其言辞僻奥难解,但所表达的意义是十分明确的:一是宣扬"大一统"观念,"何言乎王正月?大一统也";二是从"大一统"的专制思想出发,阐发"尊王攘夷""详内略外""亲近疏远"的民族思想;三是宣扬"君亲无将,将而诛焉",为封建社会建立起君臣父子夫妇尊卑的等级秩序;四是阐发"张三世""通三统""绌周王鲁""受命改制"等历史进化观,成为历代政治家改制革新的理论依据。

《公羊传》对《春秋》所谓"微言大义"的生发阐述,已从根本上超越了《春秋》的原初意义,将其从一"流水账簿"式的编年体史书升格为指导封建社会统治阶级思想行为的政治哲学。从某种意义上来说,《春秋》"微言大义"的神圣外衣是通过《公羊传》给披加上去的,《公羊传》正是在解经的外表下营造起自己独特的政治——伦理哲学体系。因此,追根溯源,对中国封建政治体制产生深刻影响并奠定传统封建专制政治文化格局基石的与其说是《春秋》,毋宁说就是《公羊传》。正如魏源所说:"无三科、九旨则无《公羊》,无《公羊》则无《春秋》,奚微言之与有!"(《公羊春秋论》下)

《穀梁传》与《公羊传》一样,同属今文经学,其旨趣、体例、体裁与《公羊传》大同小异。尤其是在阐发《春秋》的"微言大义"上,《穀梁传》阐扬封建"大一统"和尊卑等级观念,为尊者讳,为贤者讳,与《公羊传》如出一辙。如"隐公不书即位,《公羊》云成公意,《穀梁》云成公志;郑伯克段于鄢,皆云杀之……僖十七年夏灭项,公羊云:孰灭之?齐灭之。曷为不言齐灭之?《春秋》为贤者讳。此灭人之国,何贤尔?君子之恶恶也疾始,善善也乐终,桓公尝有继绝存亡之功,故君子为之讳也。《穀梁》云:孰灭之?桓公也。何以不言桓公也?为贤者讳也。既灭人之国矣,何贤乎?君子恶恶疾其始,善善乐其终。桓公尝有存亡继绝之功,故君子为之讳也"。《穀梁传》与《公羊传》在阐发《春秋》"大义"上旨趣相同,除了二书同属今文学派外，一个直接原因是《穀梁传》成书于《公羊传》之后，因此"研究公羊之说，或取之，或不取，或驳之，或与己说兼存之"。其驳正《公羊传》有一明显例证，便是《春秋》宣公十五年，"冬，蝝生"。《公羊传》解释为："未有言'蝝生'者。此其言蝝生何？蝝生不书，此何以书，幸之也。幸之者何？犹曰受之云尔。受之云尔者何？上变古易常，应是而有天灾，其诸则宜于此焉变矣。"这显然是站在反对变革的保守立场上，将天灾与初税亩联系在一起，认为天灾是上天对改制的惩罚。《穀梁传》不同意这种观点，直接辩驳云："蝝非灾也。其曰蝝，非税亩之灾也。"所以，晚清著名经学家在详述"公羊""穀梁"这种异同后，认为"其传较'公羊'为平正"。（本节引文均见皮锡瑞《经学通论·春秋》）

但是，由于《穀梁传》袭取《公羊传》主要编纂意旨，缺乏独到的创意，因此其对中国政治与文化的影响远不如《公羊传》以及稍后要谈到的《左氏传》，甚至多少有些《公羊传》之附庸的意味。《穀梁传》在汉宣帝时虽赖刘向诸人之力有一时之盛，但东汉以后，其流行的情况远不及《公羊传》及《左传》。历代研究注疏《穀梁传》的学者、典籍也寥寥可数，较有影响的只有东晋范宁的《穀梁集解》，唐代杨士勋的《穀梁疏》，清代侯康的《穀梁礼证》、柳兴恩的《穀梁大义述》、许桂林的《穀梁释例》、钟文烝的《穀梁补注》等数部,显然难以与汗牛充栋的《公羊传》《左传》的有关著作相比,个中原因不言可知。

《左传》在经学派别内属古文经学,但在经、史、子、集四部传统学术分类体系中又属史学著作,其与《春秋》的关系远较《公羊》《穀梁》二传复杂。历来不少学者不承认《左传》为释经之作,认为它是一部独立的史学著作。唐刘知己在《史通》中作《惑经》《申左》来公然贬《春秋》褒《左传》,显然也不认为其是传经之作。唐人陈商在《立〈春秋左传〉学议》中说:"孔圣修经,褒贬善恶,类例分明,法家流也;左丘明为鲁史,载述时政,惜忠贤之泯灭,恐善恶之失坠,以日系月,修其职官,本非扶助圣言,缘饰经旨,盖太史氏之流也。举其《春秋》……当与《诗》《书》《周易》等列。丘明所以为史,《左传》当与司马迁、班固等列。"(见孙光宪《北梦琐言》)北宋刘安世说:"读《左氏》者当经自为经,传自为传,不当合而为一也。"清人刘逢禄亦谓:"左氏以良史之材,博闻多识,本未尝求附于《春秋》之义。后人增设条例,推衍事迹,强以为传《春秋》,冀以夺'公羊'博士之师法,名为尊之,实则诬之,左氏不任咎也……余欲以《春秋》还之《春秋》,左氏还之左氏,而删其书法凡例及论断之谬于大义,孤章绝句之依附经文者,冀以存左氏之本真。"这些议论,或许有经学派系内党同伐异的意气之争,但考之于《春秋》,

则确有不少出入之处。大约说来，有如下两点：其一，在叙事的时段上，《春秋》止于鲁哀公十四年"获麟"，《左传》续经到哀公十六年，较《春秋》本经多二年，又叙事到悼公四年止，较《春秋》多出十七年。另外，《左传》在记述隐、桓之事时，曾追述至周宣王二十三年（公元前805年）晋穆侯伐条之役，早于《春秋》八十三年，而且一些事件与《春秋》经文完全无涉。其二，与《春秋》相比，《左传》缺文较多。刘逢禄《左氏春秋考证》曾列举缺文，详加证明。如庄公二十六，《春秋》书曰："春，公伐戎"；"夏，公至自伐戎"，"曹杀其大夫"；"秋，公会宋人、齐人伐徐"；"冬，十有二月癸亥朔，日有食之"；等等。《左传》皆无传文，而仅有"春，晋士蒍为大司空"；"夏，士蒍城绛以深其宫"；"秋，虢人侵晋"；"冬，虢人又侵晋"等语。[①]经传两不相涉，实可谓经自经，传自传。

上述论点论据固然言之成理，无可辩驳，但是说《左传》是解经之作同样可以胪举一大堆理由，证实《左传》与《春秋》之间存在的密切联系：其一，对《春秋》书法的解释说明。如隐公元年《春秋》书曰"元年春，王正月"，《左传》解释说："元年春，王周正月，不书即位，摄也。"这里首先解释"春正月"是据周朝历法确定的，其次说明隐

---

① 参见周予同：《周予同经学史论著选集》（增订本），第257页。

公只是代桓公摄政，通过两方面的补充记述，以申明《春秋》之"义"。其二，以事实补充甚至说明《春秋》。如《春秋》写隐公死，只写"公薨"二字，而《左传》则详细交代了隐公被暗害的原因和过程。再如，《春秋》对晋、楚间的邲之战，仅记有"夏六月乙卯晋荀林父帅师及楚子战于邲，晋师败绩"21字，而《左传》则详细记叙了这场战争的始末，全文多达两千多字。类似例子俯拾皆是。其三，对《春秋》错误予以订正。如襄公二十七年《春秋》载："十有二月乙亥朔，日有食之。"《左传》改记为："十一月乙亥朔，日有食之。"经后来不少科学家推算，结果证实《左传》的改动是正确的。

关于《左传》是否为解经之作，可谓仁者见仁，智者见智。笔者以为，作为较之《春秋》晚出的《左传》，在多方面受《春秋》的影响，至少在编纂体例、结构上同于《春秋》，因此其相互之间的联系肯定是存在的，完全排除《左传》与《春秋》的联系缺乏应有的历史主义态度；但说《左传》如《公羊》一样是解经之作，则忽略了《左传》作为独立的史学著作的应有价值。我们既承认《春秋》与《左传》在学术渊源上的内在联系，同时又认为《左传》在中国思想史、文化史上有独立价值。《左传》阐扬的民本思想、无神论思想显然与《春秋》《公羊》大相径庭。它为后世提供的大量经济史、思想史、科技史方面的史料,《春秋》《公羊》远不能及。

从上文对"《春秋》三传"的简略介绍中,我们已大略窥见《公羊传》《穀梁传》与《左传》在编撰旨趣上的明显差异。历来"《春秋》学"研究者对其旨趣、风格、长短等都有精辟的议论。如郑玄说:《左传》着重于记述朝聘、祭祀、会盟、田猎之事,《公羊》解经多有讳化倾向,《穀梁》则以例说经解经。范宁从风格方面评价说:《左传》文字优美,记载历史内容丰富,但缺点是多述鬼神怪异,预言祸福;《穀梁》辞清义通且委婉含蓄,但缺点是资料短缺不够翔实;《公羊》论事说理,善于裁断,但缺点是流于粗俗。刘敞指出"三传"存在的不足:《左传》的历史记载拘泥于以各国崩薨及祸福之事相告,《公羊》载论谶纬则颇为牵强,《穀梁》对于明例的发挥则趋于烦琐。胡安国云:记事完备莫过于《左传》,体例明了莫过于《公羊》,义旨精到莫过于《穀梁》,但缺点是多语怪力乱神,有的体例条理不清,有的过于武断。叶梦得评价道:《左传》只记载历史而不讲求义理,所以详于史实,但所记未必都符合历史真实;《公羊》《穀梁》专注于阐发微言大义而略于历史事件的记载,所以详于经学而对于微言大义的阐发未必确切精当。朱熹说:《左传》是史学,《公羊》《穀梁》

是经学，史学书籍记事翔实，但讲道理比较差；经学对于阐发微言大义颇具功力，但多有谬误。

这些臧否黜陟虽未必精当准确，但说《公羊》《穀梁》传"义"，《左氏》传"事"，《公羊》《穀梁》是"经"，《左氏》是"史"，则无疑击中了"三传"旨趣的要害。《春秋》"三传"这种不同的解经路向，构成了其对中国传统社会与文化发生影响的两个侧面：《左传》作为史学巨制对中国传统学术文化影响甚巨，《公羊传》《穀梁传》则作为一种政治学文本与《春秋》一起成为中国封建政治文化的重要源头。

二 《春秋》与中国传统政治文化

1.《春秋》的政治文化理念

在后世公羊家看来,《春秋》是一部内涵极其丰富的书,它蕴含着许多"微言大义",可谓"文成数万,其指数千"。如清人皮锡瑞在《经学历史》中所说的:读孔夫子所编订的经典,应当了解孔夫子整理六经的宗旨。孔夫子具备了帝王的品德却并不享有帝王的权位。他晚年知道先王的政治理想不能实行,于是退居家中改定六经,用以教化影响后世。六经的核心精神确实可以作为后世万代的准则。后来作为国君的人,一定会遵循孔夫子的教导,那么就有足够的能力治理一个国家。这就是"循之则治,违之则乱"的含义。后代的士大夫们,也一定要遵循孔夫子的教导,这样才能修身齐家。这就是所谓的"君子修之吉,小人悖之凶"。这是流传万世的公理，而不是某一个人的私见。此外，司马迁在《史记·太史公自序》《史记·孔子世家》中对《孔子》作《春秋》的动机及其社会效应论述颇详，何以如此呢？皮锡瑞以为："盖推重孔子作《春秋》之功比删订诸经为尤大，与孟子称孔子作《春秋》比禹抑洪水、周公兼夷狄相似。"（皮锡瑞《经学历史》）

皮氏之论道出了《春秋》一书的最显著特点，这一特点长期以来为后世儒学派别争执不休。其争执焦点在于如何对《春秋》进行定位，是历史著作，还是政治著作？今天我们抛开今文经学与古文经学的立场，从诠释学和传播学的角度看，即从《春秋》文本的性质以及《春秋》在后世传播过程中所产生的实际影响和发生的实际效用来看，说它是一部政治哲学著作似乎更确切一些。至于它为什么会以编年史的面目出现，那应该归因于上古时期文化传播的特殊方式和中国传统文化的特质，也是作为《春秋》的删削者——孔子本人所具有的特定文化个性使然，编年史体裁不过是寄托作者思想的载体而已。正如孔子自己所坦言，"我欲载之空言，不如见之于行事之深切著明也"（《史记·太史公自序》）。

由此看来，微言大义、褒贬体例、"书法"、"笔法"、"讳例"正是《春秋》政治理念的特殊表现形式，透过它们，我们将不难发现其政治理念的基本意蕴之所在。按照传统的说法,《春秋》的微言大义俯拾皆是,旨意以千数。那么,其主要旨意究竟何在？依何休的说法,便是所谓"三科九旨"。但"三科九旨"以及其他的所谓"五始""七等""六辅""二类""七缺"之属是否都有关宏旨,这是大有疑问的,有些显然是公羊家的故弄玄虚和烦琐哲学在作祟。证之于后世的流播发展,"三科九旨"或已为历史所湮没,或为后人所捐弃,或隐而不彰。故此,我们不可能也不必要对所有微言大义都一一论述,我们应把视角投向那些在历史上曾发散出思想光芒或者迭经历史长河的冲刷而留存下来的理念、观念、理论、学说,对它们予以重新审视。就此而论,"大一统"理念、民本主义、德政思想无疑是其中之荦荦大端。

（1）《春秋》及《公羊传》的"大一统"理念

今人言"大一统",每每以董仲舒的说法作为经典,董仲舒说:《春秋》大一统的理念,是天地间不变的法则,是古今共通的道理。如今人们接受不同的思想,秉持不同的技艺,各家门派不同,目标追求各异,导致中央政府没有一个大家共同遵循的法度,政策法律频繁变动,民众无所适从。因此董仲舒认为,那些不属于六艺之科、孔子之术的思想学说,都应该取缔,不能任其同时发展。杜绝了各种歪理邪说的发展之后才能统一思想,使法律制度明确,人民就知道遵循什么，服从什么了。

显然，人们看重董仲舒的阐述，是因为他是从社会整合、制度齐一、国家统一的角度来理解"大一统"的。实际上《春秋》"大一统"理念的意蕴远非于此，它寓意深邃，意象悠远，涉及政治权威的来源、政治统治的合法性认定以及国家各类制度规范的整合等问题，下面我们将从这三个层面予以阐释。

第一，权威之源——一切统归于元。

从《春秋》原旨上看，"大一统"首先表述的是政治权威的来源问题，按其本义，大一统即是"一统于元"。《春秋》没有直接提出"大一统"这一概念，它是汉代公羊家们的发明，引发这一概念的则是《春秋》的开头语：

> 元年春，王正月。

这是一句内涵极其丰富、给后人留下无尽遐思的话，许多"大义""大旨"均由这句话引发。

《公羊传》就是在诠释这段话时，使用了"大一统"一词。《公羊传》云：

> 元年者何？君之始年也。春者何？岁之始也。王者孰谓？谓文王也。曷为先言王而后言正月？王正月也。何言乎王正月？大一统也。

东汉公羊学家何休在《公羊经传解诂》中对此又作了进一步解释，他说："统"这个概念，是开端、总括、联系的意思。当为国者开始接受天命改革典章制度时，他向全社会发布政令，实施教化。上至公侯，下到普通百姓，从山川河流到草木昆虫，所有的一切都与正月这个新的开始紧密相连。正月是政治教化的起点，标志着新的政治周期的开始。在政治中，没有什么比正确的开始更为重要。因此，《春秋》以贞元之气来端正天道的起始，以天道的开始来端正王者的政治。王者的政治又是诸侯即位的准则，而诸侯的即位则是境内政治治理的准则。如果诸侯不遵从王者的政治原则，就不能合法即位；同样，如果政令不是由王者发出的，那么这些政令就不能被视为合法的政治行为。王者在政治中的核心地位是不可动摇的，他的政令必须遵循天道。如果王者不遵循天道来制定号令，那么这些号令就没有合法性。因此，《春秋》在记录时，先提及王者，再提及正月，体现了王者在政治中的主导地位，以及正月作为王者政治合法性开端的象征。而春是天道运行的开始，也是君王政治活动的起点，所以先记录春天，再记录君王。此外，天道如果不能深刻地端正其开始（即"元"），就不能完成其化育万物的使命。因此，《春秋》在记录时，先提及"元"，再提及春天，这体现了"元"作为合法性开端在天道和君王政治中的核心地位。

何休的这段话讲了一系列政治—伦理关系，其中有三个要点：首先，"大一统"的"统"是"始"。始，开端、开始、开头、起始之意。因此，"大一统"讲的是起始、开始之类的问题。其次，人类社会的政治活动开端于"正月"，正月是帝王布政之始，也是其他一切政治活动产生的基础。第三，"正月"并非一切权威的终端，在它前面还有"春"，"春"之前还有"元"。"元"是万物之始，也是一切政治权威、政治活动的起源。这样，《春秋》"元年春，王正月"一句实际上表述了一组政治等级关系，这一关系的顶端是"元"，"元"为万物之始，"元"化成天，天授命于王，王制正月以号令诸侯。一级又一级权力关系由此派生演化出来，这就是"以元之气，正天之端；以天之端，正王之政；以王之政，正诸侯之即位；以诸侯之即位，正境内之治"（《公羊传注疏》）。用白话来说，即：大一统表示天地万物一切起源于元，统归于元；元气规范着天体运行，天体运行规范着帝王的权威，帝王的权威与号令决定着诸侯的行为，诸侯的行为决定着地方的政治行为。这就是《春秋》所认定的社会权力关系的合法秩序，也即"元年春，王正月"的奥义所在。

何休的这一诠释实际上是本于董仲舒的，董氏在《春秋繁露》中多次论述这一问题，例如：

> 置"王"于"春""正"之间,非曰上奉天施而下正人,然后可以为王也云尔。(《春秋繁露·竹林》)

又说:

> 《春秋》何贵乎元而言之?元者,始也,言本正也。(《春秋繁露·王道》)
>
> 《春秋》之道,以元之深,正天之端;以天之端,正王之政;以王之政,正诸侯之即位;以诸侯之即位,正境内之治;五者俱正而化大行。(《春秋繁露·二端》)

归纳上述公羊家的诠释,可知"大一统"的旨趣在于确定一个政治权威的终极来源,这个终极来源是"元","元"为万物之始,也为权威之源。故此,大一统者,一统于"元"也。天地、日月、山川、国家、政教、君臣、人伦、万事万物,一切统属于元。元化成天,天以"春"指代,因此,"春"乃帝王权威的合理依据,王因"春"而得以正其位,而帝王所实行的"正月"及其一切行政活动也因"春"而权威化、合法化了。

第二,合法之端。

"元"既为权威之源,也是合法之端。这是一个问题的两个方面。"元"既为宇宙万有之肇始、权威之源泉,也必然是合法的开端。又正因为"元"乃合法的开端,"元"才能作为权威之源。凡奉"元"而起的一切事物、制度、行为都将因此被赋予神圣的合法性依据。

董仲舒说：

> 《春秋》何贵乎元而言之？元者，始也，言本正也。

"本正"就是开端合法，"君子大居正"之"正"也有合法之义。

今人蒋庆《公羊学引论》一书梳理元典，探幽发微，于大一统奥义阐发独到，所论颇精。蒋庆把"大一统"归为形上、形下两个层面予以阐释，其中形上之义有两端：一曰"以元统天"，一曰"立元正始"。[①]这里所谓"正始"与"本正"意蕴相同，都是强调合法开端。从这个意义上说，由"元年春，王正月"所引发的大一统理念，确有论证合法之端的意趣。

在现代政治学中，合法性（legitimacy）被定义为一个社会对其政治理念的某种一致认知。这种一致认知赋予领导者和国家以权威，合法性即寓于其中。对合法性的一致认知可以通过下列途径来达到，即神圣的传统，人民对富有魅力的领导者的忠心，或者以对法律的至高无上的普遍信仰而承认"合法权威"的至高无上。[②]

[①] 参见蒋庆：《公羊学引论——儒家的政治智慧与历史信仰》，辽宁教育出版社，1995，第277页。
[②] 参见杰克·普拉诺等：《政治学分析辞典》，胡杰译、张宝训校，中国社会科学出版社，1986，第82页。

大一统理念旨在提供的正是这种大家一致认同的信念体系。在这一信念体系中，"元"是核心范畴，"元"为万物之始、权威之源，"元"也因此被赋予了大家一致认定的合法性基础。这是从本体论、存在论的角度以及事物发生发展的顺序上界定自然、社会的政治伦理关系的，这一论证方法是大一统理念的根本特征所在。

前文讲过，在《春秋》"元年春，王正月"中，"元"为天地万物之基始，"春"指代自然天地，"王正月"表示人类社会的政治行为。公羊家们反复强调说，《春秋》"元""春""王正月"的顺序排列，即象征"元"为自然与社会的合法开端，"王正月"只有上承"春""元"才能被赋予合法的意义；"王正月"合法了，由此所派生的"诸侯之即位""境内之治"以及社会制度、礼乐典章、行政举措等一切的一切也因此变得合法了。进而言之，所谓正、闰，真、伪，是、非，善、恶，王、霸等政治价值才能有一个大家一致认定的取舍判断标准。这也正是董仲舒所说的：《春秋》中说"一"的含义是"元"，表明"一"是万物的开端，"元"在言辞中代表着伟大的起始。将"一"视为"元"，"视大始而欲正本也"。《春秋》深入探究事物的本源，并且从尊贵者（即君主）自身开始反思。因此，作为君主，应该首先端正自己的心思，以此来端正朝廷的风气；端正了朝廷，进而能端正百官的行为；端正了百官的行为，就能端正万民的行为；端正了万民，最终能端正四方（即天下）。开端合法叫作"正本"，本正则一切皆正；一切既已合法，则行为举事名正言顺；一切名正言顺、循理成章，社会上下就秩序井然、和谐稳定了。

《春秋》大一统所蕴含的合法开端之义，提出了现实政治制度和政治权威的合法性的根据问题，这也是政治学中的一个基本理论问题。"合法性"（legitimacy）是政治社会学的一个核心概念，按马克斯·韦伯的看法，任何有效的政治统治都必须建立在对统治合法性的信念上，"合法性"通过一种信念系统的确立或援引来完成。这种信念系统，不但确定统治者与被统治者的服从关系，也规定着统治的方式。① "大一统"提供了一种信念系统，它以"元"的先验本源性说明权威关系之由来，从本体论的先后次序关系上确立人类政治的合法性。

《春秋》何以会涉及这一政治学的核心问题，这与它产生的时代有着极大的关系。众所周知，春秋时代是周王室衰微、诸侯强大的时代，也可以说是合法的政治秩序——周王朝的统治及周礼体系日趋式微的时代。当此之际，行为"失范"、信念危机等现象相继产生，充斥于社会中间，

---

① 参见莫里斯·迪韦尔热：《政治社会学——政治学要素》，杨祖功、王大东译，华夏出版社，1987，第106–157页。

用郭沫若的话说，那个时代周天子倒霉了，诸侯起来革命；诸侯倒霉了，大夫起来造反；大夫倒霉了，陪臣起来造反。当是时，西周所确立的等级分封制已被急剧变迁的社会现实所打破，传统的政治理念被无情的现实击破，政治信念系统的权威性已遭到人们的怀疑，甚至破坏。挟天子以令诸侯者有之，大夫弑君者有之，陪臣执国命者有之，子不孝、弟不悌者有之。总之，在《春秋》的删定者孔丘看来，合法的政治秩序威信扫地，而不合法的政治行为在在可见。因此，要恢复合法的政治秩序就必须重温周礼，要力矫时弊就得按周礼重新理顺君臣关系、君民关系、父子关系、兄弟关系、夫妻关系等一系列社会互动关系。然而，孔子及其学派的上述主张在当时并不为人君和政治精英们所采纳，于是孔子寄望于理论的宣讲、思想的传播，希冀后世有王者出，举其说而用之，这便是孔子作《春秋》的最初动机和根本出发点。孔子发出"知我者，其惟《春秋》乎；罪我者，其惟《春秋》乎"的慨叹，孟子反复申言的"孔子成《春秋》而乱臣贼子惧"的旨趣，司马迁着力传达的"至于为《春秋》，笔则笔，削则削"的庄严风范，无不显示着《春秋》所具有的强烈政治功效；而公羊家所推阐的大一统之所以占据着中心地位,其原因正在于它体现了《春秋》的旨趣。孔子对春秋时代社会秩序被打乱的现状深恶痛绝，因而力求找到一个为社会所认同的信念系统，这个信念体系要足以说明社会等级关系、伦理关系、权力权威关系，要足以论证其合法性之由来，"大一统"就是这个信念体系的核心理念，"元"则是这一信念体系的核心范畴。

第三，王者之道——四海一家，六合同风，九州共贯。

《春秋》大一统强调"元"为万物之始、权威之源、合法之端，把这种理念落实到现实社会，就是建立起一元的政治权威体系、齐一的制度、统一的国家、团结的社会，也即实现"四海一家"，"六合同风，九州共贯"的理想社会。

大一统的这层含义就是齐一、混一、合一、统一。这一观念与其说是《春秋》及公羊家的独家发明，毋宁说是春秋战国以来广泛流行的一种追求统一的社会思潮。在这一思潮中，尤以孔、孟、荀等人为典型代表。

孔子主张统一，反对分裂。他说：

> 天下有道，则礼乐征伐自天子出；天下无道，则礼乐征伐自诸侯出。自诸侯出，盖十世希不失矣；自大夫出，五世希不失矣；陪臣执国命，三世希不失矣。天下有道，则政不在大夫。（《论语·季氏篇第十六》）

在孔子看来，"有道"的社会应该是制度号令统一于天子的社会；"无道"的社会则是政出多门、分裂分治的社会，而分裂分治的社会是不可能承祚长久的。

孟子言天下定于一，"不嗜杀人者能一之"，他还屡次提出"广土众民""定四海之民",认为所有这些,只有王者行仁政才能实现。

荀子是著名的统一论者,他的论述很多,典型的论段如:

> 法先王,统礼义,一制度。以浅持博,以古持今,以一持万。(《荀子·儒效》)

又道:

> 隆一而治,二而乱。自古及今,未有二隆争重而能长久者。(《荀子·致士》)

> 天下为一,诸侯为臣……故天子生则天下一隆,致顺而治,论德而定次。(《荀子·正论》)

所谓"一制度""隆一""为一"就是统一。与孟子不同,荀子强调以君主专制集权的方式实现统一,而不仅仅以仁来实现。这一思想被他的弟子李斯、韩非继承,并加以发扬,成为专制统一论的积极鼓吹者。

韩非主张建立中央集权制以完成统一,强化统一的方式是以法治国,以吏为师。李斯不仅是专制统一论的狂热鼓吹者,也是秦王朝专制集权政策的直接策划者。他力倡废分封、行郡县以巩固统一,力主"焚书坑儒"以行文化专制。汉初贾谊、晁错也积极鼓吹国家统一,加强中央集权,反对诸侯王国的分裂分治势力。为此,他们虽激烈抨击过秦代暴政，但对于秦始皇兼并六国、混一宇内的历史功绩仍给予极高评价。

显然，战国及秦汉诸子所描述的所谓"一统""大一统""隆一""定于一"的社会景象正是四海一家，"六合同风，九州共贯"，其内涵就是统一的国家、一元的权威体系、齐一的制度、共同的社会生活等。《春秋》及公羊学的大一统也蕴含此义，对此，董仲舒多有阐述，前引董仲舒关于大一统的著名论断即由此而发。那么如何方能达成董氏所说的"统纪可一"的大一统局面呢？董仲舒认为，必须加强王权，神化君权，王权必须处于至高无上的地位。董仲舒认为，这是由王权的合法性来源（上承天命）、王权的阴阳五行属性以及历史经验决定的。必须加强王权，这也是《春秋》尊王大义所关。就此，董仲舒排比《春秋》史事，统计《春秋》褒贬义例，分析《春秋》"讳例"，从而推阐出《春秋》的尊王大义。他说：《春秋》这本书阐明了这些道理，通过观察它，国家存亡的道理就可以看明白了。董仲舒还说：进献八佾之舞时，避讳说"八"而说成"六"（讳八言六）；郑国、鲁国交换土地，避讳说"交换"而说成"借"；晋文公两次迎接周天子，避讳说"迎接"而说成"巡狩"（讳致言狩）。齐桓公保全了邢国、卫国、杞国，但在《春秋》中却没有记载……因为这些不是诸侯应当做的事。

要尊王就得明上下之别,董仲舒罗列《春秋》的"讳例",意在申述《春秋》的尊王之义,所有"讳例"都是针对诸侯的僭越行为而发的。"讳八言六"指鲁季孙氏以天子之舞舞于庭,是僭礼之举;"讳致言狩"指晋文公践土之会,有挟天子以令诸侯之嫌。《春秋》所以用"讳例",因为春秋之世,周天子名为天下共主,实则身同列侯,甚至不如大国之君。在这种王室衰微、诸侯强大的时代,周代的等级分封制所确定的一套政治秩序被完全打破,所谓"礼崩乐坏",正是孔子认为的"无道"之世,诸侯藐视天子权威,擅行征伐,天子威信扫地。对此,孔子痛心疾首,不忍直言天下无王这一现实,故在《春秋》中为天子讳,通过讳表达自己的尊王之意。董仲舒所列举的"讳致言狩",就是著名的践土之会,那是僖公二十八年,事实上是晋文公召致周天子,会盟诸侯,以图取威定霸。《春秋》认为这是僭越行为,不愿直书,故讳之曰"天王狩于河阳",意谓天子是打猎到了河阳,顺道参加了践土之会,而不是晋文公召致的。

《春秋》以"讳例"申尊王之义,以曲折笔法暗褒那些守尊王大义、明上下之差的忠烈之士。总之,在董仲舒看来,《春秋》通过"讳例""笔法""书法"大申尊王之义,其例甚多,不胜枚举。董仲舒在推阐《春秋》尊王之义的基础上,进一步论述加强王权的必要性。他认为:王权来自天授,君权来自神授,至高无上;王或君主是社会权威的中枢,为强化君王至高无上的权威,必须强化等级差别,强化君臣上下之别,以君为本,臣为末,以王权为干,地方为枝;统一的国家必须在制度上贯彻"大本""小末","强干""弱枝"的方针,杜绝一切僭越犯上行为和地方分离分裂倾向。于是乎,大一统的王道政治才能实现,"四海一家","六合同风,九州共贯"的社会景象才能形成。

大一统理念重视政治权威的起始,关注现实政治秩序的合法性,以董仲舒为代表的《春秋》公羊家就此作出了颇具特色的论证,这些论证不但具有非常重要的理论意义,而且具有显著的历史意义。

《春秋》大一统理念的提出,是顺应时代要求的产物,是中国古代社会由分裂分治走向统一,由分散走向整合,由诸侯并立、政出多元、百家殊旨走向"天下为一""书同文""车同轨""行同伦"这一历史大势的必然反映。

春秋战国及秦汉之际是华夏民族开始在政治上完成整合与统一的重要时期,当是时,诸夏各国经历了长期的分裂分治,原来的合法权威——周天子与周王室已是形同虚设,新的合法性权威体系尚未建立。虽然现实的社会正日益走向统一,中国必须"定于一"也成为当时的一种社会思潮,但中国为什么要"定于一",如何才能"定于一",则众说纷纭,所见各殊。法家竭力主张以武力与强权实行统一，认为力量、实力、强权是一切权威之源，也是人类政治秩序合法性的基础所在。道家、墨家、兵家、杂家也都有自己的主张。上述各派论说不一，主张各异，其中法家的影响最大，当然，其负面作用与理论破绽也最多，特别是经过秦汉之际的社会变革，法家的理论为社会现实一再否定。纯用暴力行之不远，所谓桀纣极武而亡，暴秦二世而终，已成为当时世人共认的事实。其他各家如道家、墨家等对此所论不多，不足为观。故此，以《春秋》公羊家为代表的儒家起而完成这一理论建设工作，大一统理念就是这一理论建设工作结出的丰硕成果。

公羊学在武帝时作为"五经博学"之一得到了官方的承认而列入官学，大一统理念也随之为汉王朝统治者采纳，"罢黜百家，独尊儒术"即是这一理念的实际运用。随着儒学地位的日益提高，儒家思想日益深入，大一统理念所强调的一系列观念（重视合法开端，强调一元权力体系）也随之在社会上广泛传播，开始在中国传统社会形成深入而持久的影响。

为什么中国古代社会屡经分合，而国家统一，"六合同风，九州共贯"始终是人们所追求的目标，为什么中国古代经数次分裂、历遭外族入侵而终能贞下起元、复归统一，这与大一统理念的信念支持有着密不可分的关系。中国古代社会专制主义素称发达，但皇权并不能为所欲为，总要有所顾忌；每次变乱中的强权人物在政治上，至少在名义上总不敢公然打倒合法权威，其举措言行总会有所顾忌，大一统理念在其中所起的制衡作用不可小视！中国历代封建王朝的创建者都强调自己的"正统"身份，中国古代史学观有所谓"正闰"之论、"统纪"之论，社会各阶层、各行业都强调自己身份的合法纯正，凡此种种都不能不归因于大一统理念的深入人心，不能不归因于大一统理念在中国古代社会生活中深入表里、无所不在的效力！

（2）《左传》对民本主义的传扬

民本主义是中华元典精神的基本构成之一。

著名文化史家冯天瑜先生指出，在中国古代，与漫长的君主专制主义相伴而生的另一个重要政治现象，是民本学说的崛起和长期发生影响。这是因为，中国农业是宗法社会存在的前提，是农业劳动力——农民安居乐业的基础，也使农民具有维持简单再生产，给朝廷不断贡献赋役的能力。一旦这种机制遭到大规模破坏，"民不聊生""民怨沸腾"，便有削弱以至倾覆王朝的危险。中国历史上一再出现的"民变""民暴"引起"国削君亡"的事实，使统治者很早就明白"众怒难犯""专欲难成"，领悟到民为水，君为舟，而"水则载舟，水则覆舟"的道理。这样，反对"杀鸡取卵""竭泽而渔"，憧憬仁政、王道，倡导"民惟邦本""使民以时""民贵君轻"的民本学说便应运而生。这一学说高扬"从众""爱民"的旗帜,批判"残民""虐民"的暴政,并与声言君主专制的尊君主义相互对立又相互补充,共同构成中国传统政治思潮的主体。①冯先生的论断精辟地指出了中国古代民本学说源远流长的社会根由及思想特质,并进而对民本主义的理念构成作出了系统的归纳,指出民本主义应包括如下数端:

第一,民众是国家的根本。《尚书·五子之歌》:"民可近,不可下;民为邦本,本固邦宁。"

第二,民意即天意,民心即圣心。《尚书·皋陶谟》:"天聪明,自我民聪明;天明畏,自我民明威。"《尚书·泰誓》:"天视自我民视,天听自我民听。"

第三,自民众中选贤举能以用之。

第四,安民、重民。②如果说,《书》《诗》是中国古代民本主义的思想源头,那么,《孟子》《左传》则是中国古代民本思想的干流。《孟子》的民本主义更多地带有仁学色彩,更多地刻上了时代与作者本身的印迹;《左传》则是通过传载《书》《诗》等元典的民本精神,通过载录当时社会精英分子的思想言论,集中反映了民本主义在历

---

① 参见冯天瑜:《中华元典精神》,上海人民出版社,1994,第487—489页。
② 参见冯天瑜:《中华元典精神》,第488页。

史进程中传承弃取的具体情况。

文化的传播与传承都是有目的性与选择性的。《左传》在引称转载西周以来的民本主义思想方面着力甚多，并且在传播中带有明显的目的性与倾向性，正是这种倾向性体现了《左传》民本思想的基本特征。

通览《左传》，我们可以发现，它在传载前人的民本思想时，较多地是在关注"人"与"神"、"民"与"天"的关系，并在"人"与"神"、"民"与"天"的关系问题上明显地倾向于前者，即：重人轻神，重民轻天。其代表性文字有随国大夫季梁的陈言，郑国执政子产的议论，以及内史叔兴、史墨、晏婴、司马子鱼等人的言论。如随国大夫季梁说：民众，是神灵的主宰。因此，圣明的君王总是先使民众安定然后才致力于祭祀神灵。子产说：天道远离人间，人道则近在身边。我们连近在身边的人道都无法完全理解，又怎么能知道那远离我们的天道呢？司马子鱼也说道：祭祀是为了民众而举行的。民众，是神灵的主宰。虢国的史嚚则云：虢国恐怕是要灭亡了吧！我听说，国家将要兴盛时，君王会听取民众的意见；而将要灭亡时，则去听从神灵的旨意。神灵是聪明正直而统一的，它们总是依附于民众而行事。这种重民轻天、重人轻神的思想直接源于周初，在《书》《诗》诸经典中多有载录，比较《书》

《诗》与《左传》的论述,其间思想的传递关系清晰可见。

《尚书·君奭》记录周公训辞曰:"天命不易,天难谌,乃其坠命。"又说:"天不可信,我道惟宁王德延。"

《诗·节南山》:"昊天不佣,降此鞠讻。昊天不惠,降此大戾。""不吊昊天,乱靡有定。"

《尚书·多方》:"天惟时求民主。"

《诗·十月之交》:"下民之孽,匪降自天。"

《诗·正月》:"民今方殆,视天梦梦。"

《诗·雨无正》:"浩浩昊天,不骏其德。"

《尚书·多士》:"惟帝不畀,惟我下民秉为,惟天明畏。"

天在周人概念中兼有自然之天、义理之天、人格神三层含义。不管这里所说的天到底是哪一种,都表现出周人已开始不注重它,甚或怀疑它了。这种人文的觉悟跟周人的历史意识与社会经验有着极大的关系。周代的政治精英——周公是其杰出的代表,在殷周鼎革之际,他深切感受到专赖天命是靠不住的,所谓"天命无常""天不可信"即此之谓。因此在天人关系上他们开始把重点放在"人"与"民"上,这是其一。其二,对于广大被统治阶层——民,周人也认识到其巨大的历史作用,为说明民、小民、黎民作用的巨大,他们把小民的所作所为直接归结为天的意志表现,从人民代表天意的角度界定"民"的社会历史作用,并由此引申出"民为神主""天听自我民听""天视自我民视""民为邦本""敬天保民"等一系列民本主义的命题。

《左传》着力传扬的正是周代思想的这一方面。对于天、天命、天意,《左传》虽不敢断然否定,但确实采取了一种怀疑的态度,这实则是一种委婉的否定。子产所说的"天道远,人道迩"即是这种委婉否定的典型代表。此外,《左传·僖公十六年》载周王室内史叔兴之言也具有典型意义,他说:有陨石坠落于宋国,共五块,这是陨星坠落的现象。有六只倒着飞的鹢鸟,经过了宋国都城,这是风造成的现象。恰好这时周王室的内史叔兴到宋国访问,于是宋襄公便问叔兴,这是何种预兆?是凶还是吉?叔兴回答说:今年鲁国将有多场大丧事,明年齐国将有动乱,您将暂时获得诸侯拥护但不得善终。叔兴从宋襄公那里退下后对身边人说,襄公问错了问题,这是阴阳之事,并非吉凶的预兆。吉凶由人决定,我不敢违逆君主,所以只能这样回答。

既说是阴阳之事,又言吉凶由人决定,又告宋襄公以预言,这表明当时人认为天道确有吉凶征兆,然而人应尽量发挥主观能动精神,而不必专赖预测天道的吉凶,这也就是所谓"尽人事而听天命"。天命暂不去管它,尽力把人类自身的事做好就行了。

天命、神鬼既不尽可信,则与其耗费人力、物力于祭祀祈祷,莫如改行德政,施惠于民,如此则民归心,民归心则神必庇护。《左传》据民为神主的观念，反对人祭的观念由是而兴。如宋襄公欲以鄫子作祭祀的牺牲，宋国执政大臣司马子鱼反对说："祭祀以为人也，民，神之主也；用人，其谁飨之？"（《左传·僖公十九年》）民既为神主，也为社稷邦国之主，因此，人君应把主要工作放在"利民""保民""安民""惠民"上来。邾文公说："苟利于民，孤之利也……民既利矣，孤必与焉。"（《左传·文公十三年》）齐国出现彗星，齐王惊慌失措，要人们赶紧祈祷，齐大夫晏婴劝告齐王："君无违德，方国将至，何患于彗？"又说，如若不行德政，"民将流亡，祝史之为，无能补也"。（《左传·昭公二十六年》）春秋后世，各诸侯国内新旧势力消长兴替，代表新兴地主阶级势力的"私家""大室"与旧有的公室展开了激烈的政治斗争，新兴地主阶级势力的代表，如鲁之三桓（季孙氏、孟孙氏、叔孙氏）、晋之六卿、齐之田氏，纷纷用施惠于民的方法争取人民支持，从而逐渐取得了政治上的优势。在这一历史大变动的时代，人民的巨大社会力量显示出来了，新兴的地主阶级政治家们看到了这一点并充分加以利用；而一些旧势力的代表也看到了这一点，如齐国大夫晏婴就对齐国公室衰微、田氏渐大的形势洞若观火，他曾对晋国来访者说："公弃其民而归于陈（即田）氏……民人痛疾，而或燠休之，其爱之如父母，而归之如流水，欲无获民，将焉辟之！"（《左传·昭公三年》)又如晋国史墨在分析鲁国政归三桓的内在原因时说了一段与晏婴类似的话:"鲁君世从其失,季氏世修其勤,民忘君矣,虽死于外,其谁矜之!社稷无常奉,君臣无常位,自古以然。"(《左传·昭公三十二年》)

总起来说,《左传》民本主义思想多以转载周代典籍,依托先贤教训,进而推论之为主要形式,而且《左传》有关"重民轻天""重人轻神""民为神主""敬天保民"等观念也多属只言片语,因此它与同时期的另一部民本主义元典——《孟子》相比是传播多于发挥,继承多于创新,但这丝毫不影响《左传》作为中华元典的文本价值。正因《左传》的传播,民本主义才得以汇入中国古代传统政治文化的主流,并在其中深植其根,虽然在后来的发展流变中也跌宕往复、千回百转,但终能蜿蜒前行,奔流不竭。

《左传》所传扬的民本主义虽然本质上是为统治者立言,规劝统治者要顾及人民力量的作用,对人民的压迫要有限度,否则将不可收拾,虽然它的出发点和归结点都是为统治者服务的,但在这种立论中所表达的反对暴政虐民,反对专制残民,强调人民群众的历史作用的思想仍具有极高的认识价值和社会进步意义。民本主义所表达的政治理念不仅在当时是时代的最强音,即或与近代民主主义思想相比较也并非毫无相通之处。正因如此,它的精神实质虽是古典的,但却可能诱发具有近代意义的政治理论。不必说明末三大家的民主主义思想与《左传》有着血肉相连的关系,就是中国近代资产阶级革命家的某些民主革命主张也未尝不可以从《左传》等元典中寻找到其精神故乡。正如冯天瑜先生所精辟指出的:"民本学说可以看作中国传统文化与民主主义的结合点。而正因为中国传统文化与民主主义的结合点是民本学说这种与民主主义有着质的差异的思想,这就决定了中国近代民主政治格局的特殊形态和发展进程的曲折坎坷。"①

(3) 德治主义

民本与德治是一个问题的两个方面。民本主义是从社会构成方面立论,将民众视为国家的主体,把民众的力量视为社会历史发展的动力之一,"民为邦本""民贵君轻""敬天保民"等即是这一社会史观的基本命题;而德治或德政则是从政治行为方面立论,民既为邦本,本固而邦宁,则国家的政治行为必须围绕着民众这一主体而展开,为达到"邦宁"这一最终目的,为政者必须施惠于民,行仁德之政于民,因为只有这样,人民才能安居乐业,人民安居乐业,国家才能长治久安,即所谓"本固邦宁"。由此看来,民本是原则,德治是手段,两者紧密相关。

---

① 冯天瑜:《中华元典精神》,第499页。

第一，敬天与修德：周公的训诰。

德治主义的思想源头在西周初期，发明者还是那位作典于当时、垂范于后世的周公。周公身当殷周鼎革之际，亲历易姓革命的巨变，深切感受到天命不可专赖，而人民群众力量巨大，由此发出了"天命靡常""小民难保"的慨叹，发起了一场影响深远的总结历史经验教训的思想运动。周公号召周王朝的统治者要认真总结殷商亡国的教训，不可骄奢淫逸，应以"殷鉴"为参照，重新审度统治者自身的位置及统治方略，有关德政的说教即由此而发。

周公的德治思想多见于记录其训诰的《尚书》中。周公总结商朝灭亡的原因，认为维持统治并不是容易的事，因为天命时常变化，天随时可以"改厥元子"（《尚书·召诰》），这就是"惟命不于常"（《尚书·康诰》）。统治者承受了天命并不意味着万事大吉，还要以自己的德政与之相结合，此谓之"聿修厥德，永言配命，自求多福"（《诗·文王》）。"自求多福"并不否认"福自天申"，而是强调统治者只有在自己有德的条件下，才能与天命相配合。显然，这是对天命的作用范围作了一定的限制，更进一步强调人为因素的重要，这也正与"重民轻天""重人轻神"的观念一脉相承。

因为天命有限，统治者必须修德，这是周公从"殷鉴"中得出的最有意义的经验。如何修德呢？那就是——敬天保民。这种强调修德、重德的观念与商代统治者的思想有很大的区别：商人（如《诗·商颂》所述）多言天命与上帝之可畏以及祖先的武功如何伟大壮烈，没有提到一个"德"字，而《诗·周颂》就注重于赞美文王的"德"。近世以来的考古发掘也说明，在卜辞和商代彝铭中，没有"德"字。周人重德，而德就是要"敬天保民"。首先要敬天，借"天"的权威来维护统治阶级内部的团结，约束他们，让他们不要干危害统治阶级利益的事；更重要的一面则是"保民"，这就需要统治者"知稼穑之艰难"，"知小人之依"（《尚书·无逸》)，要经常施惠于民，"人无于水监，当于民监"（《尚书·酒诰》)。只要老百姓能维持起码的生产生活，就不会起来反抗，天命就可以长保，这就叫"以小民受天永命"（《尚书·召诰》)。

周初的政治理论，主要是周公关于"德"的说教，它成为后世儒家主张德治的张本。

第二，广教化，省赋役，举贤才：孔孟的德政纲要。

孔子继承并发扬了周公的德政思想，进而根据当时的社会情势作了更加系统的阐发，形成了中国古代政治文化中极具特色的仁政德治学说。孔子的德政思想大体有三方面内容，我们姑且名之为广教化，省赋役，举贤才。

其一，广教化。

孔子说："为政以德，譬如北辰，居其所而众星拱之。"

(《论语·为政》)如果君主实行仁德之政,就会像北斗星受到众星拱卫一样受到人民的拥戴。德与刑是为政的两种手段,实行德政就是要把德的一面放在最重要的位置,大力推行社会教化。孔子说:"道之以政,齐之以刑,民免而无耻;道之以德,齐之以礼,有耻且格。"(《论语·为政》)用行政命令和刑罚可以使人民畏惧而不犯罪,但人民并没有真正认识到罪与非罪的区别,因而并不能消除人民犯罪的念头;如果用德和礼加以教育感化,提高人民的道德水准,就可使人民自觉地消除犯罪欲念,而一心向善。这说明"德""礼"较之"政""刑"更具有社会控制力,人民也乐于接受。孔子在回答子张关于"何如斯可以从政矣"的问题时对教化的重要性作了进一步申述,指出,为政者"不教而杀谓之虐,不戒视成谓之暴"(《论语·尧曰》)。孔子承认在统治方法中有"宽""猛"两手,所谓"宽猛相济",防止"政宽则民慢";但孔子强烈反对一味依赖"猛"的一手,严厉抨击严刑峻法的暴政苛政,强调德政教化,对"不教而杀""不戒视成"也抨击甚厉,认为是"虐民""暴民"之举。他认为,统治者在动用刑罚之前要向人民宣传是非利弊,使之理解,使之有所警诫,尔后在不得不动用刑罚时,人民也会心服。孔子的这一思想对后代儒家政治观的影响极大,孟子在仁政思想中就极力强调教化,强调教化行于先,刑罚随其后,而将那种不推行仁政,不广施教化，致使人民不得温饱铤而走险的统治者的行为斥之为"罔民"，认为那不是教人民向善，而是诱使人民犯罪。他说："及陷于罪，然后从而刑之，是罔民也。焉有仁人在位罔民而可为也？"（《孟子·梁惠王上》）可见，教化乃为政之本。

其二，省赋役。

要行德政，就要施惠于民。惠民首先就要使人民能够维持基本的生活生产条件而不至于冻馁。为政者如何才能做到这一点呢？根本的一条是减轻人民的负担，减赋税，轻徭役。孔子说："道千乘之国，敬事而信，节用而爱人，使民以时。"（《论语·学而》）"节用"意味着减轻剥削；"使民以时"即不违农时，使人民能够维持基本的生产。在此基础上提高人民的生活水平，实行"藏富于民"的小康政策。《论语·子路》载：

> 子适卫，冉有仆。子曰："庶矣哉！"冉有曰："既庶矣，又何加焉？"曰："富之。"曰："既富矣，又何加焉？"曰："教之。"

使人民富裕起来再施加教化，就可以达到德政效果，这种主张是从物质和精神两方面来维持社会的安定。而只有人民富庶，国家才可能富足，富民与富国之间具有必然的因果关联。《论语·颜渊》载：

> 哀公问于有若曰:"年饥,用不足,如之何?"有若对曰:"盍彻乎?"曰:"二,吾犹不足,如之何其彻也?"对曰:"百姓足,君孰与不足?百姓不足,君孰与足?"

有若之论可以看作是孔子思想的准确表述。"百姓足,君孰与不足"这一思想从任何角度看都是富有远见卓识的,后世儒家忠实地继承了这一思想,以此规劝统治者剥削不可太重,任何杀鸡取卵、竭泽而渔的做法都将自食恶果。后儒还经常援引上述思想说明省徭役、薄税赋的重要性,以批评现实社会中激烈的土地兼并与横征暴敛政策。

其三,举贤才。

孔子认为,实行德政,必须尚贤,即"举贤才"。《论语·子路》载:

> 仲弓为季氏宰,问政。子曰:"先有司,赦小过,举贤才。"曰:"焉知贤才而举之?"子曰:"举尔所知;尔所不知,人其舍诸?"

"举贤才"是施德政的重要条件和内容,孔子认为,推行好的政治与任用人才的关系甚为密切,因为人才可以起到很好的表率作用、引领作用。《论语·颜渊》载:

> 樊迟问仁。子曰:"爱人。"问知。子曰:"知人。"

> 樊迟未达。子曰:"举直错诸枉,能使枉者直。"樊迟退,见子夏曰:"乡也吾见于夫子而问知,子曰,'举直错诸枉,能使枉者直',何谓也?"子夏曰:"富哉言乎!舜有天下,选于众,举皋陶,不仁者远矣。汤有天下,选于众,举伊尹,不仁者远矣。"

这里说的"举直"即举贤才,有了贤才就会发挥表率和榜样作用,使"枉者直",恶劣的风习也会为之一变,自然就会出现清明的政治。贤才不仅可以使政治清明,而且国君能否获得民众拥戴,也与是否任用贤才密切相关,这就是所谓"举直错诸枉,则民服;举枉错诸直,则民不服"(《论语·为政》)。进贤退佞,人民拥护;进佞退贤,人民反对。

贤才如此重要,因而知贤进贤者为大贤,而压抑阻碍贤才者就是奸佞。此外,评判衡量贤才的标准也很重要,孔子强调人才要德才兼备,德才不可或缺,而以德为先。《说苑·尊贤》记载了孔子如下一段话:"人必忠信重厚,然后求其知能焉……是故先其仁信之诚者,然后亲之,于是有知能者,然后任之。故曰:亲仁而使能。"光有德还不够,还必须有治事的才具。孔子有"君子不器"的著名论断,即君子应该具备多方面的才能。孔子这一思想充分体现在他的教育实践中,孔子之教——文、行、忠、信,涵盖德、智、体、群各个方面,除教弟子仁、礼及其他一些文献理论知识外,还教他们处理政务、管理赋税、主持典礼、接待宾客等方面的知识,使他的许多学生成为干练的贤才。

孔子德政学说的三个方面基本涵盖了国家政治行为的主要方面,因而对后世影响至深。后来继其说的首先是孟子,孟子的仁政思想即是孔子德政思想的进一步发展。乍看起来,仁政显然比德政更为广泛,归其总,也不外乎"重教化""宽民力""举贤才"三端。

关于教化,孟子的看法是:通过增进对民众的仁义德教而提高人民的道德水准,达到民风淳厚、政治清明的效果。即:

> 老吾老,以及人之老;幼吾幼,以及人之幼。天下可运于掌。《诗》云:"刑于寡妻,至于兄弟,以御于家邦。"言举斯心加诸彼而已。故推恩足以保四海,不推恩无以保妻子。(《孟子·梁惠王上》)

这种将扶老慈幼的一套道德原则由近及远推广到全体社会成员的过程也就是实施教化的过程。

关于省赋役、宽民力、减轻人民的负担问题,孟子论述的重点在"制民之产"。他认为,只有稳定供给人民基本生活的资料,人民生活才有保障,这从另一方面也减轻了人民的负担。《孟子·梁惠王上》载:

> 无恒产而有恒心者,惟士为能。若民,则无恒产,

因无恒心。苟无恒心,放辟邪侈,无不为已。及陷于罪,然后从而刑之,是罔民也。焉有仁人在位罔民而可为也？是故明君制民之产,必使仰足以事父母,俯足以畜妻子,乐岁终身饱,凶年免于死亡；然后驱而之善,故民之从之也轻。

如何"制民之产"？孟子认为实行井田即可。所谓"方里而井,井九百亩,其中为公田,八家皆私百亩,同养公田；公事毕,然后敢治私事"(《孟子·滕文公上》)。在这种理想的井田制之中,人民生活自给自足,稳定幸福,那是一幅田园牧歌式的景象,孟子为我们作了这样的描画：

> 五亩之宅,树之以桑,五十者可以衣帛矣。鸡豚狗彘之畜,无失其时,七十者可以食肉矣。百亩之田,勿夺其时,数口之家可以无饥矣。谨庠序之教,申之以孝悌之义,颁白者不负戴于道路矣。七十者衣帛食肉,黎民不饥不寒,然而不王者,未之有也。(《孟子·梁惠王上》)

这种理想当然不可能实现,但它树立了一个理想社会的图景以供"明君""王者"追慕,其目标导向作用仍不可小视。

人民有了一定之产,统治者不可随意征敛,"取于民有制",剥削要有一定的限度,不能杀鸡取卵、竭泽而渔。

孟子认为,"有布缕之征,粟米之征,力役之征。君子用其一,缓其二。用其二而民有殍,用其三而父子离"(《孟子·尽心下》)。对于暴政苛政的抨击,孟子比孔子更激烈,他曾当面指责梁惠王说:"庖有肥肉,厩有肥马,民有饥色,野有饿莩,此率兽而食人也。"他还批评邹穆公说:

> 凶年饥岁,君之民老弱转乎沟壑,壮者散而之四方者,几千人矣;而君之仓廪实,府库充,有司莫以告,是上慢而残下也。《孟子·梁惠王下》)

战国时期,各国征战不休,战事频仍,各国统治者为了在激烈的社会竞争中自保求存,纷纷致力于富国强兵,汲汲于耕战。各国统治者大肆征发劳力,大兴土木之役,对生产破坏很大,针对这种状况,孟子特别强调"不违农时",他说:

> 不违农时,谷不可胜食也;数罟不入洿池,鱼鳖不可胜食也;斧斤以时入山林,材木不可胜用也。谷与鱼鳖不可胜食,材木不可胜用,是使民养生丧死无憾也。养生丧死无憾,王道之始也。(《孟子·梁惠王上》)

这种"不违农时"的观念显然与孔子"节用爱人""使民以时"的思想是一脉相承的。省赋役、宽民力除了主要针对农民小生产而言外,孟子还根据当时工商业发展的社会现状,提出了减省税额,保障工商业主利益,使物畅其流的主张,这是德治主义经济政策的新发展。

关于举贤才,孟子仁政学说对此论述不多,但也间或有所涉及,如曰:"尊贤使能,俊杰在位,则天下之士皆悦,而愿立于其朝矣。"(《孟子·公孙丑上》)

要而言之,德政思想由周公发轫,经孔孟的系统阐发,已形成一套完整的政治行为理论体系,或者说一套完整的德政纲要,而广教化、省赋役、举贤才则是德治主义施政纲要中三个基本的层面。

第三,"春秋公羊学"对德治主义的发挥。

孔孟的德政与仁政思想为后儒倍加推崇,德政中有关广教化、省赋役、宽民力、举贤才的基本题旨也被后儒奉为圭臬,据为典要,并据此加以发扬光大。在继承与发扬周公以来的德治主义思想传统方面,"春秋公羊学"是一个重要的环节,起了承上启下的重要作用。

作为"春秋公羊学"大师,董仲舒不仅继承了孔孟的德政学说,而且通过其创造性的阐释将它推进到了一个新的理论高度。

德政的核心是教化,孔孟对此已言之再三,董仲舒也紧扣这个主题作出了更加系统详尽的论证,并提出了一个精辟的论断:政治的根本问题在于教化,即所谓"教,政之本也"(《春秋繁露·精华》)。为什么说教化是为政之本呢？董仲舒从教化的特点、功能，从阴阳五行的角度，从历史的经验三个方面予以详尽的论述。

从教化的特点及功能上看，社会礼俗、道德、仁义孝悌的社会控制作用大大超过威势、刑罚的作用。如德教能使父子亲、兄弟睦、君臣和、百姓安，从而"成政"，所以治国安邦必须首选教化这一最佳手段。他说："道者，所由适于治之路也，仁义礼乐皆其具也。"仁义礼乐是达到王道政治的工具，这一点与刑罚、威势并无二致，但人们最易于接受仁义礼乐这些工具，其作用方式较潜隐，作用范围广泛，作用力也因此经久不衰，所以其效果也就最佳。鉴于此，治理天下的帝王，"莫不以教化为大务"。

如果不施德教，不"显德以示民"，则"民暗于义不能照，迷于道不能解"，这就是孔子所谓"民免而无耻"。反之，以教化为先，"道德齐礼"，则民"有耻且格"，那就会出现"不令而自行，不禁而自止，从上之意，不待使之，若自然矣"（《春秋繁露·身之养重于义》）的局面。"民晓于礼谊而耻犯其上"，这岂不是防范人民作奸犯科的最坚固的堤防！董仲舒认为：大体说来，道德教化没有施行，那么，众多黎民百姓的行为就会不端正。大多数老百姓都是追逐利益的，就像水往低处流一样，不用教化来阻止控制，老百姓的这种趋利行为就不会停止。所以说，教化施行而各种奸邪的行为得以制止，是因为思想道德的堤防完好；教化废弛而各种奸邪行为便会一起出现，即使用刑罚也不能制止，是因为人们思想道德的堤防崩塌了。德治教化既能化万民，又能防奸邪，故"以德为国者，甘于饴蜜，固于胶漆"(《春秋繁露·立元神》)。

教化之重要不仅表现在其特殊的社会控制功能上，而且符合阴阳五行的运作法则。董仲舒认为，天有阴阳之刑德，故天子为政也须王霸并用、宽猛相济；但"天之任阳不任阴，好德不好刑"(《春秋繁露·阴阳位第》)，天以三时主德，一时主刑，故天子行政，应以王道、仁德为主。董氏进一步论证说：天道的核心在于阴阳的相反相成。阳代表生长繁衍，阴代表刑罚；刑的主要职能是杀戮，而德的主要职能是养育生长。所以说，阳通常存在于盛夏，以促进自然万物的生长发展。而阴则常常存在于严冬，充斥于空虚的环境中。由此可以看出，天道更倾向于依赖德而不是刑。帝王受命于天，应秉承天意行事，"近天之所近，远天之所远；大天之所大，小天之所小。是故天数右阳而不右阴，务德而不务刑。刑之不可任以成世也，犹阴不可任以成岁也。为政而任刑，谓之逆天，非王道也。"(《春秋繁露·阳尊阴卑》)

教化不仅是最佳的社会控制手段，又合乎天地阴阳之道，而且也是历史经验的启示。董仲舒引用历史经验，说殷纣"杀圣贤而剖其心，生燔人闻其臭，刳孕妇见其化，斮朝涉之足察其拇,杀梅伯以为醢,刑鬼侯之女取其环……共诛纣,大亡天下"(《春秋繁露·王道》)。纣王刑杀暴戾可谓之极,而终于国破身死,为千古所骂;反观周文王,大行德政,师圣任贤,仁爱子民,故天下归之。武王行大义,周公作礼乐,故有成、康太平大化之盛世,当此之时,教化风行,人民孜孜求善,监狱空置四十余年,周代德治宏通,"行五六百岁尚未败"。降及嬴秦,严刑峻法迭出,酷吏横行,人民被刑或遭戮者众多,衣囚服刑者满市,但社会一刻也未曾安定,人民骚动,天下扰攘,以致"立为天子十四岁而国破亡矣"!教化与刑罚之殊,德政与暴政之别,兴亡成败之势,由此不是昭然若揭吗!

董仲舒推古论今,锋芒直指汉朝现实,他在回答汉武帝的策问中分析了古代社会礼治文教的经验,指出古代设立职掌教化的官员,专门以德教化人民,而后世将此制度废而不设,以为不急之务,因而引发了社会纠葛和矛盾冲突。人民放弃行义而追逐财利,往往生出奸邪之举而犯罪坐法,一旦人民犯罪坐法,朝廷"独任执法之吏治民"。对此,董仲舒认为,这一做法"毋乃任刑之意与"!他引用孔子的话说:"'不教而诛谓之虐'。虐政用于下,而欲德教之被四海,故难成也。"(《汉书·董仲舒传》)基于对教化重要性的认识以及对现实政治状况的批评,董仲舒提出"去奴婢,除专杀之威"的建议,对改良汉初政治起到了积极的作用。①

以董仲舒为代表的"春秋公羊学"继承了周公以来的德治精神,大力倡导教化为本;同时也继承了德治主义的经济思想,强调节制剥削,减轻人民负担。针对西汉社会的现状,董仲舒提出"限名田""抑兼并""薄赋税""省徭役"等一系列主张。这既是孔孟思想的延续,更多的则是董氏在新形势下的发挥。董仲舒借助《春秋》在灾异、褒贬笔法、讳例等方面的微言大义,在这一点上作了详尽的阐发。

董氏认为,要行德政,就不能使社会贫富差距加大,必须把贫富差距限定在一个许可的范围内,如孟子所言,"取于民有制",为此,主张行井田之法。董氏知道时过境迁,井田制已难完全实施,然而仍可部分实行。其所以要行井田,在于井田可以"制民之产",提供人民生产、生活所必需的基本生产资料和生活资料,人民的生计大体可以维系。这样,"民财内足以养老尽孝,外足以事上共税,下足以畜妻子极爱"(《汉书·食货志上》)。稳定了人民的生计,也就是稳定了封建王朝本身,这与孔子"百姓足,君

---

① 参见华友根:《董仲舒思想研究》,上海社会科学院出版社,1992,第90–94页。

孰与不足；百姓不足，君孰与足"的论断异曲同工。要实现这一藏富于民的目标，统治者还应重农爱民。董氏说："《春秋》它谷不书，至于麦禾不成则书之，以此见圣人于五谷最重麦与禾也。"（《汉书·食货志上》）他认为帝王应"秉耒躬耕，采桑亲蚕，垦草殖谷，开辟以足衣食，所以奉地本也"（《春秋繁露·立元神》），为社会树立一个重农爱民的风范。

为了保证农业生产的稳定，必须减省赋役，抑制兼并，限制大土地所有制的恶性膨胀，"限民名田，以澹不足，塞并兼之路。盐铁皆归于民……薄赋敛，省徭役，以宽民力"（《汉书·食货志上》）。为了强化这一思想，董仲舒发挥了公羊家的特点，借《春秋》的微言大义予以反复申论。董仲舒认为，《春秋》反对以强凌弱、以众暴寡、以富使贫，凡遇此必书之以灾异："日为之食，星霣如雨，雨螽，沙鹿崩……《春秋》异之，以此见悖乱之征。"（《春秋繁露·王道》）与此相反，重农爱民，轻徭薄赋为《春秋》大旨之一，董氏谓："《春秋》之法，凶年不修旧，意在无苦民尔。苦民尚恶之，况伤民乎？伤民尚痛之，况杀民乎？故曰：凶年修旧则讥，造邑则讳。"（《春秋繁露·竹林》）例如，在收成不足的凶年，鲁僖公"作南门"，庄公"刻桷、丹楹"，"筑三台，新延厩"，定公"作雉门及两观"，都是不顾凶年，不省民力，不重民业的苦民、伤民之举，故《春秋》讥刺他们为"骄溢不恤下也"。

又如，梁国徭役频仍，人民不堪忍受，《春秋》即曰："梁亡。亡者，自亡也，非人之亡也。"(《春秋繁露·王道》)由于夏桀、商纣骄横妄行，侈靡无度，故"《春秋》以为戒，曰：'蒲社灾。'"(《春秋繁露·王道》)《公羊传·哀公四年》曰："蒲社者何？亡国之社也。"

为了说明爱惜民力、轻徭薄赋、重农爱民的重要性，董仲舒又借天人感应来论证，并以《春秋》所载的灾异为之张本。这也是德政思想在"春秋公羊学"中一种特有的表达方式。董仲舒认为，爱惜民力，纾缓人民的负担是上天的意志，谁违背天意，不恤民力，甚或残贼人民，则上天必以灾异相惩罚。如木之灾变表现为春凋秋荣，秋结冰，春多雨（这显然是反常的物候特征），这是由于统治者徭役多，赋敛重，老百姓贫穷饥饿冻馁流亡所致。统治者如不悔过纠正，不及时采取省徭役、薄赋敛、出仓谷以赈穷困的救济措施，那么就会像当初楚灵王一样，遭到"身弑""名劣"之祸。对于巧立名目的苛捐杂税，上天也会出现灾异以示警告。如《春秋》载鲁成公元年二月，"无冰"，董仲舒认为，这与"方有宣公之丧，君臣无悲哀之心，而炕阳，作丘甲"有关。又如鲁宣公十五年冬，《春秋》书曰："冬，螽生。"董仲舒认为，"螽，螟始生也……是时民患上力役，解于公田。宣是时初税亩。税亩，就民田亩择美者税其什一，乱先王制而为贪利，故应是而螽生，属蠃虫之孽"（《汉书·五行志中之下》）。①按理说，"作丘甲""初税亩"都是春秋时期新旧生产关系更替之际所产生的一种赋税改革，特别是公元前594年的"初税亩"，向被史家视为划时代的事件，因为它标志着土地私有制已为国家正式承认，因此，它也是封建领主制（或奴隶制）向封建地主制经济转型的表征。然而当时的儒家并不是从这个角度来评价这件事的。他们认为这两项税赋改革都加重了农民的负担，且违背了旧制度，故孔子说"初税亩，非礼也"，并在《春秋》中记载此事时以灾异——"螽生"随之。"丘甲"是一种兵赋，据《汉书·刑法志》载，1丘为16井，4丘为64井。在64井的土地上，要出战马4匹，兵车1辆，牛12头，甲士3人，卒72人，武器、服装、粮草均得自备。又据《孟子·滕文公上》所载，可知1井为900亩，由8户耕种。若以1井8户、12人计算，则64井凡512户、768夫。在768夫中要抽丁75人，几乎占到1/10；而512户要负担战马4匹、车1辆、牛12头以及各种粮草辎重，在古代那种落后的物质生产条件下，这无疑是一项沉重的负担。故此，《春秋》以冬"无冰"的灾异之状来刺之。董仲舒充分利用阴阳灾异之说，借《春秋》之

---

① 参见华友根：《董仲舒思想研究》，第128–129页。

口警告统治者,要他们明白重农爱民的重要,以及轻徭薄赋、以宽民力的必要。①

德治主义政治观的第三个方面是举贤才,对此,董仲舒也有独到的发挥。尚贤任能是春秋战国诸子的共识,非独孔孟为然。董仲舒既上承先秦诸子的尚贤思想,同时,他的用人观也有很强的现实性,大多是针对西汉初年吏治的现状而发。西汉初年,公卿大夫子弟世为大官,郡守等可任子为郎官,甚至有以资财入质为官者。显然,这是先秦世卿世禄制度的残余,它与尚贤任能的精神是背道而驰的。对此,董仲舒予以严厉抨击,指出"长吏多出于郎中、中郎,吏二千石子弟选郎吏,又以富訾,未必贤也"(《汉书·董仲舒传》)。世卿、任亲既与时势不合,又有悖德政精神,因而应以选举、任贤取而代之,董仲舒又从阴阳五行、天人灾异、历史经验等几个方面对此展开了论述。

董仲舒认为,选举是为了任贤,任贤好比是"天积众精以自刚,圣人积众贤以自强……故天道务盛其精,圣人务众其贤。盛其精而壹其阳,众其贤而同其心。壹其阳然后可以致其神,同其心然后可以致其功。是以建治之术,贵得贤而同心"(《春秋繁露·立元神》)。任贤又如人的治身积精。

---

① 参见华友根:《董仲舒思想研究》,第129-130页。

董仲舒说，气清为精，人清为贤，治身以积精为宝，治国以积贤为道。精积于身，则血气通畅；贤积于主，则上下一致。血气通畅，则躯体无痛苦而安康；上下一致，则百官各得其所而国治。[①]故此，"治身者务执虚静以致精，治国者务尽卑谦以致贤。能致精则合明而寿，能致贤则德泽洽而国太平"（《春秋繁露·通国身》）。

董仲舒还认为，任贤既是天意，按天人感应和阴阳灾异的逻辑，不任贤将会发生灾变，天以此示警。如五行中的火，若有灾异，将出现冬温夏冷，寒暑失序。这表明君主不明智，善者不赏，恶者不罚，不肖在位，贤人被黜，而补救的办法则是"举贤良，赏有功，封有德"。

任贤是阴阳五行运作之常，顺之则治，逆之则乱；同时，任贤使能也是历史留给后世的成功经验，这是董仲舒论证的又一论据。他说，尧与舜努力寻求天下的圣贤之人，使圣人辅德、贤人佐职，尧、舜因此垂拱无为而天下大治；而依《春秋》所载，鲁庄公与宋殇公，虽然都知道任贤的好处，但终不能果行，所以鲁庄公危殆，宋殇公被杀，实乃情势使然。

由此可见，能否任贤是直接关系到君主地位与国家命运的大事。董仲舒指出，能任贤，则主尊国安，反之则主卑国危。任贤之重要毋庸置疑。那么，如何任贤使能呢？董仲舒认为，

[①] 参见华友根：《董仲舒思想研究》，第82-83页。

可以通过办太学养士来物色造就人才。平时不养士而欲得天下贤才，好比不雕刻玉石而欲得华美的文采一样，都是无法实现的。他说，古代圣王所以获得众多贤才，就在于有庠序以养育士子，使其在年少时"习之学"，而在年长的时期就能"材诸位"了。除兴办太学外，贤才还可以通过地方的举荐而被发现。他说："使诸列侯、郡守、二千石各择其吏民之贤者，岁贡各二人以给宿卫，且以观大臣之能；所贡贤者有赏，所贡不肖者有罚。夫如是，诸侯、吏二千石皆尽心于求贤，天下之士可得而官使也。"(《汉书·董仲舒传》) 地方大吏举荐人才是一举两得的事，既获得了贤才，又考察了诸侯、郡守及二千石官吏的政治品质，西汉地方州郡举秀才孝廉的定制显然由此而发起。

董仲舒还进一步把选举人才的重要性突显出来，提高到整个王朝行政工作的中心地位。他建议，不仅地方官吏要任贤选贤，中央的三公九卿也负有举贤的职责。如司农应当引进"经术之士"，司马应推荐"贤圣之士"。如此一来，则"英俊满朝""百能备具"，整个社会也因之"道德宏通，化流四极"。①

董仲舒任贤使能的思想是对孔子举贤才思想的进一步发挥，虽然在贤才的社会效应、社会作用等方面的论证，董氏并未超过孔子，有些地方甚至带有明确的神秘主义色

---

① 参见华友根：《董仲舒思想研究》，第85页。

彩，然而董氏在如何选贤任能，如何使之社会化、制度化、操作化方面的论述则颇为系统详尽，确有超过前人之处。董氏关于兴学校以养人才，关于国家行政组织有计划地广开"求贤之路"以及把选举贤才作为国家行政工作的重点任务来对待等议论都是富有远见卓识的，对后世的影响也是深远的。

要而言之，德治主义经"春秋公羊学"，主要是董仲舒的发挥，已形成一个系统的理论体系。这种政治理论以教化、礼教、德治为国家施政的主要手段，极力贬斥刑罚威势的作用，同时强调在经济上减轻人民的负担，维持人民基本生产与生活的稳定，宽缓民力，藏富于民，鼓励发展民间工商业；这种理论反对国家与民争利，反对统治者所采取的一切杀鸡取卵、竭泽而渔的行为。德治主义还强调选贤任贤，极其看重贤人与王朝兴衰的内在关系，并把能否任贤视为政治清明与否的一个重要标识，从这一点上看，德治主义者显然是"贤人政治"或者说"精英政治"的鼓吹者。以上三个方面构成德治主义政治观的主要内容。由于德治主义是儒学的主要政治理论，因而在中国古代社会产生了广泛而持久的影响，对中国古代王朝政治、社会行为、精英人物都发挥了巨大的行为导向和价值导向作用。有关这方面的内容，以后我们还将予以详论。

2.《春秋》与中国传统政治文化

《春秋》对中国古代政治文化的影响可谓既深且广，概而言之，这种影响表现在两个层面，一为观念层面，一为制度层面。就观念层面而论，《春秋》及"三传"中诸多理念都为后世封建统治者所认同，并逐渐演变成相关的政治理论。譬如《春秋》的大一统理念不仅成为历代王朝所追求的最高理想，而且逐渐衍化出评判封建王朝合法性程度的所谓"正统"之论、"正闰"之论、"统绪"之论、"王霸"之论。中国历代封建王朝的建立者与继承者都极其注重统绪的纯正与政权的合法，凡此种种，追其源都与《春秋》的大一统理念极相关涉。又如，中国古代政治文化强调王朝建立之初的"更化"意识，即在王朝建立之初或新王登基之始，都有一番"改正朔""易服色""制礼乐""协音律"的举措，这显然源于"春秋公羊学""受命改制"的说教。再如，中国古代政治文化中往往有天人感应之说，把天象、物候特征与当时的政治运作状况联系起来，每每遇到重大的自然灾害则必然要在行政举措上作一些相应的调整，这显然是深受了《春秋》灾异之言的影响，此一端在两汉时期表现得尤为突出。

《春秋》及"三传"对中国古代政治文化的制度层面

也影响甚深。譬如大一统理念、尊王攘夷之论、内外之别的理念等不仅为后世统治者所完全认同，而且将其作为基本原则直接纳入了国家行政体制的组织架构之中，由此形成了中国古代行政体制中的"重内轻外""大本小末""强干弱枝"等一系列强化中央集权的特色。又如《春秋》德治主义理论倡导教化为本，强调贤人政治，主张任贤使能，这些思想显然对中国古代政治运作中极端推崇文教，大力推进全社会的伦理道德建设，有计划地建立社会化的人才选任机制，都产生了显著的影响。有关这方面的内容，下面我们将予以简要论述。

（1）《春秋》的社会传播与"通经致用"

思想意识、价值观念是人们社会行为的指南。虽然意识本身是源于社会存在、受社会存在决定的，然而正如近代著名社会学家埃米尔·迪尔凯姆（Émile Durkheim）所指出的，思想意识一旦形成某一体系，就成为"独立的社会事实"而系统演化，并对人类社会存在（包括人类行为）产生持久而深刻的影响。《春秋》及其"三传"作为一种思想观念体系对中国传统社会的作用和影响也应从这一角度加以理解。

这里有一个重要的前提，某种思想观念作用的大小以及能否发挥出相应的作用，首先取决于其思想内容的潜在的社会应用价值，其次取决于其传播的社会化程度，最后还要取决于这种思想观念的社会认同程度,特别是被统治集团认同的程度。就《春秋》及其"三传"而言,它拥有系统而独特的理念,这些理念涉及传统社会的政治、经济、文化诸方面,其中大多具有很强的针对性和时效性。那么,《春秋》及其"三传"作为一种颇具社会应用价值的思想体系,它能否将其理论的社会效应发挥出来,很大程度上取决于《春秋》思想体系的社会化传播程度与社会认同程度。深入考察《春秋》及其"三传"在中国传统社会的流传,我们认为,《春秋》的传播与儒家其他经典的传播走的是一条同样的路径,即首先在一特定的师生群体内,通过师承授受的方法进行传播,继而由这一特定群体内的某些成员入仕为官,将其思想带入政治领域,进而使其思想在当时统治集团精英内传播并逐渐促其认同。这就是所谓"学而优则仕""据经议政""通经致用"的文化传播内涵。

《春秋》及其"三传"之所以能够对中国传统政治文化产生广泛而深刻的影响,基本前提就在于它成功的社会传播以及由此带来的社会认同。

《春秋》为儒学"六经"之一,而儒家在先秦只是诸子百家中的一家,由于其思想传播较广、影响较大,得以与墨家并称为"显学"。然而儒学在战国及秦朝却遭到了厄运,或者说时命多舛。众所周知,战国时代是一个竞富逐强的时代,各诸侯国莫不以耕战为尚,人主君侯莫不以霸业为务，申韩法术之言、策士说客纵横之论大行于天下，而儒家虽有孟轲那样的大师，也难以获得人君的赞赏与认同。及至秦朝，焚书坑儒，以吏为师，儒学更遭到了灭顶之灾，所幸其弟子传递不绝，得以劫后余生。汉兴以后，经过"反秦之弊"的政策调整，儒学始获得前所未有的发展契机。汉文帝时开始把儒学经典——《诗》列为博士，纳入官学，汉景帝时设立齐《诗》博士（辕固生），《春秋》博士（公羊派董仲舒、胡母生）。文景之时，朝廷对儒学已渐渐重视，并设三经博士，但当时尚未罢斥百家，博士并未为儒家所专有。武帝时设立"五经博士"，博士始为儒家所专有。《史记·儒林列传》记载说：到了当今皇上（指汉武帝）即位后，赵绾、王臧等人研习儒学，皇上也倾心于儒学，于是招揽天下品德端正且富有学问的人。从这以后，讲授《诗经》的学者，在原鲁国的地方有申培公，在原齐国的地方有辕固生，在原燕国的地方地有韩太傅。讲授《尚书》的，有来自济南的伏生；讲授《礼记》的，有来自鲁地的高堂生；讲授《易经》的，有来自菑川的田生；讲授《春秋》的，齐、鲁两地有胡母生，原赵国的地方则有董仲舒。

又《汉书·儒林传》载，武帝立五经博士，"《书》唯有欧阳，《礼》后，《易》杨，《春秋》公羊而已"。《春秋》公羊家成为国家法定经典而列为官学，成为五经博士之一，它标志着《春秋》思想体系的社会化程度大大提高。稍后，以治《春秋》而位列三公的公孙弘又向武帝提出了一项建议，博士可置弟子员，这又大大推进了《春秋》的社会化。虽说博士本来是有弟子的，但原先属于私人范围，只限于学业的授受，现在国家政府机关将博士弟子纳入国家编制，意义非同一般，因为它标志着一种身份，而这种身份可以使博士弟子直接进入仕途。这项措施极大地激发了人们学习《诗》《书》《春秋》等儒家经典的热情，所以史家称，从此以后"学者益广"。在这种学优而仕的政策引导下，《春秋》也日益广泛地传播开来。据《史记·儒林列传》记载，西汉景帝至平帝一百多年间，《春秋》（主要是公羊学派）师生相承已达六代，其中卓然有成的达二十多人。

景帝时，"春秋公羊学"有两大宗师，一为齐人胡母生，一为赵人董仲舒。两人"以治《春秋》，孝景时为博士"，胡母生"以老归教授，齐之言《春秋》者多受胡毋（母）生"，董仲舒"下帷讲诵，弟子传以久次相受业"（《史记·儒林列传》）。

武帝时以儒生身份入相封侯的公孙弘即师从胡母生学《春秋》，《春秋》的传播与影响可见一斑。然公孙弘以仕进为主，官僚气太重，也未遑传授师道，故齐人胡母生一派公羊学至公孙弘而止，未见续有后学。

倒是董仲舒设帷讲授，杏坛兴盛，弟子众多。其中著名者有褚大、嬴公、吾丘寿王、段仲、吕步舒、鲍敞。六大弟子中唯嬴公守学不失师法，又授业给孟卿、眭孟、贡禹；孟卿又以《春秋》授疏广，眭孟授贡禹、严彭祖、颜安乐；眭孟死后，严、颜又各授弟子。严彭祖授王中，颜安乐授泠丰、任公，贡禹授堂溪惠，堂溪惠授冥都，疏广授筦路，王中授公孙文、东门云，泠丰授马宫、左咸，筦路授孙宝，等等（《汉书·儒林传》）。其师承辈分关系如下图：

"春秋公羊学"在西汉的传播图示

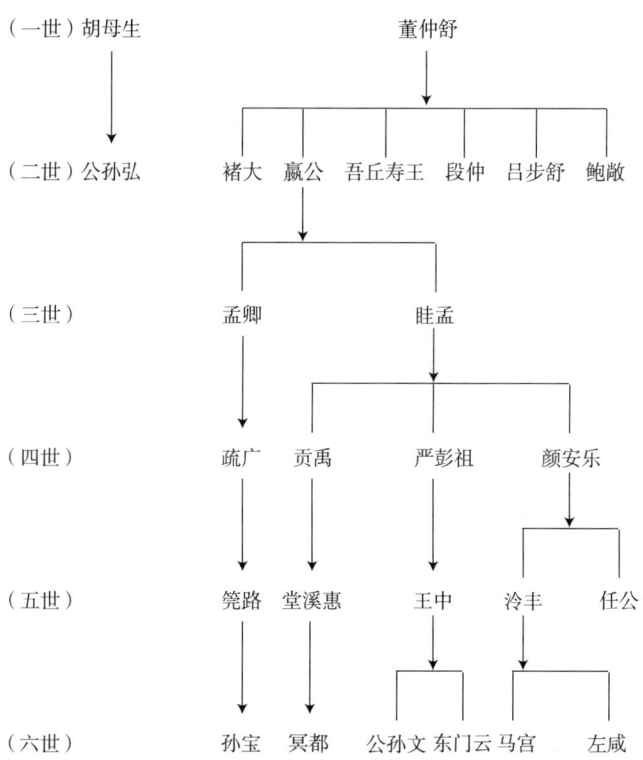

上述这些人都是有明确师承关系的"《春秋》学"传人，估计其他有师承关系的人还有不少，只不过名声不彰，史籍未加以载录罢了。由此可见《春秋》在当时的广泛传播。更重要的是，上述这些"《春秋》学"传人不仅学有成绩，而且仕途腾达，官运亨通。他们中有官至丞相封侯的，如公孙弘；有位列三公的，如贡禹在宣帝时为博士，元帝时迁谏大夫，后升至光禄大夫、御史大夫。更多的人位居九卿之列：如筦路官至御史中丞；马宫，哀帝时官至大司徒，平帝时为太师兼司徒；左咸，哀帝时为博士，平帝时为大鸿胪；孙宝，成帝时为谏大夫，哀帝时为司隶，平帝时为大司农。有的或出为地方大吏，或为太子老师：如严彭祖，宣帝时为博士，后曾迁河南太守、东郡太守、太子太傅；颜安乐，宣帝时为齐郡太守丞；泠丰，成帝时为淄川太守；东门云，成帝时为荆州刺史。担任过太子太傅或少傅的也有多人。

除上述学有师承的《春秋》公羊家以外，西汉中期有一些学者、官吏也精通《春秋》，著名的人物如司马迁，他曾宣传过《春秋》"大义"，说《春秋》"上明三王之道，下辨人事之纪，别嫌疑，明是非，定犹豫，善善恶恶，贤贤贱不肖，存亡国，继绝世，补敝起废，王道之大者也"（《史记·太史公自序》）。司马迁的"《春秋》学"理论，自称是"闻之董生"。又如巨鹿人路温舒，"受《春秋》，通大义",武帝时初举孝廉为山邑丞,后迁至廷尉史,上书言"尚德缓刑",所用经义直接出自《公羊传》,深得汉武帝赏识,后官迁广阳私府长,再迁为临淮太守。(《汉书·路温舒传》)还有汝南人桓宽,"治《公羊春秋》,举为郎,至庐江太守丞",在他所著的名篇——《盐铁论》中,除直接引用《公羊春秋》的"大义"外,还广采董仲舒的言论。[1]

司马迁、路温舒、隽不疑、桓宽等人都治《春秋》而没有明确的师承,由此可见这一时期《春秋》在朝野上下的广泛传播。一般的官吏习《春秋》,引《春秋》决狱比事,皇族外戚读经引经,也一时蔚然成风。在称引的诸典中,以《诗》《书》为首,这是不言而喻的,因为《诗》以教化,《书》以治乱,孔子曾有"不学《诗》,无以言"之慨,《书》为先贤训诰,政治功用至为显要;而《春秋》则以其独到的思想文化功效,在这一读经之风中占据着重要的一席之地。当时,"春秋公羊学"成为太子、皇子们的必修课,太子、皇子们的老师大多为"春秋公羊学"学家,在皇室中传播《春秋》思想,可谓适得其宜。

西汉王朝的倡导利诱,特别是"劝以官禄"的政策,刺激了《春秋》的社会传播,而《春秋》学者的官僚化又

---

[1] 有关内容参考汤志钧等著:《西汉经学与政治》第五章《从"盐铁论"到"论石渠"》,上海古籍出版社,1994。

提高了《春秋》的社会影响,其社会功用也日益彰显。当时,从君臣的议事论政到吏卒的执法决狱,从朝廷的设策取士到郡县的举廉察孝,从官学的从师受业到私学的设帷讲经,举凡国家的政治活动,无不有《春秋》公羊家们参与其中。公羊学家已不仅仅是一个学术团体,而是一个严格意义上的政治团体。那些深通《春秋》微言大义的人,既是专家学者,又是官僚政要,他们或据经议政,为政府行政运作建言献策;或通经致用,以《春秋》作为决事断狱的准绳;或以《春秋》所言灾异警告当朝人主;或据经进行社会政治批判,实施一定意义上的社会监督。《春秋》的传播与应用,至此达到极盛。

"罢黜百家,独尊儒术"的倡议者——董仲舒,在据经议政方面也是首开先河者。汉武帝因认同董仲舒"《春秋》大一统者,天地之常经,古今之通谊……邪辟之说灭息,然后统纪可一而法度可明"(《汉书·董仲舒传》)的建言,进而严斥"淮南、衡山修文学"是"怵于邪说"(《汉书·武帝纪》);又因董仲舒在"贤良对策"中屡有关于德政的阐述,武帝便在诏令中屡屡提及"本仁祖义""仁不异远""义不辞难",似乎也孜孜以德政为务。董仲舒还据《春秋》尊王之义,大本小末之义疏谏于胶西王刘端,刘端在议论淮南王刘安的谋反行为时说:刘安废弃法度,行为邪僻,有欺诈虚伪之心,意图扰乱天下,迷惑百姓,背叛宗庙,编造妖言。《春秋》上说：臣子不得率兵反叛，率兵反叛者应当诛杀。刘安的罪行比率兵反叛还要严重，他谋反的事实已经确定。根据我所看到的，那些书信、印玺、地图以及其他叛逆无道之事，证据确凿明白，刘安应当伏法。对于判案定罪的国家官吏，级别在二百石以上及与此案有牵连的人，如果是宗室贵族或皇帝近侍且不在法律制裁范围内的，由于他们未能教导刘安，都应当免去官职，削去爵位，贬为普通士兵，不得再担任官吏。如果他们不是官吏，则应当处以赎死之刑，罚金二斤八两，以此来彰显刘安的罪行，让天下人都明白作为臣子的道理，不敢再有邪僻背叛的念头。

在董仲舒的建言下，汉武帝采取了一系列强干弱枝、大本小末、加强专制主义中央集权制的措施，如严厉打击淮南、衡山、江都三王的谋逆行为，颁行削弱打击诸侯王国势力的"阿党法""左官法""附益法"，厉行"推恩令"，使西汉建立以来一直引为隐患的诸侯王国势力受到了极大的打击。

如果说董仲舒据《春秋》大义议政建言，开儒生据经议政之先河，那么，公孙弘以公羊学学者的身份拜相封侯，则将《春秋》的政治化与通经致用推向了一个新的境地。在此之前，经学家们多以博士头衔参与政治，参政方式多采取议而不干的形式，如所谓"备顾问"或"循行天下"，宣慰黎民以圣意仁心，传达宣讲皇上体恤万民的旨意，等等，多是务虚而不务实的工作，而公孙弘个人的从政经历和宦海生涯则改变了这一状态。

公孙弘官至丞相，对武帝时的政策建议颇多，其中如置博士弟子员、选贤才、规范汉王朝统治制度和文化制度的建设等等，这些建议董仲舒都提出过，但那时并未付诸实施，最终贯彻实施的则是公孙弘。公孙弘与汉武帝君臣关系也很融洽，在他年老乞归时，武帝还说"惟所与共为治者，君宜知之"，且嘱咐他"今事少闲，君其存精神，止念虑，辅助医药以自持"云云，言辞温婉眷念，使人感慨！(《汉书·公孙弘传》)公孙弘的从政经历无疑具有极大的示范作用，它激发了一大批汲汲于仕途以求显达的学士，更加发愤读经治经，因为有一个光明锦绣的前程在等着他们。

在这样的政治环境中，读经治经、通经致用蔚为一时之风尚，清人皮锡瑞在《经学历史》中说：在汉武帝和汉宣帝期间，经学得到了很大繁荣，学派尚未分化，思想学说纯正没有混杂，因此这时的经学极为精深并且实用。人们运用《禹贡》来治理黄河，用《洪范》来观察天象变化，依据《春秋》来决断案件，把《诗经》三百零五篇当作谏书来使用。可以说，研究一经就能获得一经所带来的益处。这里《禹贡》如何帮助人们治理黄河，《洪范》如何提示人们观察阴谋事变，我们暂不管它，单说《春秋》决狱。为什么《春秋》可以决狱呢？原因在于，《春秋》有许多"微言大义"，有许多"褒贬笔法"，还有一些"书法""讳例"，等等，当时有一些精通《春秋》的官吏就以《春秋》中"微言大义""褒贬笔法"所昭示的是非曲直观作为判断狱讼是非曲直的标准，据以断案。这里有几则例子：武帝元朔四年（公元前125年），张汤官迁廷尉，他专门请求《春秋》博士弟子为自己的僚属，用《春秋》大义判决大狱。又如淮南王谋反的案子发生在元狩元年（公元前122年），武帝派董仲舒的弟子吕步舒去查办，吕步舒未等奏章批复，就依《春秋》大义将淮南王案所有案犯一一判定罪名，武帝也没有责怪他。更典型的例子是隽不疑以《春秋》识破"卫太子"。勃海人隽不疑，"治《春秋》，为郡文学"，昭帝初年以"征诣公车，拜为青州刺史……擢为京兆尹"。（《汉书·隽不疑传》）始元五年（公元前82年），有人冒充卫太子，京城一时为之骚动。所谓"卫太子"是怎么回事呢？那是在征和二年（公元前91年），武帝听信江充的谗言，怀疑太子在宫内使用巫术咒他早死，就下令捉拿太子，太子一气之下杀了江充，逃到了湖县（汉京兆尹东部）自杀，是为轰动一时的"巫蛊之难"。太子出逃在外，因为受了冤屈，民间很是同情，故而有许多谣传说太子没有死。正是在这种背景下，昭帝始元五年（公元前82年），有一个男子头戴黄帽,身着黄衣,乘着黄犊车,车上还插了黄旗子,投到宫门,声称他是武帝的太子。那时长安吏民听到太子隔了十二年又回来了,惊异得很,奔去看的有几万人,京师为之骚动。昭帝命令一班大臣验看,没有一个敢下断语,京兆尹隽不疑最后到场,当即吩咐随从把"太子"捆起来,旁边围观的大员们上前劝止,说,这是不是卫太子还没有确定,你为什么这样鲁莽呢?隽不疑答说,就是真是卫太子,诸位又何必害怕呢!从前卫灵公的太子蒯聩得罪了他的父亲,出奔晋国。后来灵公死时命他的孙子辄(蒯聩的儿子)继位。晋国得知此讯,马上把蒯聩送回卫国,但辄竟然拒而不纳。《春秋》上说辄的做法是对的,因为辄听从了祖父的命令就该这样做。按《春秋》的标准,前太子得罪于武帝,逃在外面未死,到现在真的回来了,依然是罪人,应当法办,没有疑问!昭帝和大将军霍光听到隽不疑的一席论断,深为折服。后经廷尉审讯查实,这位卫太子果然是冒充的,结果被腰斩。这是以《春秋》决狱最成功也最具影响的一个案子,通经致用由此成为儒生展示政治才华、创造政绩的一个绝好手段。

读经治经,通经致用,学优而仕为西汉王朝造就了一批新型的文官队伍。据统计,西汉中期以后,五经博士中的大部分人均担任过拥有实际职权的中、高级职务,从而形成自上而下的经学政治的文官体系。五经博士为官的人数略见于下：

《诗》博士约16人，后任中、高级职务者13人。

《书》博士约16人，后任中、高级职务者11人。

《春秋》博士约12人，后任中、高级职务者9人。

《易》博士约17人，后任中、高级职务者4人。

《礼》博士5人，后任中级职务者4人。①

这些人已与一般经学家不同，他们已成为职业官僚，儒学、经术已成为他们从事政治活动的"缘饰"；他们在大讲"教化""德治""礼义"的同时，也兼修"文法吏事"；他们与一般的"文法之吏"也大有径庭，其言行举措均与不谙经术的"文法之吏"相左。博士或博士弟子出身的文官们精通《诗》《书》《春秋》等儒学经典，他们能以娴熟的经学知识对君主进行规谏，对王朝的大政方针提出建言，对不良的社会风气进行批评，并往往能产生较重大的影响。这种所谓"经学政治"的格局一直延续到东汉。此后，经学虽不复有如此强大的政治势力与社会影响，但以儒术取士、以儒学经典为国家行政的主要理论依据的做法被沿袭下来，并成为中国传统政治文化的一大特点。从一定意义

---

① 参见汤志钧等著：《西汉经学与政治》，第157页。

上讲,中国古代政治制度中极具特点的文官制度、科举制度均与学优而仕和通经致用的经学政治传统有着密不可分的关系。

(2)《春秋》的"改制"与中国古代王朝的"更化改元"

中国古代政治文化中强调王朝更替之际改正朔的举措,以表明新的王朝和君主受命于天,继统于正,合法合理,为此新王朝就必须要有一番"更化"的举措,要"更化"就得改正朔、易服色、订礼乐、殊徽号、协音律、徙居所等等。凡此种种,统而言之"改正朔"。

应该说,这是一个很久远的传统,也是一个仅见于典籍的传闻,真正作为一项举措在社会中大规模实施则是在西汉,而导演策划出这场社会活动的则是《春秋》公羊家们。当然,就西汉而言,最早提出"改正朔"之议的是贾谊。他以五德终始说为据,认为汉承秦后,当为土德,因为秦为水德。贾谊按土德的标准为汉朝的改正朔提出了一个方案,即色尚黄、数用五,把秦的水德之制全部改过来。后来贾谊因年少才高遭人嫉恨而失宠于文帝,其议也被搁置。后有公孙臣也提出改制之议,他也认为汉为土德,但因种种原因,其议也未果行。武帝建元六年(公元前135年),笃信黄老之言的窦太后去世,武帝始能大开门路,广纳儒生,《春秋》公羊家因以登进,并提出了全面、系统的改正朔方案，而方案的提出者和论证者就是董仲舒。

董仲舒向汉武帝极力宣传公羊学的"改制"论。他认为，真正伟大而有福分的帝王，是受天命而为的，为此，受命的帝王理应封泰山、禅梁父，以示其至高无上，继统于正。董仲舒还进一步论证说，古代德如尧舜的七十二位受命之王，都是这样做的；而且，这样的封禅活动，一定会得到各地诸侯的赞成和支持。他说："封于泰山，禅于梁父……天下诸侯各以其职来祭。贡土地所有，先以入宗庙，端冕盛服而后见先。德恩之报，奉元之应也。"（《春秋繁露·王道》）董氏认为，受命的帝王要显示自己承天应命，不仅要封禅，更重要的是要改制。所谓"王者必受命而后王。王者必改正朔，易服色，制礼乐，一统于天下，所以明易姓，非继仁，通以己受之于天也"（《春秋繁露·三代改制质文》）。董仲舒还认为，帝王受命改制，"必以三统"，"三统"的"改正之义"在于"奉元而起"（《春秋繁露·三代改制质文》）。奉元，即奉正朔、应天命，以示自己权力、权威的合法性，这也正是大一统的"立元正始"之义。

在以公羊家为主的儒生们的鼓动策划下，汉武帝乃于元封元年（公元前110年）决定到泰山去封禅，他用祭泰一（上帝）的礼去封泰山，又禅于泰山下的肃然山。汉武帝的福气比秦始皇好，封禅的那几日，天高气爽。封禅之后，他下诏改元为元封。稍后，太中大夫公孙卿、壶遂及太史令司马迁等又建议修改历法，即"历纪坏废，宜改正朔"（《汉书·律历志》）。武帝下诏要博士们议论此事，御史大夫兒宽主持其事。兒宽治"春秋公羊学"，于是博士们又依据公羊学立元正始、通三统、大一统之义提出修改历法的重要性。这实际上是在重申董仲舒的观点，即帝王受天承命，必须改正朔，易服色，创业改制，制度不宜重复，因而考天地四时之极，应顺阴阳以定大明之制，以为万世法则，等等。武帝采纳了这些建议，乃诏令公孙卿、壶遂、司马迁等人议制汉历——《太初历》。

太初元年（公元前104年）五月，武帝正式颁布《太初历》，以正月为岁首，用"三统"行"夏时"，色尚黄，数用五，随后又"定官名，协音律"，可以说是将董仲舒的改制方案不折不扣地付诸实践了。

新王朝的改正朔活动，在今人看来似乎有些滑稽可笑，既靡费巨资又为不急之务，但在古代传统社会中，这委实是一项重大的政治举措，因为它旨在强化其统治权威，强化其政权的社会认同感，这意义自然是非同一般了。正因为改正朔、易服色具有加强统治权威的合法性和强化其统治的社会认同感这一重要作用，所以汉以后的各代王朝大体都沿袭了这一做法。历代行封禅大典的帝王有东汉光武帝、唐高宗、唐玄宗与宋真宗。此外，历代帝王中欲行封禅之礼的也大有人在，只不过迫于种种原因而未能实行，其中，用度太大、扰动太众恐怕是一个主要的原因。如唐高宗封禅泰山，从驾的文武大臣、兵士、仪仗队伍长达数百里，波斯、天竺、倭国（日本）、新罗、百济、高丽等国使者随行，穹庐毡帐，牛马驼羊，充塞道路。唐高宗十月从长安出发，十二月方到达泰山，次年正月始行封禅。

封禅因其耗资巨大，且劳师动众，实行一次困难很多，因此，作为一项制度难以卒行。但是，王朝鼎革，新君嗣位总要改正朔，易服色，改元更化，怎么办？只能变通仪式了。仪式可以变通，但改制更化的目的不能变。于是，后世王朝便有所谓"改元"之举，它似乎可以视为改制更化的一种简便形式。

改元，即改变帝王的年号。帝王年号也创始于汉武帝，先秦时期帝王并无年号。清人赵翼认为，武帝始创年号，实起于元鼎，此前的建元、元光等年号都是后来追认的（《廿二史札记》卷二）。东汉光武帝继承了这一做法，即位之初，建坛场，燔燎告天，禋于六宗（水、火、雷、风、山、泽），望于群神，祝词而祭。建元（即建年号）为建武，大赦天下。其后，开国之君多举行燔燎告天之礼，如三国蜀帝刘备、晋武帝司马炎、宋武帝刘裕、齐高帝萧道成、梁武帝萧衍、陈武帝陈霸先等等。

由开国之君的燔燎告天及建元，又发展到继嗣之君的改元。嗣位之君的改元一般在其亲政的第二年，但也常有例外。刘备于章武三年（223年）四月卒，后主刘禅于五月即位，马上改元建兴；司马炎太熙元年（290年）四月卒，晋惠帝司马衷当天即位，改元永熙。由嗣君改元进而发展演化成禅位改元。禅位是因种种政治因素而发生在君臣之间、父子之间、兄弟之间的最高权力的转让移交行为。每当禅让发生之际，必有改元更化之举。例如，北周静帝禅位于隋国公杨坚，静帝遣太傅奉策书、大宗伯奉皇帝玺绶交给将要即位的隋国公。杨坚即位，在南郊设坛祭天，又告谒祖庙，随后改元，大赦天下。

父子之间的"内禅"也须改元。如唐睿宗李旦在太极元年（712年）五月改元"延和"，七月，有彗星入于太微座，李旦听信占星家之言，执意要"传德避灾"，让位于太子李隆基，自己则为太上皇。李隆基即位后，祭享太庙，改元"先天"，大赦天下。贞元二十一年（805年）正月，唐德宗卒，三天后，顺宗即位，到了八月，顺宗禅位于太子李纯，自称太上皇。李纯即位后，次年改元"元和"。

这种新君改元、嗣君改元、禅位改元的传统政治文化一直延续下来，到明代又有所改进。自明代起，开国建元之制定为一帝一年号，终其世而不改，先帝卒，继嗣之帝于当年仍沿用旧年号，次年改元。清代大致一仍明制。

从封禅泰山到燔燎告天，从改正朔、易服色到建元改元都是《春秋》改制思想在中国传统政治文化中留下的斑驳痕迹。这种新王受命、改制更化的理念最初经过《春秋》公羊家的极力渲染和系统论证,复经汉武帝隆重盛大的实施,遂对后世产生了深远的影响,其本身已完全超出了政治礼仪的意义。这种改正朔、易服色、建元改元的举措已成为一个新统治王朝确定其合法身份,强化其政治权威的一种重要手段和必备的行政程序。

(3)《春秋》与中国传统的"天人感应"政治论

治世祥瑞至,乱世灾异生。这是中国传统政治文化中的一个典型命题,它表达的是这样一种政治观念,即:如果一个王朝政治清明、国泰民安,则风调雨顺,祥瑞频至,所谓嘉禾兴,醴泉涌,风雨时,凤凰来,麒麟游于郊,种种美好之兆咸集;而当一个王朝因国君无道,或者因奸佞横行,或者因政治腐败而处于混乱危机之时,则灾异之象接踵而至,或淫雨泛滥,或季节失序,或山崩地震,或有日食,等等,不一而足。人们笃信,这是上天在谴告,当此之际,人君要深自反省,要悟过自新,要去恶从善,去邪就正,这样才能摆脱危亡的困境,复归清明祥和的盛世。

把各种天象物候的异常现象与现实政治的运行状态作某种因果联系,是中国传统政治文化的一大特点。这一特点可以说是《春秋》灾异之言或天人感应观念的直接产物。

一般说来,《春秋》及《公羊传》是天人感应观念的主要传播者,但它却不是这一观念的"原创"者。追其发端,天人感应观念还有一个更为久远的思想源头。殷周时代,人们相信天上的上帝管着人间的事,上帝不仅有人的形象,而且有人格意志。日、月、星辰的变化,风、雨、雷、电的运作,春、夏、秋、冬的代谢都是上帝意志的表现。上天有是非善恶观,也有喜、怒、哀、乐之情。当上天对人间的行事举措不满时就会以各种灾异显示出来。如《诗·正月》云:"正月繁霜,我心忧伤,民之讹言,亦孔之将。"又《诗·十月之交》云:"十月之交,朔日辛卯。日有食之,亦孔之丑。彼月而微,此日而微。今此下民,亦孔之哀。"战国秦汉之际,灾异说或天人感应说得到了进一步的发展,《月令》《洪范》《易》诸典中都有较系统的天人感应理论。

《月令》是《礼记》中的一篇,其核心思想是"春生,夏长,秋收,冬藏"八个字,再加以天人感应的观点贯串其中,便构成了一幅独特的世界图式。《月令》认为,春天是万物生长的时候,一切政治和人事都应顺应生长这一自然法则,只有这样才能在人事活动中获得自然力的协助。所以在春天,向来关闭的地方要打开,刑罚要停止,犯人的桎梏要解脱,伐木和打猎要禁止,总之是要人和物各遂其生。一到秋天,上天降下一股肃杀之气,草木衰落,国家也可以出兵打仗,刑部也可以行法杀人了。如果国家行政举措不与天运时序配合,而是反其道行之,上天就会出现灾异，如在孟春行秋令将有大瘟疫，仲春行冬令将会有大旱，季秋行冬令将多盗贼。在《月令》中，灾异源于一切违反时令的行为举动。

《尚书》的《洪范》篇也有专门的天人感应论。《洪范》把人事的"貌、言、视、听、思"和天气的"雨、旸、燠、寒、风"联系起来。它认为，国君的貌正了，雨就按时适量地降下；倘若不正，雨就会下个不停，是谓淫雨。其他如"言与旸""视与燠""听与寒""思与风"都有这样的感应关系。

《周易》也有类似的思想，如《易·贲》曰"观乎天文，以察时变"；又《易·系辞上》曰"天垂象，见吉凶"。所谓"天文"即天象变化，"时变"即是人事吉凶的征兆。这也是把天和人联系起来考虑的一种思维方法。

由上论述可知，灾异之言或天人感应观念既非《春秋》首创，也不为《春秋》专有，但《春秋》及《公羊传》却是中国古代天人感应思想的集大成者，也是对后世产生巨大影响的主要传播源。

《春秋》通篇言灾异，大至山崩地陷，小至霜不杀草，巨细无遗。据蒋庆《公羊学引论》的统计，《春秋》载录二百四十二年史事，其中所录灾异一百二十二件（应为一百二十三件——引者注），平均两年一事。具体言之，计有日食三十六，星孛三，星陨一，陨石一，不雨七,无冰三,大雨震电一,雨雪三,大雪雹三,地震五,山崩二,大水九,大旱二,饥二,无麦苗一,大无麦禾一,陨霜不杀草李梅实一,陨霜杀菽一,雨冰一,多麋一,有蜮一,有蜚一,蜾生一,六鹢退飞一,螟三,螽十,牛伤四,牛死四,宫室灾六,震庙一,屋坏二,齐大灾一,宋灾一,陈灾一,卫灾一,郑灾一。①

《春秋》的这一天人感应观点为汉代的公羊家大肆发挥,公羊家抒发天人感应观念自然是有着强烈的现实动因的,那就是对已经至高无上的专制皇权保留一点限制的空间,因此他们将《春秋》中的灾异之言与具体的史事直接联系起来,希望专权君王能够从具体的天人感应事例中吸取教训,用以自儆,从而使其在行为上有所忌惮。清代学者皮锡瑞对《春秋》公羊家的天人感应说的这一功用识见精到,他说:在《公羊春秋》一书中,经常讨论和记载各种自然灾害与异常天象……当时的儒者认为:一国之君地位至高无上,因而行为肆无忌惮,这就可能导致行为失当。所以需要借助天象示警,即借助天象的变化,作为对君主的一种警示。希望国君在行为失当失德时能够感到恐惧,从而修正自己的行为。公羊家据《春秋》灾异之言以示儆人君,使君主能从灾异谴告中"恐惧修省",

---

① 转引自蒋庆:《公羊学引论——儒家的政治智慧与历史信仰》,第209页。

这一目的能否达到呢？观乎汉代政治史，我们认为，这一目的在一定时期基本上达到了，因为汉朝帝王，从文帝开始，每遇灾异之变均能颁诏罪己，以示敬惧修省之意，并采取相应的举措以改良政治，如宽刑赦罪、减免徭赋等。

如文帝二年十一月癸卯晦发生日食，文帝即下诏书说：我听说，上天孕育了众多百姓，并设立了君王来养育治理他们。君王若无德行，施政不公，上天就会降下灾祸来警告他为政的过失。于是就有十一月最后一天的日食现象，正好出现在天上，显示这是极大的灾祸！我能保有宗庙社稷，以渺小的身躯居于万民之上的重要位置，天下的治乱全系于我一人之身。我对下不能治理、养育黎民百姓，对上不能给日月星辰增光添彩，这是极大的无德啊。我这道诏令下发后，希望你们思考我为政的过失，以及我未看到未认识到的问题，一并告知我。还要举荐一些品行端正敢于提意见的人，帮助我改进自己的不足。你们要各自恪尽职守，减少徭役费用以便利百姓的生活。我虽然不能将自己的政策施行于远方，但我仍然牵挂远方。当前即使不能停止边防屯戍，还要加强兵力保卫，但要撤销卫将军的军队。太仆看到的马匹和其他财产如果足够的话，除了必要的开支外，其余的都用来供给驿站使用。

汉文帝的诏书内容十分典型地反映了封建皇帝已完全认同天人感应理论，"人主不德，布政不均，则天示之灾以戒不治"。灾异是人君有过失而致,则责任皆应由人君承担,"天下治乱,在予一人"。既承担招致灾异的责任,则人君务必深自反省,群臣也可在此时直接向人君提出尖锐的批评,所谓"悉思朕之过失,及知见之所不及,丐以启告朕"。完成了这些"恐惧修省"的自察自省工作,接着就要举一两件善政以向上天表示改过从善之意。文帝的举措是,"省徭费以便民","罢卫将军军"以及节省皇帝用度开支。(《汉书·文帝纪》)文帝的俭朴和宽政是历史上有名的,见有灾异犹自责反省如此,其他帝王就更该如此。后世帝王因有汉文帝的榜样在前,不管其主观意愿如何,但凡遇有灾异,总得有一份罪己诏书下达,不论效果怎样,这个形式总是要有的。如武帝元光四年(公元前131年)夏四月,陨霜杀草,五月地震,于是武帝下诏大赦天下;太始二年(公元前95年)秋旱,募死罪赎钱五十万减死一等。(《汉书·武帝纪》)

观乎西汉一代的政治史,我们发现,宣、元、成三帝时因灾异下诏罪己的次数最多,其敬畏天戒、恐惧修省之状最生动。据汤志钧等著《西汉经学与政治》统计,在宣帝统治的二十六年中,因灾异而下诏罪己并下达各种改良政事举措的政令就有近二十次。其中较为重要的有:

本始元年(公元前73年),因"凤皇集胶东、千乘",下诏"赦天下",并"赐吏二千石、诸侯相、下至中都官、宦吏、六百石爵，各有差"，又"赐天下人爵各一级，孝者二级，女子百户牛酒。租税勿收"(《汉书·宣帝纪》)。

本始四年（公元前70年）四月，"关东四十九郡同日地动，或山崩，坏城廓室屋，杀六千余人"，宣帝"素服，避正殿，遣使者吊问吏民，赐死者棺钱"，诏书称："盖灾异者，天地之戒也。"(《汉书·夏侯胜传》)"丞相、御史其与列侯、中二千石博问经学之士，有以应变，辅朕之不逮，毋有所讳。"(《汉书·宣帝纪》)

地节三年（公元前67年）九月，地震，十月，诏书称："朕甚惧焉。有能箴朕过失，及贤良方正直言极谏之士以匡朕之不逮，毋讳有司。"令罢边境屯兵，皇家池园"假与贫民"，郡国勿复修治宫馆，流民返乡里者，"假公田，贷种、食，且勿算事"(《汉书·宣帝纪》)。

地节四年（公元前66年）九月，因"郡国颇被水灾"，宣帝下诏，"令郡国岁上系囚以掠笞若瘐死者所坐、名、县、爵、里，丞相御史课殿最以闻"(《汉书·宣帝纪》)。

元康元年（公元前65年）三月，"凤皇集泰山、陈留，甘露降未央宫"，宣帝下诏"赦天下徒"，赐勤于政事的官吏爵位，"加赐鳏寡孤独、三老、孝弟力田帛，所振贷勿收"(《汉书·宣帝纪》)。

元帝在位的十六年中，因灾异而下达的诏书也达十二次之多，如初元三年（公元前46年）夏四月乙未晦，茂陵白鹤馆灾,元帝下诏罪己,曰:"乃者火灾降于孝武园馆,朕战栗恐惧。不烛变异,咎在朕躬。群司又未肯极言朕过,以至于斯,将何以寤焉!百姓仍遭凶厄,无以相振,加以烦扰乎苛吏,拘牵乎微文,不得永终性命,朕甚闵焉。其赦天下。"(《汉书·元帝纪》)

初元五年(公元前44年)夏四月,有星孛于参,元帝下诏罪己,曰:"朕之不逮,序位不明,众僚久旷,未得其人。元元失望,上感皇天,阴阳为变,咎流万民,朕甚惧之。乃者关东连遭灾害,饥寒疾疫,夭不终命……其令太官毋日杀,所具各减半。"(《汉书·元帝纪》)

元帝在诏书中除罪责自己以外,还大讲"阴阳不和""阴阳错谬""阴阳不调"以至"灾异并臻",因此要求各级官吏直言极谏或荐举民间"明阴阳灾异者"为之言过失、解疑惑,这也为天人感应观念更深入地影响汉王朝的政治洞开了方便之门。灾异之言、天人感应之说大行于宣、元、成三帝之时,这固然与帝王本身的倡导有关,从更本质的方面看,却恰好说明危世多灾异的特征,因为宣、元、成之时正是西汉王朝由盛转衰并出现严重社会危机的时期。[1]

大家知道,武帝即位之初,正值汉朝全盛时期,汉经

---

[1] 参见汤志钧等著:《西汉经学与政治》,第205-207页,略有改动。

八十余年的稳定发展，特别是经过文景之治的休养生息，王朝国泰民安，经济发达，财力充裕，家给人足，一派兴旺繁荣之象，但所有这些在好大喜功的汉武帝当政时期都化为乌有。武帝在其当政五十多年的时间里大兴事功，征匈奴，平西南夷，封泰山，求神仙，兴土木，隆郊祀，兴功无数，将文景之世积蓄的社会财富耗费一空。部分这些兴作虽然具有重大的历史意义，但在当时其负面作用无疑是更直接的，也是更主要的。因为武帝的所作所为改变了汉初以来的基本国策——与民休息、简政宽刑、轻徭薄赋，而代之以类似秦朝的急政。国家财富耗费已尽，但浩繁的开支依然如故，怎么办？只有另兴苛捐杂税，并且实施掠夺性的经济政策，于是就有了盐铁专卖、算缗告缗、平准均输等一系列搜刮民财、与民争利的做法。这样一来，弄得人民精疲力竭，再碰到荒年，竟至赤地千里，于是社会动荡，人民怨愤，盗贼纷起，盛极一时的西汉王朝转眼之间已危机四伏。虽然武帝在晚年曾下诏悔过，但整个王朝的危机已呈积重难返之势。正是在这种社会情势下，《春秋》公羊家的灾异之言开始广泛传播，并发挥出它"借天示儆"的调节功能和促使君主"恐惧修省"的政治批判功能。

这种对王朝弊政以借天示儆的方式加以匡正，对君主的过失直言极谏以促其"恐惧修省"的政治批判，集中体现在宣、元、成时期一些中枢大臣的奏议中，以及著名的盐铁会议上。

最先以灾异之言评论时政的《春秋》公羊家眭孟是董仲舒的再传弟子。据史书云,昭帝元凤三年(公元前78年),泰山下一块一丈五尺长的巨石忽然站立起来,长安上林苑中一株卧地的枯柳也自己站起来了。眭孟以《春秋》灾异之言推说其事,说"大石自立,僵柳复起,非人力所为,此当有从匹夫为天子者"。眭孟认为将有新天子从匹夫中崛起,汉帝应即寻贤人,把帝位让给他。这未免也太大胆了,把矛头直指汉家江山,眭孟触犯了专制政治的大忌,结果以"妄设妖言惑众,大逆不道"的罪名伏诛了(《汉书·眭弘传》)。

眭孟虽然伏诛了,但他的"妖言"无疑给汉家的统治者敲响了一次警钟,必须革新政治、去邪就正,否则易姓革命的事也未必不会发生。何况眭孟死后,汉家王朝仍然灾异不断。所以,诛了眭孟,借《春秋》言灾异的政治批判思潮非但没有平息,反而愈演愈烈了。京房、谷永就是这股思潮的代表。京房本是《易》学专家,但他在言灾异、抨击时弊时也主要借用《春秋》,他在一次奏议中对汉元帝说:《春秋》记录了二百四十二年的灾异现象,以此警示后世的君王。自从陛下即位以来,出现了日月失明、星辰逆行、山崩泉涌、地震石落、夏天结霜、冬天打雷、草木春天凋零秋天开花、降霜不杀虫、水旱灾害和螟虫肆虐、百姓饥饿、瘟疫流行、盗贼猖獗无法禁止、受刑之人挤满市集等种种灾异。《春秋》所记载的灾异现象，如今都已出现。陛下认为现在是治世还是乱世呢？这种露骨的揭露，率直的批评，尖锐的抨击，如果不是依托《春秋》灾异之言，恐怕也可以定一个"妖言诽谤，大逆不道"的罪名了，但在当时，元帝也只得说"亦极乱耳，尚何道"(《汉书·京房传》)，语气无奈之极。

谷永的批评比京房更尖锐，他在上奏中对成帝说：自始元年以来，二十年间，各种大灾异象交错频发，比《春秋》所记载的还要多……彗星出现，是极其异常的天象，其由土星精气所生，它的流陨往往预示着在饥饿和变乱之后，兵祸将起，为期不远。陛下您应积德行善，大施仁政，即便如此，恐怕仍难以渡过此劫啊。谷永向汉成帝描述了一幅如此恐怖可怕的图景，汉成帝能不"恐惧修省"吗？！

在借《春秋》灾异以警示当世政治的社会批判思潮中，既有激越如京房、谷永者，也有温婉如刘向者。刘向是元、成二帝时期著名的学者和政治家，出身于皇室宗亲，这种政治背景决定了刘向社会批判的基本立场和态度，那就是希望通过灾异的警告，使汉王朝改良政治、重振雄风。尽管如此，他的政治批评仍然是尖锐的。他在给成帝的《上封事疏》中把《春秋》所记的灾异与时事的变乱作了一个详细的统计，希冀给成帝以强烈的震撼。他在疏文中说：

在（春秋）二百四十二年的时间里，发生了日食三十六次，地震五次，山陵崩塌两次，彗星出现三次，夜空中常有星星不见，还有一次夜中星星像雨一样陨落。此外，还发生了十四次火灾……在那个时期，灾祸和动乱频繁发生，有三十六位君王被臣下所弑杀，五十二个国家灭亡，诸侯们四处奔逃、无法保住自己国家的情况数不胜数……我有幸受到皇上的重托，看到阴阳失调的种种征兆，不敢不将自己所知道的情况据实上报。我私下根据《春秋》中记载的灾异现象来推测当前形势，希望能对救治国家有所帮助。

疏文于沉痛的诉说中透着殷殷的期望，这大概就是刘向与京房、谷永的区别吧。如果说京房、谷永、刘向的"灾异之言"式的政治批判代表的只是当时经学政治家们的一种观点，那么，盐铁会议上"贤良文学"们系统应用阴阳五行说进行社会批判则说明当时整个政治精英阶层都认同了这种公羊家的方法，并积极地运用了这一方法。

昭帝始元六年（公元前81年），诏举郡国贤良文学"议罢盐铁榷酤"（《汉书·昭帝纪》），对武帝时的社会经济政策展开讨论，为以后的政策调整作理论准备。这就是著名的盐铁会议。丞相田千秋、御史大夫桑弘羊以及贤良文学六十余人参加了这次会议。会上以桑弘羊为代表的御史、丞相等为一派，贤良文学为另一派，双方就武帝时期社会经济政策的得失利弊展开了激烈的辩论。代表儒家思想的贤良文学之士不但高扬了民本主义、德治精神，而且还借天人感应、阴阳灾异理论发挥其关于君臣之谊、刑德关系的主张，特别是用《春秋》灾异说来揭露批判武帝时期的弊政。他们明确地举起董仲舒天人感应的理论旗帜，使用阴阳灾异理论抨击汉武帝的政策，在盐铁会议上占据了明显的上风。他们还以儒学的立场，广泛借助古圣先贤的理论武器，以民本主义、德治精神和仁政思想，猛烈批评社会的贫富分化、土地兼并以及统治阶级种种强取豪夺的行径，他们或"言王道，矫当世"，"发愤懑，刺讥公卿"，或"直而不徼，切而不索"，或"介然直而不挠，可谓不畏强御矣"（《盐铁论·杂论》）。这种政治参与和社会批判的方式与勇气对后世影响甚巨，成为后世儒家知识分子进行社会政治批判、匡正时弊以及疗治现实社会疴痛的一种惯用形式。

《春秋》灾异之说、天人感应之说对中国传统政治文化的影响是巨大的。一方面，它对专制帝王产生了很大的震慑作用，使专制帝王们行事不敢太肆无忌惮，而是有所"恐惧"，有所顾忌，进而有所"修省"。另一方面，它又成为中国古代政治精英们借天示儆，用以弹劾、监督、约束、匡正帝王政治行为的一种主要手段，也是中国传统社会的政治精英们据以进行社会批评的重要理论武器。他们往往借灾异发生的时机，积极主动地营造一种良好的政治氛围，以"言过失""讥时弊""矫当世"，进行全面的社会政治批评。

正因如此，中国传统政治文化极其重视天象与人事的关系，汉代首开其例，后代仿效不辍。历代帝王，凡遇天灾人祸，必下诏罪己，或责免三公；同时要在政治经济政策上作一些相应的、有利于人民的调整，不管这种调整的目的何在，其客观后果是舒缓了人民的痛苦，缓和了社会矛盾，因而有着无可置疑的正面意义。

灾异与时势因果互见，天象与人事表里相依，这是中国传统政治文化中广泛传播的一条信仰。灾异既然对时事有着如此显要的政治功能，那么，观察天象、记录灾异也就是一项非同寻常的工作。中国古代有着系统连贯的、由朝廷控制的天文观察和研究，并且天文研究与占星术往往不分彼此，正说明了灾异文化的重要影响。在中国古代天文学发达的诸原因中，我们不排除科学探索精神的作用，但更主要的是"仰观天文，以察时变"的政治目的。也正因为极端重视天象与人事的这种感应关系，中国古代的官方正史——二十五史中才有连续不辍的"天文志"，才有古代世界文明中最为丰富、系统的天文观测资料和物候记载。

中国古代天文学往往与占星术合二为一，因为天文学"序二十八宿，步五星日月，以纪吉凶之象，圣王所以参政"（《汉书·艺文志》）的性质决定了它与占星术的同一功用。

唐代的一部占星之书——《唐开元占经》集中体现了这一点，它把天象与人事作了更加具体的，甚至是一一对应的联系，可以说将天人感应观念推向了极致。中国古代观察天象的地方称为"灵台"，这种地方向为皇家专有，其作用是"主观云物，察符瑞，候灾变也"(《晋书·天文志上》)。中国历史上每一王朝皆设有官方御用的灵台，虽名称屡有更改，如"司天台""太史院""钦天监"等，但功用都是一样的，即便僻居一隅、地只金瓯一片的小朝廷，也十有八九要设立自己的钦天监。这种"观乎天文，以察时变"，以天象占时势之兴替的传统政治观念一直延续到清代。清朝《皇朝礼器图式》中详录了当时皇家观象台上所陈列的大小仪器，名目繁多，气宇不凡，天人感应的传统政治观念影响之久远，于此可见一斑。

"天人感应"的政治观强调天象与人事的紧密关联，天崇阳而贱阴，故圣主任德而不任刑，它反复阐述天命予夺是由任德或任刑引起的，因此，顺天者昌，逆天者亡。这一学说在实践过程中有"屈民而伸君，屈君而伸天"(《春秋繁露·玉杯》)之效，故能警诫人君，以天令约束人君，使他们的行为稍有收敛，使他们多任德而少任刑。正像朱熹所说："古之圣王，遇灾而惧，修德正事，故能变灾为祥。"(《论灾异札子》)这是它的积极作用，我们应予以充分肯定。

但"天人感应"的负面影响和消极作用同样是巨大的，对此，我们也应有足够的认识。它将天象与人事视同一体，进而发展成荒诞离奇的"谶纬"，这已成十足的迷信。"谶纬"及其他各种政治迷信极大地毒化了中国古代的文化机体，阻碍了理性主义在中国古代的健康成长，对中国古代文学、史学、风俗等都产生了消极作用，关于此端，本书后面有详论，此不赘述。

（4）德治理念与中国传统政治的价值追求

德治主义是《春秋》及"三传"中重要的政治理念，它上承先秦"敬天保民""敬天修德"的思想传统，综合了孔子的"为政以德"及孟子的"仁政"学说，经董仲舒为代表的汉代公羊家的系统发挥而形成一个具有自身特色的完整的政治理论。

前面我们说过，德治理念的核心是把道德教化视为国家行政管理的主要手段，在德刑关系上，强调德教文治为主，刑罚威势为辅；注重社会教化的主导性，社会制裁的辅助性。

孔子所谓"为政以德，譬如北辰，居其所而众星拱之"，"导德齐礼"，即是德治主义的经典命题。

在这一总前提下，德治主义的经济思想以注重国计与民生的统一为宗旨，强调国家对人民赋税要有节制和"藏富于民"的政策。孔子所谓"百姓足,君孰与不足?百姓不足,君孰与足",孟子所谓"制民之产""取于民有制"等,都是这一思想的集中表述,而省徭役、薄赋税、宽民力则是这一思想的政策表现。

德治主义还有尚贤任能的传统,它强调政治权力资源分配的公正性与机会的均等性,反对权力资源分配的先赋性与垄断性。孔子的"举贤才",孟子的"尊贤使能",董仲舒的"能致贤,则德泽洽而国太平"即是对这一观念的典型表达。

将德治理念的上述三个方面全面予以实现的政治就是"王道政治",就是"太平盛世",就是"大同社会"。关于这一理想社会的具体图景,有一段传诵千年的著名文字,那就是《礼记·礼运》篇所载的:

> 大道之行也,天下为公,选贤与能,讲信修睦。故人不独亲其亲,不独子其子,使老有所终,壮有所用,幼有所长,矜寡孤独废疾者,皆有所养。男有分,女有归。货,恶其弃于地也,不必藏于己;力,恶其不出于身也,不必为己。是故谋闭而不兴,盗窃乱贼而不作,故外户而不闭,是谓大同。

然而,德治主义之于中国传统社会,正像大同之世之于现实社会一样,始终只是一个理想,一个渺不可及的目标。

通览中国古代文明史，没有哪一朝哪一代完全达到了德治主义的理想境界，因为它太完美了。然而正因为这种完美理想的烛照与引导，传统社会才有着自身始终不渝的价值目标与价值追求，并因此形成重义轻利的社会风尚；才有全社会对暴政的谴责，对仁政的推崇，对霸道的鄙夷，对王道的向慕；中国历史上所涌现的"文景之治""贞观之治""开元之治""康乾之治"才能激起广泛的社会赞许，才使上述清明盛世得以彪炳史册，称誉古今。从这个意义上说，德治主义对传统社会的政治运作产生着十分显著的价值导向作用。

当然，历史上那些所谓的太平盛世的出现是有着多方面原因的，如生产力的发展，生产关系的调整，人民群众的历史创造力和推动力，等等，在这诸多原因中，德治理念的烛照与价值导引仍是一个不容忽视的重要因素。更何况，上述所谓太平盛世之所以能名垂青史、流芳百世，获得广泛的社会赞誉和普遍的社会认同，就在于它们接近或部分地接近于德治理念的要求，换言之，在于它们符合以德治为中心的传统政治文化的价值追求。

我们只需将历史上几个太平盛世的基本特征与德治主义的要求作一简要比较，便不难窥见理念与现实、观念与行为之间的内在联系。

文景之治是中国封建文明时代出现的第一个太平盛

世。文景之治为人们所称道的社会特征是：轻徭薄赋，简政宽刑，广兴文教。史载，文景之时，国家的租税由十五税一下调到三十税一，个别年份甚至免除了租税，这样的低租税为历代所仅见。文景年间又省减了不少徭役，如"减外徭""除戍卒令""省徭赋"，以保护小农经济的稳定发展；还适时采取了保护民间工商业发展的政策，如"开关梁，弛山泽之禁"，以厚植民生。由于实行了这种轻徭薄赋的政策，文景之间出现了"畜积岁增，户口浸息"（《汉书·刑法志》）的局面。

文景之时，因"惩恶亡秦之政"，主张无为自化，律令趋向简易。这一时期废除了秦代及汉初的许多严刑峻法，如废除连坐收孥法，废除黥、劓等肉刑，减轻笞刑，还规定可以输粟赎罪。于是，出现了"刑罚大省""禁罔疏阔"（《汉书·刑法志》）的局面。

在减省刑罚的同时，朝廷大倡文教，通过教化使天下民心"向道"，自觉遵守社会秩序。文帝时，倡导优礼高年长者，对三老、孝悌、力田、廉吏予以隆重的嘉奖，为社会树立了一种尊老敬贤的良好风尚。景帝时又兴儒学，用儒生，举贤良方正、秀才异等、孝悌力田，使仁义礼教蔚然成风。

从上述文景之治的具体内容可以清楚地看到，它与德治理念的诸多主题是完全吻合的。轻徭薄赋乃德治主义的一贯主张，简政宽刑是仁政的重要体现，广兴文教则是德治主义"教为政本"的核心所在。后世史家正是基于德治理念的基本精神而对文景之治作出历史评价的。《汉书·文帝纪》是这样评价文帝的：

> 专务以德化民，是以海内殷富，兴于礼义，断狱数百，几致刑措。呜呼，仁哉！

《汉书·景帝纪》对景帝的评价是：

> 周秦之敝，罔密文峻，而奸轨不胜。汉兴，扫除烦苛，与民休息。至于孝文，加之以恭俭，孝景遵业，五六十载之间，至于移风易俗，黎民醇厚。周云成康，汉言文景，美矣！

文景二帝之所以有"仁哉""美矣"的声誉，关键在于他们有"兴于礼义""几致刑措""移风易俗""黎民醇厚"的施政业绩，这不正是德治精神的具体表现吗！这不正是德治精神的行政风范吗！正是这种业绩和风范才激起史家的阵阵喝彩和由衷赞誉。

唐初的贞观之治也有与文景之治大致相似的内容。初唐之时，社会承隋代暴政之弊，经济凋敝，民不聊生，经唐太宗几年间的励精图治，在贞观年间，出现了经济发展、政治清明、国泰民安的景象。史称：

>　天下大稔，流散者咸归乡里，米斗不过三四钱，终岁断死刑才二十九人。东至于海，南及五岭，皆外户不闭，行旅不赍粮，取给于道路焉。(《资治通鉴》卷一九三)

如果说文景之治与贞观之治在教化风行、刑律宽缓、轻徭薄赋等方面都有可观之处，那么，相对而言，贞观之治在举贤任能方面更为突出。

唐太宗的知人善任可谓史有重名，而他的用人之道与德治主义的人才观是有着很深渊源的。唐太宗继承和发扬了德治主义的尚贤精神，提出"为政之要，惟在得人"。他还发挥了孔子"及其使人也，器之"的观点，提出"君子用人如器，各取所长"(《资治通鉴》卷一九二)。在这种观念的支配下，他广开才路，举贤用能，一时间，英俊贤才咸集于朝廷，各类人才济济一堂，灿若星辰，为造就贞观清明升平的盛世奠定了坚实的人才基础。

在唐太宗的人才库中，有"论国家大体，诚尽其精要"的辅弼之才魏征，有荐贤举能、审法定制的安邦之才房玄龄，有"处繁理剧，众务必举"(《贞观政要·任贤》)，具备杰出行政才能的戴胄，还有一大批固本安邦、济国干城之才，如李靖、李勣、杜如晦、王珪、刘洎、马周等等。唐太宗能有贞观之治，能享有旷世明主的美名，均与他的举贤用人、知人纳谏有极大的关系，而唐太宗的这一风范正是德治主义的价值追求所在。

由此说来，德治主义虽然只是一种政治理念，一种社会理想，但它的现实意义却十分显要。作为现实社会中政治行为的价值目标和价值导向，德治主义烛照着现实的政治行为，指导着人们对现实政治的价值评断。

德治主义为中国传统社会的政治活动高悬起一个价值目标，追求这个目标，摈弃和反对其他目标，是中国传统政治行为的出发点与归结点。可以这样说，中国传统社会之所以能形成反对暴政、颂扬仁政的强大的社会思潮，古代专制帝王之所以对身披暴君之名心存畏惧，封建专制时代之所以有代代不绝的为民请命之士，广大民众在黑暗岁月之所以有永不止息的抗争激情和永不泯灭的理想憧憬，都与德治主义的价值取向在中国传统社会的广泛传播与普遍认同有着绝大的关系。质言之，中国传统政治文化的上述种种现象的产生，德治主义的价值取向与有力焉！

三 《春秋》与中国传统民族观及民族政策

1.《春秋》华夷之辨

在中国古代,习惯上用来表示民族关系的术语是"华夏与夷狄",故民族关系也即"华夷"关系。《春秋》及其"三传"有丰富而系统的华夷民族观,其影响既深且广,《春秋》华夷之辨或者说华夷观是中国传统民族观念和民族政策的重要理论渊源之一。

(1)"中国戎夷五方之民,皆有性也"——华夷文化论

《春秋》及其"三传"有一个重要的观点,即:华夷之别不是种族之别,而是文化高下之别,特别是有无道德礼教之别,因此,民族差别实则是一种文化差别。

华夷之辨并非起于春秋之时,此前即已存在,它是与

华夏民族的形成相伴而生的。《史记·五帝本纪》记载说：将共工流放到幽陵，来改变北狄的习俗。把驩兜放逐到崇山，以改变南蛮的习俗。将三苗迁到三危地区，来改变西戎的习俗。在羽山处死了鲧，以改变东夷的习俗。这表明，早在唐虞之世，夷夏之辨即已产生，古人看待夷狄，首先是从地域上立论，所谓"东夷""西戎""南蛮""北狄"，即"中国与四夷"。在古人看来，地域的不同，说明自然环境的迥异，而自然环境的差异导致了民族间生活习性、语言风俗的区别。《礼记·王制》上说：中国及四周夷狄五方的人民，都有他们各自的天性禀赋，这是不能改变的。生活在东方的部族称为夷，他们披着头发，身上文着花纹，有的人不吃熟食；居住在南方的部族称为蛮，他们在额头上刻画纹路，脚趾相交（可能指某种习俗或装扮），有的人也不吃熟食；居住在西方的部族称为戎，他们披着头发，穿着兽皮，有的人不吃米食；生活在北方的部族称为狄，他们穿着羽毛做的衣服，住在洞穴里，有的人也不吃米食。中国、夷、蛮、戎、狄五方的人民，都有各自安定的居所、喜爱的食物、适合的衣服、便利的用具和完备的器物。五方人民语言不通，爱好和欲望也不同。

显然，"中国"与"四夷"的不同主要是指生活方式、风俗习惯的差别，而这种差别源于地理环境，如《礼记·王制》所说：不同地方居民的身体素质与性格气质，必定会受到自然环境如气候寒冷、温暖、干燥、湿润的影响。广阔的山谷与巨大的河流使得各地的制度不同,生活在这些环境中的人们行为习俗也各有差异。性格有刚强与柔和之分,做事有轻重、快慢之别,口味调和各不相同,使用的器具也有不同的样式,穿着的衣服也各有适宜的款式。先秦时期的华夷之辨强调的是因地理环境的不同而产生的华夷间在语言、生活方式、文化心理方面的差异,《左传》所谓"诸夏亲昵","非我族类,其心必异",《荀子》所谓"居楚而楚,居越而越,居夏而夏"等都是从这方面立论的,从不关涉种族。

《春秋》华夷观弘扬了这一精神,它把华夷之别置于文化礼教、道德仁义的基础上,文化较高的、文明进化相对发达的民族或地区就是华夏;文化较落后、社会尚处于野蛮阶段的民族或地区则为夷狄。《春秋》通过它特有的方式,即所谓"书法""笔法""讳例""褒贬义例"等充分地表达了这一观点。

如隐公七年冬,《春秋》书曰:"戎伐凡伯于楚丘,以归。"《公羊传》释曰:"凡伯者何?天子之大夫也。此聘也,其言伐之何?执之也。执之则其言伐之何?大之也。曷为大之?不与夷狄之执中国也。"何休注云:"中国者,礼义之国也。执者,治文也。君子不使无礼义制治有礼义,故绝不言执,正之言伐也。"本来是戎人在战斗中抓获了周天子的大臣凡伯，但《春秋》却不这样记载。因为凡伯代表着拥有先进文明的中国，《春秋》认为后进的无礼义的国家不能执中国，故改"执"为"伐"以申此意。

华夷之别是文明与野蛮之别，而文明与野蛮的标志是道德仁义。凡有道德、讲仁义的民族国家，《春秋》即视为中国；凡不修道德仁义、专事暴力掠夺残杀的民族国家，《春秋》则视之为夷狄，而不论其族源究竟如何。

《春秋》华夷之辨不以种族为中心，而是以文明教化为本位，这种先进的民族意识一方面得益于前人的思想成果，另一方面也是对当时社会历史状况，特别是各民族大融合的状况的一种客观反映。因为春秋之世，华夷诸族不仅在地域上错居杂处，而且在文化上呈现着大交流、大融合的趋势，当时的晋、卫、秦、齐等华夏国家大多都与戎狄错处杂居，成周（今河南洛阳附近）本是周天子的"王畿"，华夏文化的中心所在，可是附近就有伊洛之戎、陆浑之戎。又如卫国本是康叔之后，地处殷商故都，为周初分封的姬姓大国，但在卫懿公时，和邢国一起被狄人"残破"。晋国更是如此，不但与狄人杂处，而且在生活方式、婚姻文化等方面与狄人交融颇深。据《左传》载，晋献公的两个夫人，即晋文公之母，叫大戎狐姬，为戎人之女；另一夫人骊姬，乃骊戎之女。晋惠公的母亲叫小戎子，也是戎人。由此可见，晋国公室与戎族长期通婚，公族中很多人有戎狄血统，除戎人狐氏与晋公室通婚外，赤狄、白狄于春秋之世也常与晋室通婚。

《春秋》能正视这一民族融合的现实，并通过对这一历史发展大势的把握，深刻认识到民族差别的本质是文化，而非血缘种族。所以，《春秋》重华夷之辨，但更重文明与野蛮之别，它把华夷之辨赋予文化先进与文化后进的内涵，从而使诸夏、华夏、中国成为文明之邦、礼教之区的代名词，而夷狄、蛮夷、戎狄则成为野蛮、后进的同义语，这种民族意识超越了狭隘的种族主义，洋溢着浓郁的人文主义精神，它是中国传统民族思想中极其宝贵的精神财富。

（2）"夏变夷者夷之，夷而进于中国则中国之"——华夷开放论

《春秋》用文化礼教、道德仁义、文明进步来衡量和判断华夷之别，而文化礼教、文明进步的先进与落后总是相对的。夷狄若学习诸夏，文化进步了，也可以登进而成为华夏；华夏礼教衰退、道德沦丧了，也可能退而落入夷狄之列。此即《春秋》华夷关系的相对论或开放论。《春秋》的华夷之辨是相对的、开放的，而非绝对的、封闭的。罗泌在《路史·国名纪》里说"《春秋》用夏变夷者夷之，夷而进于中国则中国之"，确乎是精辟之言。

以楚国为例，楚源于祝融八姓，西周初迁徙于荆蛮地

区（今湖北南漳、随州、枣阳一带）。西周后期，熊渠即宣称："我蛮夷也，不与中国之号谥。"（《史记·楚世家》）竟藐视周王室，自外于诸夏，率先僭号称王，虽然后来迫于形势又自动撤销，然诸夏之国已将楚国视同蛮夷了。后来楚武王仍不讳言"我蛮夷也"。对于这样一个桀骜不驯、顽固坚持蛮夷立场的国家，《春秋》作者在鲁宣公十三年的记载中却予以褒扬，而对纯正的诸夏姬姓大国——晋却采取了贬斥的立场，原因何在？因为在《春秋》作者看来，邲之战楚国有道义，讲仁德，而晋国无礼少仁，因此其视楚国为华夏，而斥晋为夷狄。

春秋时期另一大国秦，其族源与诸夏血缘较近，其远祖西迁至陇山地区，在戎狄中成长壮大。平王东迁时，秦襄公勤王护送有功，周天子以宗周镐京故地封之，渐成强国。春秋时期兼并诸戎，其势足以与晋楚抗衡，然而终春秋之世，中原诸夏各国视秦为西戎，"不与中国之会盟"。秦为诸夏后裔，本当以华夏之礼待之，只因为秦长期与戎狄杂处，风俗习惯渐有所变，有"变于夷"之嫌，故《春秋》以夷狄视之。

由此可知，华夷的界限不是绝对的而是相对的，一切以道德仁义为转移。整部《春秋》都是站在道德文化的立场上判断是非、分辨华夷，夷狄有德者可进而为中国，诸夏无德者可退而为夷狄，这样的例子，在《春秋》中在在可见。

先看夷狄进而为中国的例子。如鲁庄公二十三年,《春秋》曰:"荆人来聘。"《公羊传》释云:"荆何以称人?始能聘也。"何休注曰:"《春秋》王鲁,因其始来聘,明夷狄能慕王化、修聘礼、受正朔者,当进之,故使称人也。"

按《春秋》书法,书"人"为褒奖、赞扬之意,所谓"书人为进"。楚国慕王化,修聘礼,受正朔,能行中国之礼,故虽为夷狄,《春秋》亦进之而为中国。

又鲁宣公十五年六月,《春秋》曰:"癸卯,晋师灭赤狄潞氏,以潞子婴儿归。"《公羊传》释云:"潞何以称子?潞子之为善也,躬足以亡尔。虽然,君子不可不记也。离于夷狄,而未能合于中国,晋师伐之,中国不救,狄人不有,是以亡也。"何休解释说:"(潞子)以去俗归义亡,故君子闵伤进之。日者,痛录之。名者,示所闻世始录小国也。录以归者,因可责而责之。责而加进之者,明不当绝,当复其氏。"

赤狄潞氏向慕中国文化,心仪华夏文明,率众归顺而未能成功,晋师伐之,《春秋》作者对其事很是感慨,故特加华夏之礼于潞氏,书子爵于潞氏(称"潞子")以进之,书其名(潞)以褒之,书日(癸卯)以示纪念。按《春秋》笔法,书"灭"为亡国之善辞。所有这些表达了一种意愿,赤狄潞氏有向道归化之举,不当亡,后有王者起必兴之。

夷狄向慕中国，追效王化，《春秋》即进之而为中国，对于楚庄王的举动行事，《春秋》也打破惯例，以中国之例书之。

如鲁宣公十八年七月，《春秋》曰："甲戌，楚子旅卒。"何休注曰："至此卒者，因其有贤行。"按《春秋》作者的看法，楚国在庄王以前，均无贤君，故《春秋》不载其人其事，更没有书其卒者。至楚庄王，有贤德，讲礼义，有仁心，为春秋五霸之一，故《春秋》特进楚庄王为子爵（书为"楚子"），并依中国之礼书其卒。

夷狄修明教化，讲德知礼可进而为中国；反之，诸夏无德则退而为夷狄。

如鲁闵公二年十二月，《春秋》曰："郑弃其师。"《公羊传》云："郑弃其师者何？恶其将也。郑伯恶高克，使之将，逐而不纳，弃师之道也。"何休解释说："郑伯素恶高克，欲去之无由，使将师救卫，随后逐之，因将师而去。其本虽逐高克，实弃师之道，故不书逐高克，举弃师为重，犹赵盾加弑也。"

郑国国君痛恨大将高克，想去掉他又没有借口，于是在高克率师救卫之时，郑伯乘机驱逐高克，拒而不纳，拒绝郑国军队回国。郑伯这种恶一人而迁怒于黎元众庶，以致尽弃其师的行为是寡德少仁的表现。《春秋》作者认为，郑伯所为，寡德少仁，莫此为甚，故《春秋》，书郑伯弃其师，而不书郑伯恶高克,与不书赵穿弑其君而书赵盾杀其君的例子一样。并按照夷狄书国之例,书郑(国名)不书爵(伯),实则是以夷狄视之。

又鲁成公三年冬,《春秋》曰:"郑伐许。"何休释曰:"谓之郑者,恶郑襄公与楚同心,数侵伐诸夏。自此之后,中国盟会无已,兵革数起,夷狄比周为党,故夷狄之。"

董仲舒认为:"《春秋》曰:'郑伐许。'奚恶于郑而夷狄之也?曰:卫侯遫卒,郑师侵之,是伐丧也。郑与诸侯盟于蜀,以盟而归诸侯,于是伐许,是叛盟也。伐丧无义,叛盟无信,无信无义,故大恶之。"(《春秋繁露·竹林》)

诸夏本应相与友善,而郑国却背盟弃信,与楚朋比以侵伐诸夏小国许,《春秋》对郑国的行径深恶痛绝(大恶之),所以运用褒贬笔法,书郑(国名)而不书爵(子),以夷狄待之。

又如鲁昭公十二年十月,《春秋》曰:"晋伐鲜虞。"何休释云:"谓之晋者,中国以无义,故为夷狄所强。今楚行诈灭陈、蔡,诸夏惧然去而与晋会于屈银,不因以大绥诸侯,先之以博爱,而先伐同姓,从亲亲起,欲以立威行霸,故狄之。"

上面我们说过,《春秋》笔法夷夏有别,对诸夏国家,一般连国称爵,如"晋侯""郑伯"等等。对夷狄一般只书其国，如"赤狄""戎"等即是。凡是对诸夏国家书国不书爵，如"郑""晋""卫"等，大抵都是贬斥之辞，前面所引"郑伐许"即是，而"晋伐鲜虞"也与此同例。其所以三番五次用夷狄之例书诸夏之国，是因为诸夏国家的某些行事举动已与夷狄无异。故而董仲舒说："《春秋》曰：'晋伐鲜虞。'奚恶乎晋而同夷狄也？曰：《春秋》尊礼而重信……今我君臣同姓适女，女无良心，礼以不答，有恐畏我，何其不夷狄也？"（《春秋繁露·楚庄王》）

晋本华夏，从伐同姓，无博爱之心，无尊礼之举，无仁无礼无德无信，故《春秋》大恶之，斥晋为夷狄。

再如鲁昭公二十三年七月，《春秋》书曰："戊辰，吴败顿、胡、沈、蔡、陈、许之师于鸡父。"《公羊传》释云："此偏战也，曷为以诈战之辞言之？不与夷狄之主中国也。然则曷为不使中国主之？中国亦新夷狄也。"何休注云："中国所以异乎夷狄者，以其能尊尊也。王室乱莫肯救，君臣上下坏败，亦新有夷狄之行，故不使主之。"

中国本为文明礼教发达之区，若诸夏不行尊尊之礼，周王室乱而不肯救助，致使君臣上下无据，那与夷狄有何不同？故《春秋》深恶痛绝之，退中国为新夷狄。

综上所述，《春秋》的华夷之辨是以文明教化、道德仁义为准绳的，华夷的分野在此只有相对的意义，诸夏也好，夷狄也罢，其行为举措都必须绳之以道德仁义的标准，绝无一成不变的区分,正如董仲舒所言:"《春秋》无通辞,从变而移"(《春秋繁露·竹林》);《春秋》无常辞,"唯德是亲"(《春秋繁露·观德》)。诚哉,斯言![①]

(3)"内诸夏而外夷狄"——华夏本位论

《春秋》的华夷之辨既有民族文化相对论,又有华夏文化本位论,这种本位论在《春秋》中的表现是:强调华夏文化的中心地位,强调华夏文化的优越与先进,以及由此所赋予它的独特性和不可取代性。

《春秋》有"不与夷狄之执中国"的理念,又有"不与夷狄之主中国"的申明,还有"内其国而外诸夏,内诸夏而外夷狄"的"大义"。这都是以华夏文化为本位,反对用夷狄文化来改变中国。后来孟子将此理念进一步阐释为"吾闻用夏变夷者,未闻变于夷者"(《孟子·滕文公上》)。

强调华夏文化的本位性,即是强调华夏文化的优越性、先进性与中心地位。强调华夏与夷狄必须区别对待,这种观念并非始于《春秋》,也非其专有,应该说,这是先秦时代广泛流行的一种理念,《春秋》不过更集中、更全面地表达了这一理念。

---

① 参见蒋庆:《公羊学引论——儒家的政治智慧与历史信仰》,第224-230页,略有改动。

先秦时期许多典籍都把夷狄视为异类，喻为豺狼。例如当时著名的政治家管仲就说过："戎狄豺狼，不可厌也；诸夏亲昵，不可弃也。"（《左传·闵公元年》）周王室大夫富辰说："狄，豺狼之德也。"（《国语·周语中》）周定王也曾说："夫戎狄……若禽兽焉。"（《国语·周语中》）当时人在书写四方夷狄时，往往加一犬旁或虫旁，即是这种意识的反映。孔子对此观念十分认同，曾在许多场合谈及这个问题。如鲁定公十年（公元前500年），齐与鲁和，两君会于夹谷，齐预谋以东夷莱人劫持鲁侯，孔子与其事，他义正词严地斥责齐君说："两君合好，而裔夷之俘以兵乱之……裔不谋夏，夷不乱华。"（《左传·定公十年》）这种华夏本位主义是基于文化的高下而不是种族的优劣。当时的思想家们认为，华夏民族文化最先进，且居天下之中，戎狄蛮夷理应接受华夏文化的洗礼，即"用夏变夷"，而不能反过来"用夷变夏"。

《春秋》继承发扬了这一观念，并将这一观念鲜明地贯穿于《春秋》的体例、笔法、讳例之中，使人读后感受到一种强烈的华夏本位主义情绪。《春秋》之所以"其事则齐桓、晋文，其文则史"，盖因齐桓公、晋文公能坚守华夏文化本位，致力于攘夷事业，不使夷狄主中国、执诸夏，这与《春秋》"大义"相符，所以《春秋》不惜浓墨重彩地突显齐桓公、晋文公的事迹。

救邢存卫、南伐荆楚、北伐山戎是管仲辅佐齐桓公所建立的主要功业，这一功业的核心是攘夷。所以尽管管仲有"挟天子以令诸侯"的僭礼行为，孔子也颇为不满，但对管仲相桓公，"九合诸候，一匡天下"（《史记·管晏传》），仍是赞不绝口，在尊王与攘夷两相比较中，孔子更推崇管仲的攘夷功绩，说："微管仲，吾其被发左衽矣。"（《论语·宪问》）

孔子极其珍视华夏文化的先进性与独特性，认为先进文化受到落后文化的摧残（"被发左衽"）是一件非常可怕的事情，管仲使华夏文化免遭了这一厄运，这就难怪孔夫子赞不绝口了。

孔子还认为，"夷狄之有君，不如诸夏之亡也"（《论语·八佾》），在《春秋》一书中这种坚定的华夏文化本位意识多有所见。

如鲁庄公十八年夏，《春秋》曰："公追戎于济西。"《公羊传》释云："此未有言伐者，其言追何？大其为中国追也。此未有伐中国者，则其言为中国追何？大其未至而豫御之也。其言于济西何？大之也。"

夷狄应予攘却，鲁庄公如是做了，故《春秋》大加褒扬，《公羊传》更叠以三"大"以申《春秋》之意。"大"，即尊大、崇大、推重之意，《春秋》推崇鲁庄公的攘夷行为，其意甚明。

又如僖公四年，《春秋》书曰："楚屈完来盟于师，盟于召陵。"《公羊传》释云："师在召陵，则曷为再言盟？喜服楚也。何言乎喜服楚？楚有王者则后服，无王者则先叛，夷狄也，而亟病中国。南夷与北狄交，中国不绝若线。桓公救中国而攘夷狄，卒怗荆，以此为王者之事也。"

楚为南蛮，幅员广大，武力强盛，终春秋之世，楚对诸夏国家威胁最大。管仲相齐桓公，纠合诸夏，讨伐荆楚，迫使楚成王屈服，会盟于召陵。《春秋》记载此事时，抑制不住内心的喜悦，笔端饱含欣慰之情，连书两个"盟"以示服楚之功。

再如鲁宣公十七年，《春秋》书曰："葬蔡文公。"何休注曰："不月者，齐桓、晋文没后，先背中国与楚，故略之。"

按《春秋》书法惯例，记载华夏姬姓大国国君之卒，要注明某日，记其下葬入殓，应注明某年某月。蔡为周初分封的大国，理应照例书卒日葬月，但《春秋》书蔡文公葬而不注明月份，表示《春秋》对蔡国结盟楚国，背叛诸夏，甘心与荆蛮同恶相济、同气相求之行径的痛恶。

华夏与夷狄是文明与野蛮的分野，因此，必须坚持文明，反对野蛮；坚持以文明净化野蛮，而不是以野蛮来玷污文明。这是华夏文化本位论的要旨所在。而要坚持华夏本位，则必须将华夷区别对待，必须强调"内外"之异。所谓"内外"之异，即"内其国而外诸夏，内诸夏而外夷狄"。

鲁成公十五年十一月,《春秋》曰:"叔孙侨如会晋士燮、齐高无咎、宋华元、卫孙林父、郑公子鳅、邾人会吴于钟离。"《公羊传》释云:"曷为殊会吴?外吴也。曷为外也?《春秋》内其国而外诸夏,内诸夏而外夷狄。"

要之,《春秋》的华夷之辨表现了明确的华夏本位主义意识,也多少带有一些民族主义情绪,但这种民族主义情绪不是基于对血缘种族的偏见,而是立足于对本民族历史文化的挚爱。出于这一立场的民族文化本位论阐扬的是华夏文化的独特性和不可取代性,强调的是本民族文化的独立与尊严。从任何意义上讲,这种观念、这种感情都无可厚非,因为保持本民族历史文化的独特性是每个民族的正当要求,它符合人类文化发展的大势,是人类文明进步的内在要求。[①]

2.《春秋》与中国传统民族观及民族政策

(1)《春秋》"大义"与爱国主义传统

《春秋》高扬华夏文化本位论,强调"内其国而外诸夏,内诸夏而外夷狄",主张"不与夷狄之主中国""不与夷狄

---

① 参见蒋庆:《公羊学引论——儒家的政治智慧与历史信仰》,第228-229页,略有改动。

之执中国",申言"夷狄之有君,不如诸夏之亡"。后世把这些观念视为《春秋》大义之所在,天下"大防"之所关。因此,《春秋》的这一华夏文化本位论在中国古代得到了最广泛的社会传播,对中国传统社会的政治文化影响至深,中国古代源远流长的爱国主义传统与此有着莫大的关系。

《春秋》鲜明的华夏文化本位意识,被后人发展成一种对本民族文化的挚爱,以及对本民族文化独特性的无比珍视。这种意识和情感并不是对本民族文化的自恋和盲目尊大,而是华夏民族历史悠久和文明早熟使然。正如著名历史学家范文澜先生所云,中国"早在西周时期,就已开始了封建制度社会,从而有可能变化出一种不同于其他封建制度的独特形态,又从而有可能很早就形成为民族。这种经济和文化发展的民族的很早形成,不仅使它本身因国家统一而得到继续的成长,也使它有可能得到长远的时间,去融合四周的许多落后部落或部族到本族里面来,并且依据'野蛮的征服者总是被那些他们所征服的民族的较高文明所征服'的'永恒的历史规律'融合了鲜卑以至满族等许多征服者"。[①]发达的经济,先进的文化,早熟的文明,使华夏民族有理由保持一种较高的民族自豪感。事实上,

---

[①] 范文澜:《关于中国历史上的一些问题》,载中国社会科学院近代史研究所编《范文澜历史论文选集》,中国社会科学出版社,1979,第69页。

战国时代人们即有明确的民族自豪感，请看赵国贵族公子成的一番话：我听说，中国这地方，是聪明智慧的民族所居住的地方，是自然万物和各种财富聚集的地方，是圣贤施展教化的地方，是文明礼仪广泛推行的地方，是《诗》《书》《礼》《乐》等文化典籍广泛应用的地方，是各种技艺才干得以全面展示和检验的地方，是远方的人们向往并前来学习的地方，当然，也是蛮夷之族纷纷效仿学习的地方。华夏民族最聪明、最富有、最文明，中国是一切先进、文明、美好之所在，这是多么强烈的民族自豪感啊！这种民族自豪感和文化本位意识不仅为后世认同，而且得以发扬光大，进而升华为一种爱国主义精神。它对于维护中华民族的独立与发展，对于创造高峰迭现的中华文明，对于推动中华民族生命长河的奔流不息，都起了极其重要的作用。

在秦汉时代，以华夏为主体的汉民族已初步形成，汉民族继续高扬华夏文化本位论的旗帜，对本民族的独立与文化特性极其珍视，在缔造自己文明的同时，对周边及境内外游牧民族的袭扰和入侵进行了长期英勇的抵抗，对入主中国的少数民族统治者所推行的强制性文化同化政策和落后生产方式也进行过无数次顽强不屈的反抗。中华民族刚健自强、"不与夷狄之主中国"的精神构成了民族生命的不竭源泉。在民族战争频仍、民族融合急剧的许多重要历史时期，如秦汉时代、隋唐时代、明代，汉民族都在反抗游牧民族入侵的斗争中取得了胜利。在宋辽金元时期和清代，汉民族的政治反抗虽然受到了严重的挫折，但在文化上仍然保持着"不与夷狄之执中国"的局面，其客观效果仍然是"用夏变夷"，而每一次"用夏变夷"的结果，都是中华民族更大规模的融合，中华文化更大规模的繁荣发展。

《春秋》所阐扬的华夏文化本位意识长期以来感染、影响着一代代士绅学子，中国古代的士大夫阶层长期以来都保持着一种浓郁的历史意识和强烈的文化使命感，他们认为，国可亡，而史不可亡，认为亡国固然可怕，但丧失了自己民族的文化则更可怕。王船山认为，一姓之朝代"可禅、可继、可革，而不可使夷类间之"（王夫之《黄书·原极》），把华夷之辨视为"天下之大防"（王夫之《读通鉴论》）。正是有这种以华夏文化本位论为支撑的爱国主义精神的激励，才有代代不绝的仁人志士为中华民族的独立而捐躯献身，前仆后继；才有充塞于天地宇宙间的一股浩然之气；才有霍去病"匈奴不灭，无以家为"的豪情，张骞、班超立功异域的壮举，苏武的劲节，以及岳飞、文天祥、于谦、林则徐等一系列光辉名字的彪炳青史。凡此种种，都是爱国主义精神谱写出的一曲曲凝重壮美的乐章。

华夏文化本位论的影响如此深远，以至在中华民族的文明史上，不仅以汉族为主体的中原政权高举这一文化大旗，就是周边少数民族建立的政权也同样高擎这面大旗。

例如南北朝时期，南北分治，南方的汉族政权以华夏正朔自居，视北朝为夷狄。北朝统治者鉴于文化上的这种尴尬处境，同时为了缓和内部的民族矛盾和阶级矛盾，主动推行汉化政策，北魏孝文帝即是其中卓越的代表。孝文帝不顾本族传统势力的反对，毅然决定迁都洛阳，改用汉姓，"断诸北语（鲜卑语），一从正音（汉语）"（《魏书·献文六王列传第九上》），改官易服。这实则是在华夏文化感召下的一种文化引进和学习过程。由于北朝的这一举动，南朝人不得不对他们刮目相看。这里有一则故事颇为有趣。南朝陈庆之出使北魏，在宴会上俨然以华夏正统自居，嘲笑北朝，说什么"正朔相承，当在江左"。北朝人杨元慎当即予以痛斥，声言北朝秉承华夏文化，一点也不比南朝差，说："移风易俗之典，与五帝而并迹；礼乐宪章之盛，凌百王而独高。"（《洛阳伽蓝记·成东》）杨元慎所言虽不免夸大溢美之处，但大体上是据实而言。一番话说得陈庆之无言以对。陈回到南朝，对朋友谈及北行的观感，不禁感触良多，说："自晋、宋以来，号洛阳为荒土。此中谓长江以北尽是夷狄。昨至洛阳，始知衣冠士族并在中原。礼仪富盛，人物殷阜，目所不识，口不能传。"（《洛阳伽蓝记·成东》）

在中华民族文明史上，华夏文化本位论已成为以汉族为主体的全体中华民族的共同的文化意识，这种共同的文化意识是中华民族爱国主义精神的底蕴所在，是中华民族创造和维护中华文明的强大精神动力。降及近代，它又升华为各族人民捍卫中华民族的独立与尊严，维护领土与主权的完整，抗御帝国主义经济侵略、文化侵略的爱国主义精神。正是凭着这种底蕴深厚的爱国主义精神，中华民族才具有海纳百川的汪洋之势；正是凭着这种爱国主义精神，中华民族才能如天地般生生不息，似江河般奔流不止；正是凭着这种爱国主义精神，中华民族才能在挫折中奋起，在逆境中前进，虽屡遭劫难而顽强生存，昂然屹立于世界民族之林。我们深信，凭着这种爱国主义精神，中华民族必将揭开历史的新篇章，拥有一个更加光辉灿烂的未来！

（2）《春秋》与中国古代和平主义传统

中华民族是爱好和平的民族，各族人民和平相处、共登大同是中国传统的政治理想之一。对中国古代的和平主义传统，中外学人是一致肯定的。英国著名哲学家罗素二十世纪初来华讲学时说过，中国是爱好和平的民族，不像西方人那样好勇斗狠。李大钊在论及中西文化的差异时曾说，"一为安息的，一为战争的"（《东西文明根本之异点》）。陈独秀的论述更详，他认为"西洋民族以战争为本位"，而中国则有悠久的和平传统，他说：

> 儒者不尚力争，何况于战。老氏之教，不尚贤，使民不争，以佳兵为不祥之器。故中土自西汉以来，黩武穷兵，国之大戒。佛徒去杀，益堕健斗之风……若西洋诸民族，好战健斗，根诸天性，成为风俗。自古宗教之战、政治之战、商业之战，欧罗巴之全部文明史无一字非鲜血所书。英吉利人以鲜血取得世界之霸权，德意志人以鲜血造成今日之荣誉。(《东西民族根本思想之差异》，《青年杂志》第1卷第4号)

陈独秀之论不无粗陋之处，但他以和平主义作为中国传统文化的根本特征的论断无疑是具有卓识的。

中国古代和平主义传统既有经济结构和地理环境上的原因，也有思想文化上的原因。单就思想文化原因而论，和平主义之于中国，可谓由来已久。

《尚书·尧典》有"协和万邦"之论，《周易》有"圣人感人心而天下和平"的哲言，这些都可算作中国古代和平主义思潮的滥觞，而《春秋》以文化礼教来区分华夷的开放的民族观，无疑也是古代和平主义的重要理论来源之一。

《春秋》以文化礼教的高下、道德仁义的有无作为华夷之辨的主要标尺，凡文明先进、文教昌明、道德进步的民族国家即为华夏，而野蛮后进、文教荒芜、道德淡漠的民族国家则为夷狄。由于文明进化总处在变化发展之中，故华夷之间并无固定疆界，先进与落后也并非一成不变。"夏变夷者夷之""夷而进于中国则中国之"，先进的华夏族对于后进的夷狄不应以武力征服，不能以强权同化，而应以王道化之。也就是说，以德感之，以礼齐之，以道化之，从而达到"四海一家"、王化普被的大同之世，即所谓"东渐于海，西被于流沙，朔南暨教声，讫于四海"（《尚书·禹贡》）。

《春秋》开放的民族观是和平主义的思想前提，《春秋》的德治主义也有助于和平主义思想的形成。德治主义力斥霸道，倡扬王道，主张对不同民族应本着仁爱精神，借助教化手段，促使后进民族向慕王化，"说德归谊"，这就是董仲舒所说的"王者爱及四夷"（《春秋繁露·仁义法第》），"仁者所以爱人类也"（《春秋繁露·必仁且智》）。

和平主义在中国古代并非停留在观念层面上，而是行之于国家的大政方针之中。中国古代在处理民族关系问题时，在政策策略上一贯摈斥暴力和强权，提倡"与之厚利以没其意，与盟于天以坚其约，质其爱子以累其心"（《汉书·匈奴传》）。中国历代政治家在处理民族问题上大都主张大行羁縻之道，注重"修其教而不改其俗"的民族自治原则，强调因人而治、因俗而治的多元制度体系，以和平为旨归，从而达到华夏与夷狄各民族的友好交往、和平共处、共同发展,即达到所谓"内安诸夏,外抚四夷,一视同仁,咸期生遂"的理想境界。

从中国历史来看,秦汉以后,中国基本上形成了以汉民族为主体的、统一的多民族的农业社会,而周边地区为少数民族聚居,他们或逐水草而居,迁徙不定,或刀耕火耨兼以渔猎采集。这些民族或酋长统领部曲,无有君长法令,或依山结寨,群居群婚,社会发展尚处在野蛮时代。这些民族中尤以居住在长城沿线及其以北地区的游牧民族对中国文明发展的影响最大。他们处于文明与野蛮之交,以游牧为生,以战争为务,以掠夺为荣,长期袭扰边陲甚至入寇中原,成为威胁中原社会经济文化稳定发展的一大忧患。对此,汉民族对他们基本上是采取防御政策,绵延万里的长城即是中央王朝防御战略的最生动体现。

对这些文化与中原迥异、相对野蛮落后而又时常袭扰掠夺、反复无常的周边民族,中原政权大多时期都以宽容大度之心与之共处。对于那些游牧民族,甚至一些"世仇宿敌",如匈奴,只要其向慕中国文化,请求归附或内附,中央王朝都竭诚欢迎,同时决不以降伏者自居,而是厚加优抚,保护其原有的文化及生活方式不变,使这些归附或内附民族享受高度的自治。

西汉宣帝时期,匈奴内乱,五单于争立,面对这个长期为害中原的"宿敌",当时朝中有很多大臣认为"匈奴为害日久，可因其坏乱举兵灭之"（《汉书·萧望之传》）。宣帝征询当时著名学者和政治家萧望之的意见，萧望之发挥《春秋》和平主义精神，力排众议，认为不应以武力服之，而应以德化之，即使匈奴在内乱时，也不能乘人之危。他的一番话很具代表性：《春秋》记载，晋国士匄率军侵齐，得知齐侯去世，便率军返回。君子赞扬他在别国丧期不发动攻击，认为这样的恩德足以让孝子信服，道义足以打动诸侯。先前的单于仰慕中原文化，向往善良，自称为弟，派遣使者请求和亲。国内对此感到欣然，夷狄之地也无人不知。然而，他未能始终遵守和约，不幸被贼臣杀害。如今若去攻打他们，便是乘人之危，幸灾乐祸，他们必定会逃远躲避。如果不以道义为由出兵，恐怕会劳而无功。应该派遣使者前去吊唁慰问，扶助他们弱小的一方，解救他们的灾难祸患。这样，四夷之地听闻后，都会尊重中原的仁义。如果单于因此蒙受恩德得以复位，他必定会称臣服从。这将是极大的德行展现。

宣帝听从了萧望之的建议，派兵帮助呼韩邪单于平定内乱。后来匈奴仍内乱不已，呼韩邪单于请求内附中原，朝廷欣然接受。在呼韩邪单于请求谒见元帝时，西汉朝廷就如何确定汉匈之间的关系展开议论，有的大臣主张汉王朝应接受呼韩邪单于以降伏者身份的觐见，待之以诸侯王之礼。萧望之反对这种做法，建议以平等之礼接待单于，以羁縻怀柔之,他的建议将中国古代和平主义精神表达得透彻淋漓。他说:单于并未接受中原王朝的正统历法(即不处于中原王朝的直接统治之下),因此被视作与中原王朝对等的国家,应当以对待非臣属的礼节来接待他,其地位应在诸侯王之上。远方夷族首领叩头朝见,自称为藩属,而中原王朝则以谦让的礼仪,不将其视为臣属。这便是笼络安抚的恩义,以及谦逊所带来的福泽……若能在蛮荒之地也推行诚信与谦让,福泽便会无穷无尽地流传下去,这是流传万世的长远之策啊。

不动干戈,不以征服者自居,同夷狄也要讲信义,行谦让之礼,使其内心折服,归心向道。这就是中国古代和平主义在外交政策上的总方略。

纵观中国数千年文明史,特别是进入封建农业文明之后,战争为国之大忌,虽然历代不乏一些热衷开疆拓边的帝王,但他们的行动往往得不到社会舆论的支持和响应。

汉武帝的"勤远略""好大功"颇为后人称述,但在当时和稍后的昭帝时期,社会舆论对武帝的"勤远略"并没有作出什么肯定性的评价,汉昭帝时期召开的盐铁会议即是明证。在盐铁会议上,以儒生为代表的贤良文学们对汉武帝时期的战争政策提出了尖锐的批评。在批评、抨击武帝"勤远略""好征伐"的过程中,他们发挥《春秋》的和平主义精神,结合社会发展的实际,从观念、功能、作用等角度对战争的危害和和平的重要作了进一步的申论,把中国早期的和平主义思想推向了一个新的理论高度。贤良文学们认为,不同的民族应该和平相处,共同发展。在邦交关系上,"武力不如文德",因此,为国者应"去武行文,废力尚德""偃兵休士,厚币结和亲"。汉匈两国也应本此精神,"两主好合,内外交通"。为了便于两国的和平发展,他们甚至提出"罢关梁,除障塞"(以上俱见《盐铁论》),解除边关防备的极端和平主义设想。

这种和平主义理论流传甚广,对后世影响极大。中国历代史家对于兴武功、勤外事的帝王大体都持委婉的批评态度,譬如对雄才大略的汉武帝,《汉书·武帝纪》赞词中只道其文治之功,对反击匈奴之战只字未提,其词曰:

> 汉承百王之弊,高祖拨乱反正,文景务在养民,至于稽古礼文之事,犹多阙焉。孝武初立,卓然罢黜百家,表章六经,遂畴咨海内,举其俊茂,与之立功。兴太学,修郊祀,改正朔,定历数,协音律,作诗乐,建封禅,礼百神,绍周后,号令文章,焕焉可述。后嗣得遵洪业,而有三代之风。如武帝之雄材大略,不改文景之恭俭以济斯民,虽《诗》《书》所称何有加焉!

班固的这一评语可谓极尽委婉,他历举武帝在位时的业绩,但大多是文治,而且称之"焕焉可述",独不列举汉武帝征匈奴之烈烈武功,其言外之意不是再清楚不过吗!而最后一句"如武帝之雄材大略,不改文景之恭俭以济斯民,虽《诗》《书》所称何有加焉"更是绝妙,这不是在批评汉武帝的好大喜功吗!对汉武帝的评价尚且如此,对那个残暴荒淫的隋炀帝的评价,就可想而知了。史家在数落隋炀帝的历史罪状时,除了对其暴政予以鞭挞外,还特别提到了隋炀帝的"骄怒之兵屡动","频出朔方,三驾辽左",并引用《左传》曰"兵犹火也,不戢将自焚"(《隋书·炀帝纪》)以作结语。

可见,黩武主义向为中国古代社会舆论所批评,而和平主义则为社会大多数人,特别是精英阶层所一致认同。

武力、强权既不可取,那就要代之以和平的手段。这种和平的手段或政策、策略及制度在中国古代的民族政策中集中体现在"怀柔""羁縻""和亲""结盟""互市"等方面。

"和亲"始于汉代,最初是对匈奴的一种屈辱性政策,后来发展成为对已归附的匈奴、乌孙、吐蕃等强大游牧民族的一种特殊的笼络政策。中央王朝将皇室公主、郡主或宗室女嫁给少数民族的首领,使两国结成姻亲关系,从而达到化解民族矛盾、缓和民族冲突、增进民族团结的目的。"和亲"或许最初仅是一种政策谋略上的考虑,但其实际效果却远远超出了原来狭隘的政治目标,可以这样说,每一次和亲都是一件文化交流的盛事，每一位远嫁的汉家公主都是和平文明的使者，每一次和亲都书写了一段华夷各民族团结友谊的佳话。

在民族关系上，中央王朝政治上行"和亲"羁縻之策，在经济上则开关互市，在边塞要津关隘进行商品物资交易，互通有无，以此来增进各族人民的了解，进而达到交流融合的目的。

在和平主义精神的支配下，中国对周边各少数民族一贯推行"顺俗施化"的政策，即所谓的"修其教而不易其俗"，"齐其政而不易其宜"。对境内少数民族或内附的周边各族，一般不改变其生活方式、社会制度和文化风俗，少数民族首领，不论是单于、可汗，还是酋长、头人，除中央特别加封一定的封号，余皆一仍其旧，不加任何干预。

中华民族正是在这种和平主义精神的引导下，渐渐生长壮大，华夷之间也渐成一体，各民族在中华大地上生息繁衍、交流融合，终于形成今天由56个民族所组成的伟大的中华民族。

（3）《春秋》与中国历代的羁縻政策

《春秋》的华夏文化论、和平主义思想是与德政主义的政治理念相联系的，由此种理念引生出来的民族政策必然是开放的、宽容的。华夷之别不是种族之别，而是文化、道德之别，那么对夷狄也应修文行礼，也应予以尊重，决不能好力逞强，以强权临之。即便是对那些掠夺无厌、侵扰无度的西北游牧民族也应多施仁义以感化之，在他们强盛的时期是如此，当他们因天灾、内乱或其他原因处于微弱时还是如此。对那些主动要求内附或被迫内附的民族则大加抚慰，优容处置，所谓"既服之后，慰荐抚循，交接赂遗，威仪俯仰"(《汉书·匈奴传》)。羁縻政策即由此而来。

羁縻，意为笼络使不生异心。它指中央王朝在处理与周边少数民族的关系时，在政策策略上应把握这一思路：与周边民族保持经济文化的联系与交往，使其心向往之，至于这些民族的具体制度和事务，中央王朝概不过问，这就是"蛮者，縻也，以近夷狄，縻系之以政教"(《周礼注疏》卷二十九《夏官司马》)的羁縻之道。

羁縻之道的政策化引申就是在中国境内或周边的少数民族聚居地，不实行与中原地区整齐划一的行政体制，给予这些地区以高度的自治权，维持这些地区原有的生产方式、生活方式、风俗习惯，由该民族原有的首领继续统治，免除该地区的租税赋役，中央王朝只保持名义上的统辖权。

羁縻政策始于西汉。汉宣帝甘露元年(公元前53年)，匈奴呼韩邪单于率部南移，请求内附，宣帝赐给呼韩邪单于大量珍奇礼物，又给予各种特殊礼遇，划五原郡(河套地区）让其部居留，封赐单于部属各以爵位封号，让呼韩邪单于从其旧俗，实行完全自治，汉匈之间仅保有名分上的君臣宗藩关系。这一政策后又在西域各国得以实施，汉通西域，设西域都护并屯田驻军，当时主要是应西域各国要求以防御匈奴，保障中西交通的畅通，西域都护和驻屯军为数极少，对西域各国制度、风俗、民政概不干预，只保持与他们之间的经济、政治和文化交往，史称"但令置护西域副校尉，居敦煌，复部营兵三百人，羁縻而已"（《后汉书·西域传》）。这项政策的核心是从各民族的具体实际出发，因地制宜，因时制宜，使各民族的文化得以自由发展，所以史家对此倍加赞赏，谓"因时之宜，羁縻不绝"（《汉书·西域传》）。

汉代羁縻政策被后世效法，沿用不替。后世所谓左州、左县，羁縻州、县，乃至土官、土司之制皆由此演变而来。例如南朝时期，宋、齐、梁、陈诸朝对南方少数民族多行羁縻之策，设置左郡、左县，以保持这些民族的旧俗。左郡、左县集中管理归附的少数民族，既使他们保持同族聚居（有些甚至是氏族部落组织）的生活习俗，又逐渐以文明制度浸润之，使其加快从野蛮到文明的演进步伐。这些左郡、左县的守令大多由少数民族原有首领担任。此外，在梁大同年间（535—546年），由于俚族著名首领冼夫人的请求，朝廷置崖州，统辖今广东西南部、雷州半岛和海南岛地区，也是采取类似左郡、左县的制度。南朝还在以少数民族为主的其他地区设置州、县,但多以当地民族首领为守令,以羁縻之。如爨人所居地区为南中一部分,两晋南朝沿袭蜀汉以来的政策,设宁州,辖建宁、兴古、云南、永昌四郡,除了任免汉人担任宁州刺史外,一般郡守、县令均由爨人酋豪世袭,只须由中央王朝加以追认即可。

羁縻州县在唐代进一步发展,史载唐太宗平定突厥后,东突厥部众约有10万人降唐归附,关于如何妥善安置归附的突厥部众,唐太宗召集群臣商议对策。多数朝臣主张"分其种落,俘之河南兖、豫之地,散居州县,各使耕织,百万胡虏可得化为百姓"(《旧唐书·突厥传上》)。这有点强制同化的意味,而中书令温彦博不赞成这种做法,他主张依照两汉时置匈奴降者于五原塞下之例,行羁縻之策。他说:保全其部落的完整,利用突厥部落作为防御外敌的屏障,保护唐朝边境。又不改变其本土风俗,顺势安抚他们,一来可以让这些部族充实空旷之地,二来可显示双方彼此信任,无猜疑之心。唐太宗采纳了温彦博的建议,优容安抚,羁縻不绝。当时由于这种优容政策,迁居长安的突厥人将近万家。唐太宗挑选部分首领委以京官武职,用之不疑,其中任职五品以上将军、中郎将的约有百余人,差不多占朝廷武官的半数。唐太宗对内迁的突厥部众与汉人同样对待,使其农业生产水平和文明进步程度迅速提高。

归附的东突厥的大部分人仍住原处,唐太宗在其地设置羁縻府州。史称:"自太宗平突厥,西北诸蕃及蛮夷稍稍内属,即其部落列置州县。其大者为都督府,以其首领为都督、刺史,皆得世袭。"(《新唐书·地理志七下》)在突利可汗辖地,设顺、祐、化、长四州都督府;在颉利可汗辖地置六州,以定襄、云中两都督府统辖,这些府州行政上保持半独立状态,任命该族首领为都督或刺史,统率原来的部众,在政治上保留各族原有的自治权力。唐太宗在突厥族地区设置羁縻府州取得成功以后,又推广至其他少数民族地区,这些地区的羁縻府州,见于记载的有800多个,"虽贡赋版籍,多不上户部,然声教所暨,皆边州都督、都护所领,著于令式"(《新唐书·地理志七下》)。

唐代在发展、完善羁縻制度方面也颇有值得称道之处。当时的羁縻府州虽有较大的自治权力,都督、刺史也由原部落首领担任,并且可以世袭,但中央王朝的影响力仍有所增强,这些都督、刺史都必须由中央任命,同时还取消了突厥上层贵族分子原有的"可汗"称号。为了加强对羁縻府州的管理,唐代又建立起都护府这一行政单位。

唐代置都护府最多时达8个,后减为6个,即安西、北庭、单于、安北、安东、安南。都护府是中央与羁縻府州之间的纽带,它代表中央行使对羁縻府州的管理权,负责管理边防、行政和民族事务。都护由汉人担任,由中央直接任命，不能世袭。都护府机构编制与内地府州相同，有长史、司马、录事参军和功、仓、户、兵、法等曹参军，分管各项行政事务以及人事、民政、财政、军事、司法等方面的事务，这些属官也由中央任命，所管辖的事务必须依照中央律令和政策办理。

唐代羁縻府州和都护府的设立，有助于唐王朝对边疆地区的管理，也有助于汉族与各少数民族之间的交流与融合，它的成功实施，对后世各王朝起到了重要的示范作用。

两宋对南方各族的统治，基本上承袭了唐代的羁縻制度，并根据实际情况，作了适当的调整。当时南方少数民族分布在江南各省，相对集中在今天的湖南、湖北、四川、贵州、广西、广东等地，即宋代所设的荆湖北路、荆湖南路、成都府路、潼川府路、夔州路、广南西路、广南东路等。宋代把南方少数民族泛称为"蛮""獠"等，同时又出现了一些新族名，如苗、瑶、仡佬、壮、黎、畲等。两宋王朝在这些地区大多建立起羁縻州县，进行间接管理。据《宋史·地理志》的记载，成都府路所设的羁縻州：黎州54，雅州44，茂州10，威州2；潼川府路所设的羁縻州：叙州30，泸州18；夔州路所设的羁縻州：绍庆府49，重庆府1；广南西路所设的羁縻州：邕州44，融州1，庆远府10，共约263个羁縻州（废置的不计）。这一规模已大大超过了前代，宋王朝通过"树其酋长"，由各级土官进行统治，达到"以夷制夷"或"以蛮制蛮"的目的。

羁縻政策发展到元、明、清三代,已演化为土官、土司制度。

相对于土官、土司制度,羁縻政策更强调民族自治,强调通过经济文化的交往使少数民族保持对中央王朝文化上的归属感,所谓"羁縻不绝"是也。长期维持与少数民族的交往,不过多干预其事,使其逐渐学习和适应中原先进文化,并最终归心向道,这便是羁縻之道的旨趣所在。这种政策当然有怀柔笼络的谋略目的,但这无可厚非,因为它较之于强制同化和暴力压制更开明、更宽容、更积极,它贯彻了民族自治原则与和平发展精神,这种原则和精神顺应了社会发展的大势。

(4)《春秋》的"异内外"与中国古代顺俗施化之策

《春秋》"异内外"之说,讲的是"内其国而外诸夏,内诸夏而外夷狄"。此种观念既有华夏文化本位主义的意识,也有强调民族文化差别,加以区别对待的意思。

从华夏本位主义的角度看,内外之异无疑带有一定的民族偏见,它认为华夏最先进,而夷狄皆野蛮落后,因而应保持华夏文化的轴心地位,所谓"五服制"即明显地打上了这种思想的烙印。如《国语·周语上》记载说:按照先王制定的制度,处于不同地域的部族享有不同的权利义务：王畿之内是甸服，王畿之外是侯服，与侯服相邻的是宾服，更远的蛮、夷之地是要服，而戎、狄等更远的地方则是荒服。甸服之内的地区负责供给宗庙祭祀所需的物品，侯服负责供给祭山川之神的祭品，宾服则需进献供天子、诸侯享用的物品，要服需进贡财物，荒服则需在王朝有重大庆典时表示臣服。具体规定分别是：每日供给祭祀所需，每月供给山川祭祀之物，每季供给享礼之物，每年进贡财物，一生中对王朝表示臣服一次。这些都是先王的遗训。五服制未必是一种完全的现实行政体制，但其影响甚大。这种邦内、邦外、甸服、侯服、宾服、要服、荒服的划分即有"内其国而外诸夏，内诸夏而外夷狄"的理念贯穿其中。

从另一个角度看，内外之异又有客观求实的一面，它要求尊重各民族的风俗习惯、生活方式、生产方式的具体实际，在此基础上主张针对不同民族的文化状况实行不同的行政管理体制，即"修其教而不易其俗，齐其政而不易其宜"，这便自然引申出因地制宜、因人制宜、因俗制宜的民族政策来。观乎中国历史可知，顺俗施化实为中国传统民族政策的主导方面。

秦汉时期是我国统一的多民族封建国家形成的时期，也是社会开始内部整合的重要时期。那时，郡县制在全国范围内得以普遍推行，在长城以内、大江南北，国家统一实施郡县制，然而即便是在这种情况下，郡县制也远非国家唯一的地方行政单位，这并非当时没有可能，而是中央王朝按照顺俗施化的原则在周边少数民族地区有意识地保留一定的空间,以便不同民族能够自由自主地发展。西汉王朝的地方行政体系就生动地体现了这一点。按历史地理学者葛剑雄的说法,当时的地方行政体制有四类:

第一是郡(国)、县(侯国、邑、道)制。施行于全国大部分地区,这是西汉地方行政制度的主体。

第二类是初郡。这是郡县制的特殊形式,主要置于南方和西南新辟的少数民族地区,是汉武帝开发西南夷之后设置的。它虽名称与郡县相仿,实则大异。初郡实施不同于中原的两项特殊政策:一是免除赋税,该地区官民不向中央缴纳赋税;二是"因其故俗",保持当地原有的生活方式和风俗习惯。

第三类是郡县与部族混合制。主要实行于西南夷地区,其具体情形与初郡相似。例如,以原来滇王属地置为益州郡,但让滇王继续统治其臣民,并重新赐给滇王印信。

第四类是都护制。宣帝时于西域置都护,管辖玉门关(今甘肃敦煌市西北)以西至葱岭(今帕米尔高原)和今巴尔喀什湖之间的数十个国家。这些国家与汉朝是宗主与藩属的关系,它们在外交、军事上服从都护,但其内部事务、民政事务,中央及都护概不干预,享有高度自治权。[1]

这种多元的地方行政体系经两汉的实行,对后世产生

---

[1] 参见葛剑雄:《统一与分裂——中国历史的启示》,生活·读书·新知三联书店,1994,第161-162页。

了深远的影响,中国历代王朝都沿用这一多元体制,对南北农牧区两类民族区别对待,顺俗而治,并视当时社会情势有所损益,有所改进,有所发展。

三国时期,蜀汉著名政治家诸葛亮在平定南中后,对生活于南中故地的少数民族虽也设置郡县制度,但对西南蛮夷各部则采取了因俗而治的政策。如对昆明族、叟族,鉴于他们"征巫鬼,好诅盟"之俗,诸葛亮为他们"作图谱,先画天地、日月、君长、城府;次画神龙,龙生夷及牛、马、羊;后画部主吏乘马幡盖,巡行、安恤;又画牵牛负酒赍金宝诣之象以赐夷,夷甚重之"(《华阳国志·南中志》)。诸葛亮尊重民俗,因俗而治的政策深得西南各少数民族的拥戴,他也因此成为广为西南各族人民崇敬并讴歌的一位英雄人物。

魏晋六朝以降,边疆民族内迁增多,民族内迁的过程一方面加速了他们自身的发展,另一方面进一步促进了中国境内各民族之间的融合,唐代迎来了中国文明史上民族融合的又一个高峰。当是时,强盛的唐王朝针对辽阔的疆域、众多的民族,继承了汉魏以来的民族政策,采取了极其开放、宽容的民族政策。唐太宗在检讨自己成功的原因时,就把开放的民族政策列为其中之一条,他说:"自古皆贵中华,贱夷狄,朕独爱之如一。"(《资治通鉴》卷一九八)

汉唐盛世，中央王朝在华夷关系上的开放立场，在政策上的多元、双轨体制，在行政举措上的因时制宜、顺俗施化，不仅为后世中原政权树立了一个榜样，而且对少数民族入主中原后建立的王朝也起到了正面的引导作用。辽、金、元、清诸代莫不追效汉唐令式，其中辽朝的北南两面双轨官制即是典型的事例。

据《辽史·百官志》载，"辽俗东向而尚左"。皇帝宫帐设在西方，故官职都分成北南，和汉族官职的分为左右相似。辽太祖耶律阿保机占领燕云十六州后，建立起两套政治制度，"以国制治契丹，以汉制待汉人"。"国制"即契丹官制，统称北面官，汉制官职统称南面官。《辽史·百官志》又说："北面治宫帐、部族、属国之政，南面治汉人州县、租赋、军马之事。"南面官基本上沿袭唐代官制，辽太宗入汴，因后晋制度，置枢密院"掌汉人兵马之政"，朝官有三公三师，设中书省、门下省、尚书省、翰林院（又称南面林牙）、国史院。南面朝官不按契丹旧俗再称南北，而是仍袭汉人旧制，称左右（如左、右丞相，左、右仆射）。这一套南北双轨制的建立，说明辽朝统治者（契丹族）也谙习前代的顺俗施化之道，由此也说明顺俗施化的民族政策在中国古代政治文化中影响深远。后来辽又灭渤海国，他们仍根据顺俗而治的原则，在渤海国故地因其旧俗，顺俗施化。

元代建立以后，元世祖确立了以行中书省为地方最高行政机构的制度。到元成宗大德年间（1297—1307年），全国分为中书省（腹里，即朝廷直辖区）及辽阳、岭北、陕西、甘肃、四川、云南、湖广、江西、江浙、河南北部等10个行中书省，简称行省，行省下设路、府、州、县，构成全国地方行政主体。此外，根据多民族的实际，按照顺俗施化的传统政策实施多元的地方行政管理体制，如吐蕃直属宣政院，西域为察合台后王封地，这是两个特殊的大行政区，其政教合一的旧体制为中央所认可，其风俗习惯也维持不变，两地皆享有高度的自治权。又如，在四川、云南、湖广等行省和少数民族地区设置蛮夷军民长官司和寨、部、族、甸、处等单位，给各部族首领授予宣慰使、宣抚使、安抚使、招讨使等官职，在少数民族聚居的府、州、县设置土官。土官、土司制度是羁縻制度的继续和发展，虽然它较之于羁縻州府所享有的自治权限要小，但羁縻制度的最大的特征——保留原有生活方式、文化风俗及任用原有的民族首领——在土官、土司制度中仍然继续保留。

明、清时期大体沿袭了元代的地方行政体系，按取材内容至清代嘉庆二十五年（1820年）的《大清一统志》所载，当时全国内地分18个行省，边疆则按不同民族的文化特点，分别由朝廷直接任命的将军与办事大臣行使管辖权。又根据各民族的社会特点，编定佐领，设立盟旗、伯克。

在西域则推行政教合一等制度。

西南地区自元朝以来，具有特色的土官、土司制得以定型、发展，至清朝虽大多数地区实行了改土归流，但仍有一些地方保留了土司制度，甚至新设置了一部分土司，直至民国时期，西南地区仍有大量土司保留。各地区各民族的法律法规也不同。清朝虽在全国实行了高度整合的地方行政管理体制，然而仍然根据不同民族的文化、历史背景和经济特点而实施不同的行政管理制度，即顺俗施治。这样，既保护了各民族固有的社会文化风貌，又达到了全国前所未有的统一，可以说达到了一元与多元的并存，整体性与多样性的和谐统一。

顺俗施化的政策是中国传统的民族政策之一，也是最具魅力的制度之一。可以这样说，中华民族之所以能茁壮生长，中华民族之所以具有海纳百川之势，与这项政策的有效实施是分不开的。

四 《春秋》与近代变革

1. "春秋公羊学"的复兴：近代学风变迁的肇始

晚清学风的嬗变，或者说中国学术由传统向近代的转型，是以"春秋公羊学"的复兴为契机而开其端绪的。

经学是中国学术文化的主干，从某种意义上来说，没有经学就没有中国传统学术。有清一代，学术的主宰仍然是经学，诚如梁启超所言，"清学自当以经学为中坚"（梁启超《清代学术概论》之十四）。清初，学术界有识之士有感于王学的空疏和明朝的灭亡，大力倡导"经世致用"之学。在明清之际的启蒙思想家王夫之、黄宗羲、顾炎武三大家中，就经学而言，对清代学术发生主要影响的当推顾炎武。一方面，顾炎武直陈"舍经学无理学"之说："古今安得别有所谓理学者，经学即理学也。自有舍经学以言理学者，而邪说以起。"（全祖望《亭林先生神道表》）这便"教学者脱宋明儒羁勒，直接反求之于古经"（梁启超《清代学术概论》之二），直启乾嘉"汉学"之先河。另一方面，顾炎武又不是纯粹的"为学术而学术"，他倡导复兴经学的目的正在于对明代王学空疏学风的纠偏补弊，因此积极主张"通经致用"："孔子之删述六经，即伊尹、太公救民于水火之心……故曰：'载之空言，不如见诸行事。'……愚不揣，有见于此，故凡文之不关于六经之指、当世之务者，一切不为。"（《亭林文集·与人书三》）此一精神又对道、咸以降经世实学有很大的启蒙作用。故梁启超说，"清代儒者以朴学自命以示别于文人，实炎武启之。最近数十年以经术而影响于政体，亦远绍炎武之精神也"（梁启超《清代学术概论》之四）。

乾嘉时期，清代学术沿顾炎武等倡导的"直接反求之于古经"的所谓"汉学"一路发展，在对传统典籍进行整理、校勘、辑佚、辨伪和名物训诂、音韵诸方面取得了超越前人的成就，对于传统学术文化有"总其大成"的积极意义。但是，乾嘉学术对于清初启蒙之学只是部分的承袭，或者说只是承袭了它的外壳，而抽掉了顾炎武"通经致用"的精髓。学者们有意回避当下，远离现实，一头扎进传统经学的故纸堆中，醉心于纯考据。"为考证而考证，为经学而治经学"（梁启超《清代学术概论》之二），成为清代中叶学术的一大特色。

乾嘉学术向考据畸形发展，是清朝最高统治者大兴文字狱、钳制思想自由发展的环境所逼成。对于这一问题，梁启超曾有透彻的论述：

> 明季道学反动，学风自然要由蹈空而变为核实——由主观的推想而变为客观的考察。客观的考察有两条路：一自然界现象方面；二社会文献方面。以康熙间学界形势论，本来有趋重自然科学的可能性，且当时实在也有点这种机兆。然而到底不成功者：其一，如前文所讲，因为种种事故把科学媒介人失掉了。其二，则因中国学者根本习气，看轻了"艺成而下"的学问，所以结果逼着专走文献这条路。但还有个问题：文献所包范围很广，为什么专向古典部分发展，其他多付阙如呢？问到这里，又须拿政治现象来说明。

> 康熙帝是比较有自由思想的人。他早年虽间兴文字之狱，大抵都是他未亲政以前的事，而且大半由奸民告诉、官吏徼功，未必出自朝廷授意。他本身却是阔达大度的人，不独政治上常采宽仁之义，对于学问，亦有宏纳众流气象。试读他所著《庭训格言》，便可以窥见一斑了。所以康熙朝学者，没有什么顾忌，对于各种问题，可以自由研究。到雍正、乾隆两朝却不同了。雍正帝是个极猜忌刻薄的人，而又十分雄鸷。

他的地位本从阴谋攘夺而来,不得不立威以自固,屠杀兄弟,诛戮大臣,四处密派侦探,闹得人人战栗。不但待官吏如此,其对于士大夫社会,也极威吓操纵之能事。汪景祺(雍正二年)、查嗣庭、吕留良(俱雍正十四年)之狱,都是雍正帝匠心独运罗织出来。尤当注意者,雍正帝学问虽远不及乃翁,他却最爱出风头和别人争辩。他生平有两部最得意的著作,一部是《拣魔辨异录》,专和佛教禅宗底下的一位和尚名弘忍者辩论。一部是《大义觉迷录》,专与吕晚村(留良)的门生曾静辩论。以一位帝王而亲著几十万字书和一位僧侣、一位儒生打笔墨官司,在中外历史上真算得绝无仅有。从表面看,为研求真理而相辩论,虽帝王也该有这种自由。若仅读他这两部书,我们并不能说他态度不对,而且可以表相当的敬服。但仔细搜求他的行径,他著成《拣魔辨异录》以后,跟着把弘忍的著述尽行焚毁,把弘忍的门徒勒令还俗或改宗。他著成《大义觉迷录》以后,跟着把吕留良发棺戮尸,全家杀尽,著作也都毁板。像这样子,那里算得讨论学问,简直是欧洲中世教皇的牌子。在这种主权者之下,学者的思想自由,是剥夺净尽了。他在位仅十三年,影响原可以不至甚大。无奈他的儿子乾隆帝,也不是好惹的人。他学问又在乃祖乃父之下,却偏要"附庸风雅",恃强争胜。他发布禁书令,自乾隆三十九年至四十七年继续烧书二十四回,烧去的书一万三千八百六十二部。直至乾隆五十三年,还有严谕。他一面说提倡文化,一面又抄袭秦始皇的蓝本!所谓"黄金时代"的乾隆六十年,思想界如何的不自由,也可想而知了。

凡当主权者喜欢干涉人民思想的时代,学者的聪明才力,只有全部用去注释古典。欧洲罗马教皇权力最盛时,就是这种现象。我国雍乾间也是一个例证。记得某家笔记说:"内廷唱戏,无论何种剧本都会触犯忌讳,只得专搬演些'封神''西游'之类,和现在社会情状丝毫无关,不至闹乱子。"雍乾学者专务注释古典,也许是被这种环境所构成。(梁启超《中国近三百年学术史》之三)

从学术本身而言,乾嘉"汉学"以名物训诂为旨趣,倡导实事求是的学风,有"为学术而学术"的求知意味,与近代学术精神颇为接近。郭沫若对此曾有较高评价:"欲尚论古人或研讨古史,而不从事考据,或利用清儒成绩,是舍路而不由。就稽古而言为考据,就一般而言为调查研究,未有不调查研究而能言之有物者。故考据无罪,徒考据而无批判,时代使然。"(郭沫若《读随园诗话札记》)这段公允之论有两点值得注意,一是乾嘉汉学有"徒考据而无批判"的弊端,即只有考证而无思想;二是造成这种状态的原因是"时代使然"。也正是由于时代的关系,乾嘉汉学在取得丰硕成果时也存在不少严重弊端:其一,脱离现实,埋头于故纸堆中,为考据而考据,使儒学借经术以论政事的学术致用精神弥而不彰;其二,将考据与学术画等号,所谓清学只是考据学一枝独秀,其他学术,尤其与现实密切相关的经世之学则完全枯萎,难以生存,出现了思想界空洞沉寂而学术研究方面成就斐然的畸形现象,反映在具体的研究方法上便是只罗列证据,不讲道理,只讲注经,不求创新,把儒家传统学术文化中"述而不作"的学术路径推向极致;其三,厚古薄今,信而好古,唯古是信,唯古是从,学术界家谈许、郑（许慎、郑玄）,人说贾、马（贾逵、马融）;其四,支离烦琐,解释一字,洋洋万言,只能对个别问题进行阐释、说明,而对重大事变则难以作全面、准确的认识和判断,"只见树木,不见森林"。所以侯外庐先生说:"乾嘉汉学,只有读古书的一定的逻辑要素,但不能说代表科学方法。"[1]因此,乾嘉学术虽在微观研究领域有某些近代要素,但在学术精神、整体研究方法上与近代学术相距甚远,而问题的要害还在于

---

[1] 侯外庐:《中国思想通史》第五卷《中国早期启蒙思想史》,人民出版社,1956,第418页。

"为考据而考据"的学术路径并非完全归于学术内在的必由之路和学者自由选择的结果,而是专制政治强加、威逼下的不得已而为之,"学术自由"这一近代学术精神的真正内核完全被淹没,自由创新意识由此受到锢蔽。

乾嘉汉学既因专制政治推波助澜而达到鼎盛,也因专制政治的式微而日趋没落。乾隆后期,虽然表面上仍是盛世,但衰象渐呈,此时"外面的架子虽未甚倒,内囊却也尽上来了"(《红楼梦》),"颓运方至,变故渐多……悲凉之雾,遍被华林"(鲁迅《中国小说史略》)。乾隆时期,和珅擅权,"怙宠贪恣",皇权渐趋旁落,而乾隆本人好大喜功,有"十全老人"之称,弄得民穷财尽,种下后世衰乱的无穷祸根。至嘉庆时期,吏治腐败,世风淫佚,土地兼并日益严重,阶级矛盾更趋激化,农民起义此起彼伏,川、陕、楚的白莲教起义,甘肃、新疆的回民暴动,使得清王朝盛世不再,封建统治摇摇欲坠。

皇权旁落的后果是封建专制政治对学术与思想的钳制开始松动,清代学术出现了新的转机。对此梁启超先生有精当总结:那时候学术界情形怎么样呢?大部分学者依然继续他们的考证工作,但"绝对不问政治"的态度,已经稍稍有所改变。如大经学家王怀祖(念孙)抗疏弹劾和珅,大史学家洪稚存(亮吉)应诏直言,因而遭到谴戍。这种举动在明朝学者只算家常茶饭,在清朝学者真是凤毛麟角了。但这种一两个人的特别行动,还算与大体无关,要想知道思潮之暗地推移,最要注意的是新兴的常州学派。常州派有两个源头,一是经学,二是文学,后来渐渐合二为一。他们的经学是公羊家的——用特别眼光去研究孔子的《春秋》,由庄方耕(存与)、刘申受(逢禄)开派。他们的文学是阳湖派古文——从桐城派转手而加以解放,由张皋闻(惠言)、李申耆(兆洛)开启学派之端绪。两派合一产生出一种新精神,就是想在乾嘉间考证学的基础之上建设顺治康熙间"经世致用"之学。

"公羊学"的复兴、常州学派的崛起在清代学术流变史中有里程碑式的意义。今文经学家皮锡瑞论述清代经学有三变,其中一变即含"公羊学"复兴在内:"国朝经学凡三变。国初,汉学方萌芽,皆以宋学为根柢,不分门户,各取所长,是为汉、宋兼采之学。乾隆以后,许、郑之学大明,治宋学者已鲜,说经皆主实证,不空谈义理,是为专门汉学。嘉、道以后,又由许、郑之学导源而上,《易》宗虞氏以求孟义,《书》宗伏生、欧阳、夏侯,《诗》宗鲁、齐、韩三家,《春秋》宗《公》《穀》二传。汉十四博士今文说,自魏、晋沦亡千余年,至今日而复明,实能述伏、董之遗文,寻武、宣之绝轨。是为西汉今文之学。学愈进而愈古,义愈推而愈高。屡迁而返其初,一变而至于道。"(皮锡瑞《经学历史》)梁启超更从整个清代学术演变角度充分肯定其转折之功。在《清代学术概论》中,他把清代三百年学术分为启蒙、全盛、蜕分、衰落四期,其中所谓"蜕分期"便是由"公羊学"复兴开端的:"当正统派全盛时,学者以专经为尚,于是有庄存与,始治《春秋公羊传》有心得,而刘逢禄、龚自珍最能传其学。"(梁启超《清代学术概论》之二)"清学分裂之导火线,则经学今古文之争也。"(梁启超《清代学术概论》之二十一)

清代学术的转变为什么以今文经学复兴为契机,一些学者又为什么选择了"公羊学"而不是其他?从学术渊源来看,恐怕有四方面的原因。其一,清代学术发展的路径是"以复古为解放",而且是逐渐由近古向中古乃至上古的复归。清初,启蒙学术为推倒空疏无用的王学,复宋之古,后来次第推演,复唐代、六朝之古,到清中叶乾隆时期"复于东汉",使考证学"烂然如日中天"。按照演进趋势,学术要进一步发展,必然要进一步向上复古,于是,"西汉今古文旧案,终必须翻腾一度,势则然矣"(梁启超《清代学术概论》之二十一)。其二,今文经学阐释经典的路数与古文经学"考订典章""训释文字"的旨趣大相违异,古文经学主要在于阐发经书中的"微言大义"。这在《春秋公羊传》中表现得最为突出。这一学术传统由于不汲汲于一字一事的考订,而鼓励学者对经书的"微言大义"进行恣意发挥,对于长期受专制政治禁锢的清代学者来说有某种思想解放的意味。因此,嘉、道以降学者欲与琐碎饾饤的考据学相抗衡,在当时的学术氛围下今文经学尤其是公羊学便成为最佳选择。其三,今文经学的学术依归并不是"为学术而学术",而是"借经术以文饰其政论"。它并不如古文经学只是注意经典中的文字以及从文字中所反映的古代史事,而是欲从其中阐发经世治国的"微言大义"以为现实政治服务。晚清皇权式微,士大夫议政风气渐开,今文经学的这种治学路径正合士大夫一时之需。庄存与不屑于考据而唯求经书大义,其目的便在有用于当世。其四,"公羊学"的"张三世"(据乱世、升平世、太平世)、"通三统"(夏、商、周),内涵丰富的历史进化观和"变通""改制"之意蕴,对于那些渴望社会进步、谋求变通改革的士大夫来说是极为珍贵的理论财富。当晚清社会急剧变革之际,今文经学家即常常用这种理论模式来为自己的改革实践作理论论证。凡此四端,促成"公羊学"在汉末衰落两千年来成为"绝学"后复萌于乾隆晚期,崛起于嘉、道之际,至清末终于成为炙手可热的"显学"!

"春秋公羊学"复兴的首倡者是常州学派的开山庄存与。庄存与,字方耕,号养恬,江苏武进(今常州市)人,官至内阁学士兼礼部侍郎。庄存与身处乾嘉考据学之极盛时代,虽然也曾以"朴学"研究方法研治过古文经学,著有《周官记》《周官说》《毛诗说》等多种有关古文经学的著作，但其主要学术兴趣则在今文经学尤其是"春秋公羊学"。庄氏长期身处天子近侧，既能揣摩乾隆借《春秋》彰明"大一统"的"圣意"，又亲身感受到乾隆后期因和珅擅权而隐含着的皇权旁落的危机，因此，欲借《春秋》以推求维护封建王朝统治的"微言大义"。"天无二日，土无二王，国无二君，家无二尊，以一治之也"（庄存与《春秋正辞》），人臣必须忠君，绝不能以"无端崖之辞以溷其上而藏其奸"（庄存与《春秋正辞》），其借阐发《春秋》大义针砭时弊之意昭然若揭，诚如魏源所谓"君在乾隆末，与大学士和珅同朝，郁郁不合，故于《诗》《易》君子小人进退消长之际，往往发愤慷慨，流连太息，读其书可以悲其志云"（魏源《武进庄少宗伯遗书序》）。由此出发，庄氏对《春秋》的理解和对"公羊学"的研究，便一反"汉学"远离现实政治的倾向而带有鲜明的"经世"价值取向："《春秋》以辞成象，以象垂法，示天下后世以圣心之极。观其辞，必以圣人之心存之，史不能究，游、夏不能主，是故善说《春秋》者，止诸至圣之法而已矣。"（庄存与《春秋要指》）"春秋之义，不可书则辟之，不忍书则隐之，不足书则去之，不胜书则省之……《春秋》非记事之史，不书多于书。以所不书知所书，以所书知所不书"；《春秋》治乱必表其微，所谓'礼禁未然之前'也，凡所书者，有所表也，是故《春秋》无空文"。（庄存与《春秋要指》）在庄氏看来，《春秋》

是经非史，在义不在事与文，每一词、每一句都包含着"圣意"，于治世极为有益；学者对《春秋》的研究必须一本"公羊"家法，不必汲汲于对一词一事的考证，应从现实政治需要的角度去挖掘搜寻其"微言大义"，如此才算是善说《春秋》者。在这种价值取向的指导下，庄存与撰写了一系列专门阐发《春秋》"微言大义"的《春秋》学"著作，如《春秋正辞》《春秋要指》等。其中《春秋正辞》为庄氏最为得意之作，对晚清公羊学影响也最大。此书据作者自己说是"读赵先生汸《春秋属辞》而善之"之作。赵汸，安徽休宁人，是元明之际"《春秋》学"学者，著有《春秋集传》《春秋师说》《春秋属辞》《春秋左氏传补注》等著作，《四库全书总目提要》说他"于《春秋》用力至深"。赵氏认为"《春秋》，圣人经世之书也"（赵汸《春秋集传自序》），曾谓"《春秋》随事笔削，决无凡例……《春秋》本无例，学者因行事之迹以为例，犹天本无度，历家即周天之数以为度……至黄先生则谓鲁史有例，圣经无例，非无例也，以义为例，隐而不彰……"（《四库全书总目提要》）。庄存与受赵汸启发，隐括其例，正列其义，更名曰《正辞》，其内容包括九个方面：一正奉天辞，二正天子辞，三正内辞，四正二伯辞，五正诸夏辞，六正外辞，七正禁暴辞，八正诛乱辞，九正传疑辞。（庄存与《春秋正辞叙目》）其方法以公羊传为主体，旁采董仲舒《春秋繁露》与何休《公羊解诂》而互为印证并加以阐发,从中搜寻钩稽出有用于当世的"微言大义"。①

庄存与以公羊精神研治《春秋》,举起"公羊春秋"大旗,尽管对晚清学界产生深远影响,但在乾嘉考据学正炽的时代,却是势单力孤,落落寡合。"所学与当时讲论或枘凿不相入,故所撰述皆秘不示人。通其学者,仅门人邵晋涵、孔广森及子孙数人而已。"(《清儒学案·方耕学案上》)"方乾隆时,学者莫不由《说文》《尔雅》而入醲,深于汉经师之言,而无溷以游杂。其门人为之,莫不以门户自守,深疾宋以后之空言,固其艺精,抑亦术峻,而又乌知世固有不为空言,而实学恣肆如是者哉!"因此时人对庄氏之学"不知者以为乾隆间经学之别流,而知者以为乾隆间经学之巨汇也"(董士锡《庄氏易说叙》)。但庄氏子孙受其熏染,皆习"公羊",家学渊源,一脉传承,较著者如从子庄述祖、族孙庄有可、嫡孙庄绶甲等。庄述祖"传存与之学,研求精密,于世儒所忽不经意者,覃思独辟,洞见本末,著述皆义理宏达"(《清史稿·列传》)。庄有可于"群经多有纂述,独于《春秋》功力为最挚",著有《春秋注解》

---

① 关于庄存与的内容参考汤志钧:《近代经学与政治》第二章《"汉学"的复兴》,中华书局,1989。

《春秋字数义》《春秋天道义》《春秋地理义》等。其学一本"公羊",旁及其他,着重阐发经书大义:"孔子作《春秋》,属之以词,系之以事,其迹也,非义也。若其义,则以字准数,以数集字,经之以天,纬之以地,而人物之伦类亦无不寓于其中。是故删《书》百篇,所以观政也;赞《易》十翼,所以穷理也;皆数也,皆与《春秋》相发挥而旁通者也。""《春秋》一字有一字之义,一句有一句之义,以至一时一年有一时一年义。一公与数公分之合之,又莫不各有其义。浸及属辞比事,参伍错综,假借断章,千变万化,其义无穷,岂易以端倪测哉!然蔽以一言,则穷理尽性,达诸天道无不备矣。"(支伟成《清代朴学大师列传》之七)

对庄氏之学不仅传承,而且发扬光大,使"常州学派"的"公羊学"旗帜得以大张者当更推刘逢禄。刘逢禄天资聪颖,少时即对"春秋公羊学"有浓厚的兴趣。十三岁时"求得《春秋繁露》,益知为七十子微言大义,遂发愤研《公羊传》何氏《解诂》,不数月尽通其条例"。其时,庄存与"叩以所业,应对如响。叹曰:'此外孙必能传吾学。'"(《先府君行述》)

刘逢禄对群经均有涉猎,但最喜好《春秋》,治学路径"务通大义,不专章句"。他认为:"学者莫不求知圣人,圣人之道,备乎五经,而《春秋》者,五经之管钥也。先汉师儒,略皆亡阙,惟《诗》毛氏、《礼》郑氏、《易》虞氏,有义例可说。而拨乱反正,莫近《春秋》,董、何之言,受命如向。然则求观圣人之志,七十子之所传,舍是奚适焉!"(刘逢禄《春秋公羊经何氏释例叙》)因此,他"治经之业乃折而萃于《春秋》,治《春秋》又折而趋于《公羊》焉"。①

刘氏认为从"家法"角度看,"公羊"是《春秋》的真传,而《左传》则是独立于《春秋》之外的"良史"。"《左氏春秋》犹《晏子春秋》《吕氏春秋》也,直称《春秋》,太史公所据旧名也;冒曰《春秋左氏传》,则东汉以后之以讹传讹者矣"(刘逢禄《左氏春秋考证》)。其始作俑者是"刘歆之徒增饰"(刘逢禄《春秋公羊经何氏释例》)。"《左氏》以良史之材,博闻多识,本未尝求附于《春秋》之义,后人增设条例,推衍事迹,强以为传《春秋》,冀以夺《公羊》博士之师法,名为尊之,实则诬之"。因此,他著《左氏春秋考证》,主张"以《春秋》还之《春秋》,《左氏》还之《左氏》,而删其书法凡例及论断之谬于大义,孤章绝句之依附经文者,冀以存《左氏》之本真"(刘逢禄《申左氏膏肓叙》)。这正是对庄存与《春秋》非记事之史、在

---

① 钱穆:《中国近三百年学术史(全两册)》,中华书局,1997,第585页。

义不在事与文思想的承袭,以"经""史"之别将《春秋》《公羊》与《左传》予以划开。对于《公羊传》及董仲舒、何邵公诸书,他认为是正宗师传:"余尝以为,经之可以条例求者,惟《礼·丧服》及《春秋》而已。经之有师传者,惟《礼·丧服》有子夏氏,《春秋》有公羊氏而已。""则《公羊传》在先汉有董仲舒氏,后汉有何邵公氏,《子夏传》有郑康成氏而已。先汉之学,务乎大体,故董生所传,非章句训诂之学也。后汉条理精密,要以何邵公、郑康成二氏为宗。《丧服》之于五礼,一端而已。《春秋》始元终麟,天道浃,人事备,以之网罗众经,若数一二,辨白黑也。"(刘逢禄《公羊春秋何氏解诂笺叙》)刘逢禄的基本思路是:五经之津要汇于《春秋》,而对《春秋》大义阐幽显微者当推《公羊》及董仲舒、何邵公之书;"毛公详故训而略微言,虞君精象变而罕大义"(刘逢禄《公羊春秋何氏解诂笺叙》),学者欲通群经,必研治《春秋》,而研治《春秋》舍"微言大义"无所求,章句训诂只会遗其大传其小,在这方面,《公羊传》等著作堪称表率。刘氏推崇公羊,其学术路径便与名物训诂的考证学大相违异,他专注于研究《公羊》和董仲舒、何邵公的今文经学,从中推求有益于当世的"微言大义"。

在刘逢禄研治"春秋公羊学"的诸种著作中,以对何邵公《春秋公羊解诂》一书用力最深,影响亦最大,著有

《春秋公羊经何氏释例》《公羊春秋何氏解诂笺》等。他对何氏"三科九旨"之说着力阐扬,首张三世例,次通三统例,三异内外例,引经据典,次第发挥。关于"张三世",他认为《春秋》于"所见""所闻""所传闻"都有褒贬,隐含着历史的进化观念:"于所传闻世见拨乱始治,于所闻世见治,廪廪进升平,于所见世见治太平","由是辩内外之治,明王化之渐,施详略之文,鲁愈微而《春秋》之化益广,世愈乱而《春秋》之文益治","《春秋》起衰乱以近升平,由升平以极太平。"(刘逢禄《刘礼部集》卷四)关于"通三统",他认为《春秋》是"立百王之制,通三统之义,损周之文,益夏之忠,变周之文,从殷之质",从而"百世以俟圣人而不惑者也"(刘逢禄《刘礼部集》卷二)。由于刘氏谨守家法,释经传有典有据,加之其进化的历史观和为当下治世"后王有作"的经世意识,故其著作不仅成为"常州学派"的奠基之作,而且对晚清学界发生了深远影响,"实为治今文学者不祧之祖"(梁启超《论中国学术思想变迁之大势》)。梁启超《清代学术概论》对之评价甚高:今文学启蒙大师,无疑是武进人庄存与。他曾著《春秋正辞》,刊落训诂名物之末,专门讲求所谓"微言大义",与戴震、段玉裁一派所走的学术路径全然不同。他的同县后辈刘逢禄继承了他的学术思想和学问路子,著《春秋公羊经何氏释例》,对何休所谓非常异义怪诞之论,如"张三世""通三统""绌周王鲁""受命改制"诸义，依次做新的阐释。其书亦用科学的归纳研究法，有条贯，有断制，在清人著述中，实在是最有价值的创作。

庄存与、刘逢禄开创的"常州学派"，对于清代学风的转变有重大意义。第一，它打破了汉学一统天下的独尊局面，"复西汉之古，对于许、郑而得解放"，给沉闷呆滞的清中叶学术界注入了新的生机。庄、刘等人一反考据学寻章摘句、训诂名物的治学路数，将经学研究由专注"辞章"向"义理"牵引，使清代学术因此而发生重大转折，晚清学者对"常州学派"的评价多从此着眼。如魏源在《武进庄少宗伯遗书序》《刘礼部遗书序》中就对庄存与、刘逢禄转变清代学风之功评价甚高。关于庄存与，魏氏认为，庄氏之学不凌杂，识大体，对天人，述道德，陈今古，不像乾嘉考据学"务碎义逃难，便辞巧说，破坏形体""务于物名，详于器械，考于训诂，摘其章句，而不能通其大义"，并指出庄氏之学为"所异于世之汉学"的"真汉学"。

至于刘逢禄，魏源对其在清代学术演迁史中的定位是"由典章制度以进于西汉微言大义，贯经术政事文章于一，此鲁一变至道也"，即刘逢禄是由复东汉之古进到复西汉之古转折中的关键人物，而且这一转变在学术路径、学术境界上明显高于乾嘉考证之学。魏源盛赞刘逢禄是"潜心大业之士""明允笃志君子",其学术"由董生《春秋》以窥六艺条贯,由六艺以求圣人统纪,旁搜远绍,温故知新,任重道远",其文章著述贯经术、政事、文字于一体,较之纯粹名物典章考据的"东京之学"远胜一筹。在清代学风的数度迁演中,他的这种"变",意义也较前几次为大,"此鲁一变至道",对于从宏观意义上理解儒学经典有重大的作用。

从学术史的角度看,"公羊学"的复兴确乎推动了清代中叶后学术的发展,它把学者从单纯考据训诂的思维模式中解放出来;使研究视野大为开阔,研究领域不断扩大,研究风格亦更加丰富多彩。如梁启超说:

> "今文学"之初期,则专言《公羊》而已,未及他经。然因此知汉代经师家法,今古两派,截然不同;知贾、马、许、郑,殊不足以尽汉学。时辑佚之学正极盛,古经说片语只字,搜集不遗余力,于是研究今文遗说者渐多……道光末,魏源著《诗古微》,始大攻《毛传》及《大小序》,谓为晚出伪作。其言博辩,比于阎氏之《书疏证》,且亦时有新理解。其论《诗》不为美刺而作,谓:"美刺固《毛诗》一家之例,……作诗者自道其情,情达而止……岂有欢愉哀乐,专为无病代呻者耶?"(《诗古微·齐

鲁韩毛异同论中》)此深合"为文艺而作文艺"之旨，直破二千年来文家之束缚。又论诗乐合一，谓："古者乐以诗为体，孔子正乐即正诗。"(同《夫子正乐论》上)，皆能自创新见，使古书顿带活气。源又著《书古微》，谓不惟东晋晚出之《古文尚书》(即阎氏所攻者)为伪也，东汉马、郑之古文说，亦非孔安国之旧。同时邵懿辰亦著《礼经通论》，谓《仪礼》十七篇为足本，所谓古文《逸礼》三十九篇者，出刘歆伪造。而刘逢禄故有《左氏春秋考证》，谓：此书本名《左氏春秋》，不名《春秋左氏传》，与《晏子春秋》《吕氏春秋》同性质，乃记事之书，非解经之书；其解经者，皆刘歆所窜入，《左氏传》之名，亦歆所伪创。

盖自刘书出而《左传》真伪成问题，自魏书出而《毛诗》真伪成问题，自邵书出而《逸礼》真伪成问题。若《周礼》真伪，则自宋以来成问题久矣。初时诸家不过各取一书为局部的研究而已，既而寻其系统，则此诸书者，同为西汉末出现，其传授端绪，俱不可深考，同为刘歆所主持争立。质言之，则所谓古文诸经传者，皆有连带关系，真则俱真，伪则俱伪。于是将两汉今古文之全案，重提覆勘，则康有为其人也。(梁启超《清代学术概论》之二十二)

这些议论不免带有某些门户气息，但其中提到今文经学家们将考据与义理结合起来研究儒家经典，"皆能自创新见，使古书顿带活气"一语则至为精当，道出"公羊学"影响之下的晚清学术风格："创新"与"活气"，既有考据，又有"批判"，较之乾嘉学术"徒考据而无批判"完全不同。

梁启超的这番评价实际上揭示了"常州学派"在清代学术由中期向晚期转变过程中所起到的另一种作用。"常州学派"在大力倡导"公羊学"，打破乾嘉汉学独尊学界局面时，虽然大都谨守公羊家法，但由于他们都受到"汉学"影响，有较深的考据功力，因此治学并无太多门户之见，往往考据与义理并重，因此使嘉、道以后的清代学术出现了融会今古汉宋的趋势。"常州学派"的开创者庄存与"为学贯通六经，悉有撰述。说《易》以孟氏六日七分为经，以马、班天官地理律历各书志为纬。其为文，辨而精，醇而肆，旨远而义近，举大而不遗小，能言诸儒所不能言"（支伟成《清代朴学大师列传》之七），所以阮元说他"不专为汉、宋笺注之学，而独得先圣微言大义于语言文字之外"："《易》则贯串群经，虽旁涉天官分野气候，而非如汉、宋诸儒之专衍术数、比附史事也；《春秋》则主《公羊》、董子，虽略采左氏、穀梁氏及宋、元诸儒之说，而非如何劭（邵）公所讥信经任意、反传违戾也；《尚书》则不分今古文文字同异，而剖析疑义，深得夫子序《书》、孟子论世之意；《诗》则详于变雅，发挥大义，多可陈之讲筵；《周官》则博考载籍……可补古'乐经'之缺；《四书说》敷畅本旨，可作考亭诤友，而非如姚江王氏、肖山毛氏之自辟门户，轻肆诋诘也。"（阮元《庄方耕宗伯经说序》）[1]常州学派的其他人也大抵如此。庄述祖"从事小学，治许氏书以先求识字，谓：'六书之义，转注、谐声最繁而无定说。'用《尔雅》之例，编《说文转注》；用《广韵》例，又博考三代秦汉有韵之文，编《说文谐声》。说文之学，由是遂明，而周秦之书无不可读者。乃更校《逸周书》，解《夏小正》，诗书次第皆有撰著"（支伟成《清代朴学大师列传》之七）。庄述祖身为今文经学家，对汉学考证之学不仅丝毫不排斥，且治学俨然纯正"汉学"之风。庄有可亦以"汉学"治学方法著《春秋小学》，据说因考证未精，还受到其族兄庄述祖的批评。支伟成对此曾感叹说："盖义由独创，与专尚考证、笃守家法者不同，宜乎难得解人也。"（支伟成《清代朴学大师列传》之七）刘逢禄的经学著作更是融今、古文于一体。一方面，在义理上"专主董仲舒、李育的学说，

---

[1]转引自汤志钧：《近代经学与政治》，第69页。

著《春秋公羊经传何氏释例》(《简称《公羊释例》)、《公羊何氏解诂笺》《左氏春秋考证》等书";另一方面,在治学方法上,《公羊释例》一书,应用汉学家治学的方法,有例证,有系统,有断案,在清代一切著作中也可算是出色的。所以就是章炳麟信从古文,亦推许它,说是'属辞比事,类列彰较,亦不欲苟为恢诡;其辞义温厚,能使览者说绎'"[1]。

"常州学派"以"公羊"为主但不排斥他家的治学路径,开晚清学界泯门户之见、兼采汉宋古今的较为开放的学术风气,从龚自珍、魏源至梁启超都受到其深刻影响。如龚自珍既受学于小学大家段玉裁,"平生以经说字,以字说经之始",又转向公羊学家刘逢禄问学,"而好今文,说经宗庄、刘",成为"今文学之健者"(梁启超《清代学术概论》之二十二)。他对庄存与、刘逢禄泯汉宋之别给予高度评价:"本朝自有学,非汉学……琐碎饾饤,不可谓非学,不得为汉学……汉人与汉人不同,家各一经,经各一师,孰为汉学乎……若以汉与宋为对峙,尤非大方之言。汉人何尝不谈性道……宋人何尝不谈名物训诂……本朝别有绝特之士,涵咏白文,创获于经,非汉非宋,亦惟其是而已矣,方且为门户之见者所摈。"(龚自珍《与江子屏笺》)"常州

---

[1] 周予同:《周予同经学史论著选集》(增订本),第20页。

学派"守家法又不拘于家法，带有传统学术向近代学术转型时期的过渡色彩，即开始由封建时代封闭、单一的传统学术向开放、多元的近代学术过渡。尽管这种过渡在内容上仍然局限于传统学术范围（经学）内，但由于它具有较为开明、包容的治学精神，间接启迪了近代学者超越传统学术内容、轨范而走向更广阔的学术天地——道、咸间的经世实用，同光间的融会中西的所谓"新学"以及整个近代由研治文献转向探究自然和科学的学术风气。所有这些，如果没有对汉学独尊局面的打破和兼采诸家学说学术氛围的营造，都将是不可能产生的。尽管晚清学风的蜕变由多种因素促成，但"常州学派"导夫前路，功不可没。

第二，它于"五经"之中独宗《春秋》，又于一切解经之书中独宗《公羊》，从而确立了以"春秋公羊学"为标准评判政治与学术的价值体系，对晚清学术界产生了重大影响。关于政治评判方面，我们在以下各节将专门涉及，这里仅就学术方面略作论述。

"常州学派"推崇《春秋》及"公羊"是从两个方面体现出来的：一是将《春秋》列为"五经"之首，确立其在儒家经典中的特殊地位；二是以《春秋》及"公羊"为解读其他经典的理论工具，在元典阐释学领域建立起以《春秋》为经、群经为纬的价值坐标系统。

推崇《春秋》的言论，在晚清"公羊学"学者的著作中比比皆是,从引刘逢禄和康有为的说法中即可窥一斑。刘逢禄在《春秋公羊经何氏释例叙》中说:大清之有天下百年,开献书之路,招文学之士,以表章六经为首,于是学者耻于向壁虚构,竞守汉师家法。如元和人惠栋研究《易》,歙县金榜研究《礼》,学者们莫不求知圣人,圣人之道,五经齐备,而《春秋》则是五经中最重要的经典。汉代的很多儒家经典大部分都亡失了,只有毛亨的《诗》、郑玄的《礼》、虞翻的《易》有义例可说。而拨乱反正,莫如董仲舒、何休对《春秋》大义的阐发。如果我们要了解孔子的学说旨趣及六经大义,从《春秋》即可窥全豹。"刘氏此一研究孔子之学的见解,实际上决定了常州学往后的发展方向。晚清公羊学派对孔学的了解,即是顺着这一研究方向而来。"[①]最为典型者即康有为,他在《春秋董氏学自序》中所阐述的观点与刘逢禄如出一辙,他说:孔子之道何在?在于六经;六经粲然深美,浩然繁博,但如何统一?统一于《春秋》。诗、书、礼、乐并立学官,统于《春秋》,这有根据吗?根据在孟子那里;孟子论述禹、汤、文、武、周公而及孔子,不及其他,于经典独尊《春秋》。《春秋》"三传"中又独尊《公羊传》;这有根据吗?根据在孟子那里。孟子阐发《春秋》之学,说"其事则齐桓、晋文,

---

① 何信全:《龚魏的经世思想》,载张灏等著:《近代中国思想人物论——晚清思想》,时报文化出版事业有限公司,1980,第175页。

其文则史，其义则丘取之矣"(《春秋董氏学自序》)。《左传》详文与事，是史也，于孔子之道没有太大关系，唯有《公羊》详细解读《春秋》之义。孟子论述《春秋》之学，说《春秋》是讲天子之事的书。《穀梁传》不明《春秋》王义，传孔子之道但不能阐述其真义。只有《公羊》详述素王改制之义，所以《春秋》之传在《公羊》。《春秋》文成数万，其旨数千，大义烺烺，然仅二百余字，脱略甚多，又怎能见孔子数千之大旨！又多非常异义可怪之论，想来它们不足以让人相信并流传下去吧？《春秋纬》有云："孔子曰：'乱我书者董仲舒。'"这里的"乱"字，实际上是整理、梳理和阐发的意思。太史公司马迁说汉朝之兴，源于董仲舒阐发并运用《春秋》。两汉博士，公羊家严彭祖、颜安乐都是他的后学。刘向称董仲舒为王者之佐，就是伊尹、吕尚也无与伦比，后来刘歆作伪，力攻公羊，也被称为群儒首领。朱熹通论三代人物，独推董生为醇儒，其传师说最详细精当，距离先秦也不远，然则，要学习和研究《公羊》，除了董仲舒再没有其他人了……因董仲舒以通《公羊》，因《公羊》以通《春秋》，因《春秋》以通六经，而窥孔子之道。[①]

如此推崇《春秋》，并非刘逢禄、康有为等首创。传

---

① 参见康有为：《春秋董氏学自序》，载《康有为全集》第二集，中国人民大学出版社，2007，第307页。

统今文经学家历来即视《春秋》为"诸经总龟";但晚清公羊学家们抬出《春秋》,除了对这部儒家经典进行价值重估外,其真正意图在于提高"公羊学"的学术与政治地位,并以之为锁钥对儒学元典进行全面清理与研究,从而建立起与乾嘉汉学迥然有别的服务于现实的元典阐释体系。从刘逢禄、宋翔凤到魏源、戴望,再到康有为、梁启超,几乎所有今文学家都作过以《春秋》及《公羊传》为工具重新诠释元典的尝试。刘逢禄曾著《论语述何》,"则并欲以何氏之学说《论语》。其意若谓孔门微言大义,惟何氏一家得之也"。①宋翔凤著《论语说义》,"认为:'论语说曰子夏六十四人共撰仲尼微言,以常素王。微言者,性与天道之言也。此二十篇,寻其条理,求其旨趣,而太平之治,素王之业备焉。'宋氏之意,盖在以《论语》微言与《春秋》相通,以进一步推求孔子太平之道、素王之业之全豹"。②宋氏门生戴望亦受刘逢禄、宋翔凤影响,"用《公羊》家法,演刘逢禄《论语述何》之微言"(《清史列传》卷六十九),撰《论语注》,他在序言中指出,其继承刘逢禄、宋翔凤之学,所著之书"皆隐括《春秋》及《五经》义例","尚冀发其

---

① 钱穆:《中国近三百年学术史(全两册)》,第586页。
② 何信全:《龚魏的经世思想》,载张灏等著:《近代中国思想人物论——晚清思想》,第178页。

旨趣，是正违失，以俟将来"。

魏源的重要经学著作《诗古微》《书古微》二书，也以《春秋》大义对《诗经》《尚书》作新的诠解。关于《诗》，他在《诗古微序》中就《春秋》与《诗》之关系以专门的段落予以论述说，明乎礼、乐而后可以读《雅》《颂》，明乎《春秋》而后可以读《国风》。礼、乐可用来治平防乱，《春秋》则可以拨乱返治。所以《诗》之道，必须上明于礼、乐，下明于《春秋》，如此才能使古代圣贤忧患天下来世之心不绝于天下。至于《书古微》，魏源在序中明确表示不同意段玉裁等人"今文之说皆不如古文"的说法。以今文学家眼光从辞章与义理的双重角度对《尚书》作全面研究，他自认为"得于经者凡四大端"：一曰"补亡"，二曰"正讹"，三曰"稽地"，四曰"象天"。其中"正讹"以《公羊春秋》及董仲舒之"三统说"来对典谟诸篇进行新的诠解。

这种诠释的学术价值如何倒在其次，关键是它代表与开拓了晚清学界一种新的学术走向：它一反乾嘉汉学唯古是从、唯书是信、重学术轻实用的学术价值观，而试图重新建立一套元典阐释系统，这一系统虽然也强调"复古"，但那只是一个招牌，一种策略，其真实意图则是"我注六经"。它并不注重学术的内在圆满，而一味追求元典的现实功用以及按自己的需要对其作主观、任意的改造。这种以实用主义态度诠释元典的价值取向到了清末康有为、梁启超那儿更是发展到了极致。这里暂不论康有为的《新学伪经考》和《孔子改制考》的牵强附会,他关于《礼运》的研究,把《公羊》"三世"说同《礼运》"大同""小康"说相杂糅,其主观臆断之处亦十分明显。又如梁启超《读〈孟子〉界说》秉承师说,以《春秋》解读《孟子》,通篇在发挥《孟子》所谓"大同"之义。很明显,康、梁等人并不如乾嘉汉学家们一样谨守家法,而是在借经典构架自己的思想体系。同样,对他们及其著作的历史定位应在思想史而非学术史上。晚清今文经学一派学术流变至此,是其创始者庄存与、刘逢禄所始料不及的。但既然以《春秋》《公羊》为宗去推寻元典的"微言大义",其学术思潮几经变迁而"终至于道",则是势所必需,势所必然。

第三,它打破了乾嘉汉学远离现实的"为考据而考据"的学风,恢复了儒家"经世"之传统,开晚清学界"借经术以文饰其政论""经世实学"思潮的先河。如前所述,庄存与研治《春秋》,实为了迎合乾隆帝,目的在于维持"大一统"专制皇权,与时贤的纯粹考据之学已分端倪。龚自珍对此深表赞扬:"学足以开天下,自韬污受不学之名,为有所权缓亟轻重,以求其实之阴济于天下,其泽将不惟十世;以学术自任,开天下知古今之故,百年一人而已矣。"(龚自珍《资政大夫礼部侍郎武进庄公神道碑铭》)刘逢禄诠解何氏学说,不仅高悬义理,倡言经世,而且在礼部亲自实践,以《春秋》断事决狱。"在部十有二载,凡有大疑,辄援古事据经义以决之,非徒簿书期会如胥吏所职而已。当仁宗升遐,居署治大丧档案,自始事以迄奉安山陵,典章备具。其后承修官书,遂全用其稿。余如辨安徽某州民两娶,不得援慈母如母例;驳通礼馆改适孙祖在为祖母服期为服斩;议武进张氏女为姑殴杀,应论抵。皆卓卓表见,所谓通经而能致诸实用者也"(支伟成《清代朴学大师列传》之七),俨然有董仲舒之遗风。"常州学派"另一位学者恽敬还专著《三代因革论》,通过批评"汉学"而提出研治经学"察凡庶""赴时势"的主张。

"常州学派"恢复"公羊学"的经世传统,使经学作为"议政之具",对晚清政治与学术影响甚巨。不仅龚自珍、魏源直接承传,成为"代表这种精神的人",就是康有为,也不能不说与之有渊源关系。梁启超以为"那时候新思想的急先锋,是我亲受业的先生康南海。他是从'常州派经学'出身,而以'经世致用'为标帜"(梁启超《中国近三百年学术史》之四),这是最具权威的说明。"经世实学""倡言变革"既是今文经学,尤其是"公羊学"的核心,亦是清季学术思潮的主流。从龚、魏到康、梁,晚清"公羊学"演化的结果是从学者书斋走向议政殿堂,成为近代中国历史性变革的重要理论依据之一。它远远超出了学术范围,需要我们在余下的两节中专门论列,娓娓道出。

2."以经术为治术":道、咸之际的经世思潮

嘉庆、道光时期"常州学派"倡导的复兴"春秋公羊学"的今文经学运动,到道光、咸丰之际发生重大变化。如果说,庄存与、刘逢禄的"经世"意识还只是通过对《公羊春秋》的抉幽阐微而迂回曲折地表现出来的话,那么,龚自珍、魏源等人则直接倡言"以经术为治术",将今文经学运动由学术范畴牵引到政治变革领域,使之在更广大的范围内对晚清社会产生了深刻的影响。

对此,近人及时贤都有相当精到的论述,如钱穆在《中国近三百年学术史》中说道:常州之学,起于庄存与、立于刘逢禄和宋翔凤,而变革于龚自珍、魏源,而论到常州学派的精神,则必以龚自珍为眉目。这是为什么呢?常州派论学,既主张阐发微言大义,而通于天道、人事,则其落脚点必然要转向论政治世,否则何谈专门研治《春秋》?何论专门看重《公羊》?又何谈与章句训诂考索之学相区别?所以谈常州的精神,其终极目的必趋于轻古经而重时政,这就是我说的以龚自珍为常州学之眉目的理由所在。①

---

① 参见钱穆:《中国近三百年学术史(全两册)》,第590–591页。

钱氏上述论言，从"春秋公羊学"的根本旨趣溯源，充分肯定了龚自珍在清中叶至晚清学术之"变"中所起到的关键作用。"常州学派"演迁的结果，必然是归于轻古经而重时政一途。晚清学术"重政轻学"自龚、魏始。

另一位时贤齐思和在《魏源与晚清学风》中对今文经学运动的这种"政治性"及流衍态势更有明确表述：

> 平心论之，晚清今文运动，本为一政治运动。清代考证训诂之学，至乾隆之时，已臻于纯学术的阶段。虽名曰汉学，而其精诣所至，实已远超过汉儒。而至道、咸之时，世变日亟，忧国之士，慨国事之日非，愤所学之无用，遂提倡经世之学，欲改变学术界之风气，不得不对当时正统学派作猛烈的攻击，又不得不抬出西汉儒学，以明其所言之有本。夫将有所立，必有所破。当其攻击当时正统学派时，不免偏激武断，粗犷狂悍，盖不如此不能耸人之听闻，引人之注意，矫枉必过正，势则然也。自魏源以后，今文学家又分两派。一为经生派，如陈乔枞之辑《三家诗》，精审远出魏源上。陈立之疏《公羊礼》，疏《白虎通》，纯以乾、嘉诸老之方法，明西京诸儒之微言。而皮锡瑞实事求是，不尚武断，尤集清代今文学之大成。此派学者，其工作之细密，态度之矜慎，绝不在乾、嘉诸老之下，确能

发扬绝学,张皇幽渺。此一派也。一为政论派,如康、廖、梁、谭,其提倡今文之宗旨,在于倡导维新变法。盖至咸、同以后,累败之余,国势益危,有识之士,知非变法不足以救亡,非维新不足以图存。而顽固愚昧者流,犹挟其"祖宗之法""圣人之道"以抵制之。《公羊》三世三统之说,质文改制之论,适足为变法之论据。遂以孔子为教主,为变法大家。孔子以前之历史,尽属寓言,孔经之宗旨,皆在改制(即变法)。其说华辨而不穷,浩瀚而无际,荒渺不可得而原也。此等思想,当时风靡一世,在政治上发生极大的作用,而其学术上之价值盖微。盖其经术,实政论也。至今其政治运动既已完成其使命,而其经学著作,亦如其政治运动之成为历史上的陈迹,过去的史料而已。

笔者以为,龚自珍、魏源是介于经生派与政论派之间但偏重于政论派一类的学人,也即是晚清学术从乾嘉"汉学"到同光"新学"转折过程中的过渡性人物。对于学术的功用以及儒者所应具有的"治世""经世"意识,龚、魏本人已表现出相当的历史自觉。魏源主张学术应该反求之于古代,"三代以上,君师道一而礼乐为治法;三代以下,君师道二而礼乐为虚文"(魏源《默觚上·学篇九》)。他推崇三代以上君师道一而礼乐为治法的体制,自对后世治经之儒与明道之儒、政事之儒"泮然三途"的现象颇为不满,尤其着力抨击"以诂训音声蔽小学,以名物器服蔽《三礼》,以象数蔽《易》,以鸟兽草木蔽《诗》"之"因小而遗其大"的学术倾向,指责其"无一言益己,无一事可验诸治"。他以为学术的目的应该是道形合一,通经致用,"以经术为治术",使治经真正能发挥出益己(道德)和益世(治世)的双重效用。

从这种对学术功用、目的的理解出发,龚自珍、魏源等道、咸时期的学术风格与治学路径既迥异于乾嘉诸老,也不同于初期的"常州学派"诸公。龚自珍虽然早年从其外祖父学《说文》,"平生以经说字,以字说经之始",但其志及所好并不在"纯考据"的"朴学",魏源说他"于经通《公羊春秋》,于史长西北舆地。其文以六书小学为入门,以周、秦诸子吉金乐石为崖郭,以朝章国故世情民隐为质干。晚犹好西方之书,自谓造深微云"(魏源《定盦文录叙》)。他虽然在经学、史学方面有一些著述,但其学术性显然不及乾嘉学人,甚至较刘逢禄、庄有可也有所不及,而政论文字却气势恢宏,卓见迭出,因此,时贤与后学对他的评价往往政论高于学术著作。典型者如梁启超的评价:"段玉裁外孙龚自珍,既受训诂学于段,而好今文,说经宗庄、刘。自珍性䛭宕,不检细行,颇似法之卢骚;喜为要眇之思,其文辞俶诡连犿,当时之人弗善也。而自珍益以此自憙,往往引《公羊》义讥切时政,诋排专制;晚岁亦耽佛学,好谈名理。综自珍所学,病在不深入,所有思想,仅引其绪而止,又为瑰丽之辞所掩,意不豁达。虽然,晚清思想之解放,自珍确与有功焉。光绪间所谓新学家者,大率人人皆经过崇拜龚氏之一时期。初读《定庵文集》,若受电然,稍进乃厌其浅薄。然今文学派之开拓,实自龚氏。"(梁启超《清代学术概论》之二十二)龚自珍的"不深入""浅薄""不豁达",固然有其性格要素的作用,但这也许正是今文学家尤其是公羊学家的一种治学风格和学术性格。由于它意在借经术讥评时政,救世经世,因此没有兴趣也没有必要去作深入细致的纯学术的研讨。龚自珍在《古史钩沉论三》一文中曾表达过这种意思。他认为像前人与时贤一样作些纯考证的学问,不是不能为而是不足为,因为"引书变为徒书之际""所革者功不大",于世无补。要做的事应该是"以书证书"以外的经世事业。同样的情形亦反映在魏源身上。魏源在学术领域,无论是其著作的广度、深度还是数量都较龚氏为多,仅经学而言,他的《书古微》《诗古微》都是极重要的著作。但是,魏源治经,不仅与乾嘉学派重家法、信从古人经传不同,也与庄、刘信奉某一家传注不一样,而是摆脱传注,直接从经书里面探求,实际上是自我发挥"微言大义"。这显然不是"以书证书""述而不作"的正统的治学方法,因此受到指责是理所当然的。如章太炎就以乾嘉治学方法从根本上否定二书的学术价值："乃思治今文为名高,然素不知师法略例,又不识字,作《诗书古微》,凡《诗》今文有齐、鲁、韩,《书》今文有欧阳、大小夏侯,故不一致,而齐、鲁、大小夏侯尤相攻击为仇雠,源一切混合之,所不能通,即归之古文,尤乱越无条理。"(章太炎《訄书》)"魏源不得附常州学派,如说《诗》多出三家之外(以《小雅》'念彼共人'为厉王既放,共和摄位时作)。说《书》不能守欧阳、夏侯(以黄道周三易洞玑说《洪范》),杂糅瞀乱,直是不古不今非汉非宋之学也。"(《章太炎先生论订书》,见支伟成《清代朴学大师列传》)章氏的讥评,如果单从学术角度来看也许不无可取之处,但门户偏见也是显而易见的。章氏是有名的晚清古文经学大师,站在乾嘉朴学所谓"正统派"立场来进行估量,龚、魏之学自然是有别于主流学术之外的旁枝别系。"惟自来言清代学术者,皆以汉学为主流,薄视经世派,以为肤浅。于顾、戴诸儒,推崇备至,至今顾、戴之名,已如日丽中天。而于魏氏则或厕诸刘、龚之间,或附见于文苑之末,皆以文士或章句之儒视之。"(齐思和《魏源与晚清学风》)

不可否认,处于转折与过渡时期的龚、魏学术确乎有粗浅、浮躁的倾向,但借此完全否定其在清代学术思想上的价值则有违历史真实。事实上,在学与用的关系上,龚、魏是有较为清醒的认识的。龚自珍提出，"一代之治，即一代之学也；一代之学，皆一代王者开之也"，表明他对建立适应于晚清社会变革的"一代之学"有相当的自觉意识。龚、魏本儒家传统，主张道、学、治合一："王、若宰、若大夫、若民相与以有成者，谓之治，谓之道。若士、若师儒法则先王、先冢宰之书以相讲究者，谓之学。师儒所谓学有载之文者，亦谓之书。是道也，是学也，是治也，则一而已矣。"（龚自珍《乙丙之际箸议第六》）魏源更明确地指出由诂训声音以进于东京典章制度，由典章制度以进于西汉微言大义，"贯经术、政事、文章于一"（魏源《刘礼部遗书序》）。这已相当明确地表明龚、魏对学术本身的重视，但这种重视又与乾嘉的"为考据而考据"的纯学术是有区别的。一是重学的目的是经世，并不是为学而学。"人臣欲以其言裨于时，必先以其学考诸古。不研乎经，不知经术之为本源也；不讨乎史，不知史事之为鉴也。不通乎当世之务，不知经、史施于今日之孰缓、孰亟、孰可行、孰不可行也。"（龚自珍《对策》）识史是为了今鉴，通经更是为了"当时之务"，目的与立足点是"今"而不是古，是活生生的现实世界而不是僵化的经学教条。

二是承袭庄存与"求微言大义于语言文字之外"的遗绪，在治经过程中"展布有次第，取舍有异同，则不必泥乎经、史"（龚自珍《对策》）。或不问家法，不讲师承，旁征博采，不主一家；或者怀疑经传，直陈其错讹之处。这两方面在龚、魏著作中都有表现，也是"常州学派"乃至后来康、梁普遍具有的治学风格。如龚自珍作《春秋决事比》，"凡建五始，张三世，存三统，异内外，当兴王，及别月日时，区名字氏，纯用公羊氏；求事实，间采左氏；求杂论断，间采穀梁氏，下采汉师，总得一百二十事。独喜效董氏例，张后世事以设问之。以为后世之事，出《春秋》外万万，《春秋》不得而尽知之也；《春秋》所已具，则真如是"（龚自珍《春秋决事比自序》）。魏源著《诗古微》，亦不讲家法，"以《周礼》《左传》解经证《诗》，自后来今文家视之，未免取证过滥，变乱家法。且魏氏常用宋人之说以驳毛，在旧经学家视之，亦难免变乱家法之讥"（齐思和《魏源与晚清学风》）。这里完全打乱今、古文界限，可以说是逾制越矩，章法大乱。他们不仅怀疑古文经典，而且对于今文经学大师，龚、魏也敢于怀疑，指陈不是。如龚自珍就在《春秋决事比》中，指出《公羊传》及何邵公解注《公羊传》之错误："公羊氏失辞者二，失事实亦二；何休大失辞者一。庆父弑二君，罪百于牙，鸩牙也是，则逸庆父也非；逸庆父是，则鸩牙也非。二者安所据？赵盾匿穿，何以书弑？二者安所别？周公诛管、蔡，季友得匿庆父，二者安所正？一以为道，一以为律，皆异吾所闻。"（龚自珍《春秋决事比》）由这两点我们可以看出，龚、魏所倡导的"经世派"正试图建立一种不仅有别于乾嘉而且有别于整个传统学术的近代学术价值体系:强调经世和注重创新。它并不是完全摒弃学术本身的内在圆满和承继延续,而是要把学术从远离现实以及"家法""师承"的束缚,"以书证书""唯古是信""述而不作"等方法、观念体系中解放出来,并将学与用即"学"与"术"——学理与应用有机结合(主观愿望如此,实际运作效果如何另当别论)。这就是龚、魏孜孜以求的"贯经术、政事、文章于一"的所谓道形合一的学术至高境界。

正是在这种"通经致用"的学术价值观和"道形合一"论的学术境界的指导与驱动下,龚自珍、魏源从两个方面着手对"公羊学"进行了改造和利用:一是利用"公羊"原本就有的"经世"思想资源,大力倡导"以经术为治术",开晚清"经世实学"的学风;二是发挥"公羊""通三统""张三世"的"大义",鼓吹变易与改革,启动了清季变法维新浪潮的第一道闸门。

第一,"通经致用"的经世实学。

龚自珍、魏源在利用《春秋公羊传》倡导经世实学时,首先做的工作便是对乾嘉汉学大加挞伐,以便为新学风的建设廓清道路。

龚自珍从正本清源的角度,指责乾嘉考据学违背了汉学的真精神,是"非汉学"。他在读江藩《国朝汉学师承记》

后，在给江藩的复信中对汉学、宋学及清初与乾嘉学术进行了系统的辨析，他推崇清初经世致用之学，抨击乾嘉学术是"琐碎饾饤，不可谓非学，不得为汉学"。对嘉、道之际的公羊学，更是赞誉有加："本朝别有绝特之士，涵咏白文，创获于经，非汉非宋，亦惟其是而已矣。"(《与江子屏笺》)这里，龚自珍通过对汉学、宋学特征的把握，对清初与清中叶学术的比较及对乾隆后期"常州之学"的高度评价等，对乾嘉学术的种种弊端进行抨击，得出专事于训诂考据的乾嘉学术是"非汉学"的结论，隐含了只有"经世致用"才是儒家学术真谛的深刻内涵。

乾嘉学术既然对于汉学只是传其小而遗其大，其根本属性是与儒学对学术文化的要求背道而驰的，因此，龚自珍对此作了更深一层的剖析，他认为，"孔门之道，尊德性、道问学，二大端而已矣"。但到乾隆年间，学者不讲"尊德性"之学，而是专心于考据训诂的"道问学"，"圣人之道，有制度名物以为之表，有穷理尽性以为之里，有诂训实事以为之迹，有知来藏往以为之神，谓学尽于是，是圣人有博无约，有文章而无性与天道也"(龚自珍《江子屏所箸书序》)。龚自珍的上述议论，对乾嘉学术的弊端认识是相当深刻的，从某种程度上可说是击中了要害。它片面地将"道问学"发展到极致，但对"尊德性"却完全遗弃不用。龚自珍认为，儒学对学术文化的要求虽然主张道问学与尊德性并重，但尊德性显然是第一位的。乾嘉学术的这种片面性，显然与儒学传统是背道而驰的。正是由于其与儒学传统的根本背离，才出现此一时代学术"有文无质""有博无约""有文章而无性与天道"的种种弊病。龚自珍的这种批评，实际上已接近后人指出的徒考据而无批判的认识水平，只不过他是从儒家本身的学术传统立论的。

较之龚自珍的含蓄和隐晦，魏源的笔法则更为直露，在评论乾嘉学术时，主要从现实需要的角度直陈其"无用"：自明代以来，学者之间的争论在朱熹和陆九渊之间，自本朝以来，学术之争在汉学与宋学，但如今治汉学的学者，"以诂经为生安之学，而以践履为困勉之学"（魏源《论语孟子类编序》），尤其是自乾隆中叶后，海内汉学勃兴，而大江南北尤盛。"苏州惠氏、江氏，常州臧氏、孙氏，嘉定钱氏，金坛段氏，高邮王氏，徽州戴氏、程氏，争治诂训音声，瓜剖鈲析，视国初昆山、常熟二顾及四明黄南雷、万季野、全谢山诸公，即皆摈为史学非经学，或谓宋学非汉学"。这种学风禁锢了天下聪明智慧，使学问尽出于无用之一途。（魏源《武进李申耆先生传》）

魏源在对清代中叶以前的学术作回顾和概括时，充分肯定清初学术经世致用的积极意义，而对乾隆中叶后的所谓"汉学"进行了无情的批判。他所指责的"专务记丑，屏斥躬行""锢天下聪明知慧使尽出于无用之一途"不可谓不尖刻，而问题的要害更在于，乾嘉学者在对儒家学术传统的认知上发生了重大偏差，把诂经当作士子安身立命之学，反将践履经世看成困勉之学。这同龚自珍从儒学本原上否认乾嘉学术的合理性如出一辙，因此，它实际上直接指出了这种与世无涉、于事无补的学问根本就不是孔学所要求的"学问"。魏源还指出：一些善于附庸风雅的文人骚客，以谈农桑为粗鄙和世俗，而不知道世俗流行之学误人害人更甚于平庸无为的官吏；他们依托玄虚的理论，以政事为粗俗之才，而不知道迂腐学说也和异端邪说一样无用。他们认为关于农商之事的研究都不是学问，那堆砌辞藻的浮华之学就可以成为高雅的学问吗？既然佛教道教之学不可以治天下国家，那迂腐的心性之学就可以治天下吗？他直斥朴学为"俗学"，乾嘉诸老为"腐儒"，其所津津乐道的学术是"浮藻饾饤"，这种学问不仅不能治天下，而且对于孔孟圣学来说"亦同于异端"。由此可见，魏源是把"经世"作为儒学的主旨来认识的，与此相违背的一切学术，无论是琐碎饾饤的汉学也好，心性迂谈的宋学也好，玄虚之理的释老也罢，都是不值一谈的"俗学"。

龚自珍、魏源在猛烈抨击乾嘉汉学琐碎无用的同时，对这种学术风气形成的原因也作了不同程度的探讨。龚自珍指出导致士大夫讳言时事、埋头故纸堆的根本原因是朝廷纠虔威逼的结果。"本朝纠虔士大夫甚密，纠民甚疏，视前代矫枉而过其正"(龚自珍《江南生橐笔集序》)。康、雍、乾诸帝大兴文字狱,严格限制和制止士大夫们议论朝政,有胆大妄为者无不落下流放或赐死的悲惨结局,这在龚氏的《太仓王中堂奏疏书后》和《杭大宗逸事状》等文中都有生动细致的描述。"金粉东南十五州,万重恩怨属名流。牢盆狎客操全算,团扇才人踞上游。避席畏闻文字狱,著书都为稻粱谋。田横五百人安在,难道归来尽列侯?"(龚自珍《咏史》)在清政府刻意营造的高压恐怖的环境之中,士大夫们只有向故纸堆中去讨生活,除此之外便无路可走。一个"畏"字,逼真地展现了乾嘉学人的真实心态!在龚自珍看来,乾嘉士大夫这种畏怯卑琐的人格既是高压政治威逼的结果,同时,士大夫本身缺乏刚健人格、浩然之气亦是重要原因。"士皆知有耻,则国家永无耻矣;士不知耻,为国之大耻。历览近代之士,自其敷奏之日,始进之年,而耻已存者寡矣……作书、赋诗者,稍读书,莫知大义,以为苟安其位一日,则一日荣;疾病归田里,又以科名长其子孙,志愿毕矣。且愿其子孙世世以退缩为老成,国事我家何知焉?"(龚自珍《明良论二》)魏源也对这些士大夫有同样的估价,他把这些人归于"鄙夫"一类:"虽当全盛之世,有愿治之君,而鄙夫胸中,除富贵而外不知国计民生为何事,除私党而外不知人材为何物;所陈诸上者,无非肤琐不急之谈,粉饰润色之事;以宴安鸩毒为培元气，以养痈贻患为守旧章，以缄默固宠为保明哲，人主被其熏陶渐摩，亦潜化于痿痹不仁而莫之觉。岂知久之又久，无职不旷，无事不蛊，其害且在强藩、女祸、外戚、宦寺、权奸之上；其人则方托老成文学，光辅升平，攻之无可攻，刺之无可刺，使天下阴受其害而己不与其责焉。古之庸医杀人；今之庸医，不能生人，亦不敢杀人，不问寒、热、虚、实、内伤、外感，概予温补和解之剂，致人于不生不死之间，而病日深日痼。故鄙夫之害治也，犹乡愿之害德也，圣人不恶小人而恶鄙夫乡愿,岂不深哉！"（魏源《默觚下·治篇十一》）魏源所说的"鄙夫"，当然不完全是指乾嘉学派，但从字里行间可以看出，他显然也连带地批判了乾嘉学人对国家大事的漠不关心，而满足于"肤琐不急之谈"。由于"鄙夫"们的种种丑行，既助桀为虐，客观上强化了封建朝廷的专制统治，同时更使"天下阴受其害"，其对社会的危害远甚于暴君、强藩与权奸。龚自珍、魏源正是从朝廷与士大夫两大侧面分析了"为考据而考据"的乾嘉"俗学"形成的原因，虽然不一定全面，但仍然不失深刻。

龚自珍、魏源在对清代学风不遗余力地"破"的同时，更身体力行地去"立"，他们毕生都在致力于建立利国利民的"经世实学"。从"春秋公羊学"和道、咸之际"经世实学"的关系来看，龚、魏的学术实践主要有如下两大特点：

其一，在传统的经学、史学等学术领域，龚自珍、魏源以"公羊学"为武器，对其进行改造和阐释，赋予其强烈的时代现实意义，使"古书顿带活气"。如前所述，与"常州学派"有师承关系的龚自珍、魏源对于善于阐扬经书"微言大义"的"公羊学"及董仲舒的《春秋繁露》格外推崇，情有独钟，在他们对经书的研究中，将董仲舒的议论方式和基本精神贯串始终。魏源"治经好求微言大义，由董子书以信《公羊春秋》，由《春秋》以信西汉今文家法"（魏源《诗古微序》）。他以公羊解读《诗》《书》，著《诗古微》《书古微》。龚自珍论五经大义，更是通篇贯串公羊的"三世说"："问：三世之法谁法也？答：三世、非徒《春秋》法也。"（龚自珍《五经大义终始答问一》）他认为无论《尚书·洪范》，还是《诗·公刘》，乃至《礼运》之文，都可以用《春秋》"三世"说予以诠释。龚氏这种解读元典的方法，可以说是"求微言大义于语言文字之外"的一个范本。他根据一个既定的理论模式，完全按照自己的主观理解去阐释元典的意旨，这在字字皆有证据的乾嘉诸老看来，显然是妄断臆测、不合轨范的。与乾嘉学派"为经学而治经学"不同，龚、魏治经学的目的完全是为了现实的功用。龚自珍以"三世说"解五经大义，其目的是"神以知来，知以藏往"（龚自珍《五经大义终始论》）。他认为《春秋》"十八九为人伦之变而作"(龚自珍《春秋决事比答问第五》),因此作《春秋决事比答问》,"独喜效董氏例,张后世事以设问之",以为当代治世提供殷鉴。魏源治《诗》《书》的目的也是为了有用于当世,他在《诗古微序》中明确表示:"礼、乐者,治平防乱,自质而之文;《春秋》者,拨乱返治,由文而返质。故《诗》之道,必上明乎礼、乐,下明乎《春秋》,而后古圣忧患天下来世之心,不绝于天下。"(魏源《诗古微序》)在他所作的《小学古经叙》《大学古本叙》《孝经集传序》《曾子章句序》《子思子章句序》《论语孟子类编序》《孟子小记》《两汉经师今古文家法考叙》等一系列论文中,无处不贯穿着这种"通经之用"的思想。他论"小学",反对近儒"以小学蔽先王造士之法,以六书蔽小学养正之功,形声诂训,童而究之,白首莫殚"的琐碎饾饤、皓首穷经的倾向,而主张发挥其教化功能,"孩提知爱,稍长知敬,赤子之心,大人之性。山下出泉,性清而静,是谓圣功;蒙以养正,是谓教本"(魏源《小学古经叙》)。他在《子思子章句序》中明白无误地指出元典本身所具有的"经世之法":"盖《易》《论语》明成德归,《诗》《书》《礼》《春秋》备经世法,故《坊记》以《春秋》律《礼》,《缁衣》以《诗》《书》明治,体用显微,同源共贯,于道之大而能博者,其亦具体而微矣。"

既然元典本身已备"经世之法",魏源便直截了当地提出后世学者治经的目的便是直取经义，从先圣那里袭取有益于治世的东西。"然则后世学圣人者宜如之何？曰：自以学《孟子》为易简直捷而适于用，学《曾子》为笃实严密而切于体，于圣门为好仁、恶不仁之分，虽万世无弊可也。"（魏源《论语孟子类编序》）通过阐发元典本身所具有的"微言大义"和"经世之法"，进而提出研治元典的目的就是直探经义，使之成为有裨于现实的议政之具。龚、魏正是循着这样一条逻辑顺序，来建立传统学术（经学）阐释体系的。

其二，拓展新的学术领域，在边疆舆地、本朝掌故以及农事河工等方面建树卓著。"自珍、源皆好作经济谈，而最注意边事。"（梁启超《清代学术概论》之二十二）龚自珍于所有学科之中，最重"天地东西南北之学"，他的《西域置行省议》是他自认的最为得意之作，"五十年中言定验，苍茫六合此微官"（龚自珍《己亥杂诗》），主张在新疆设省以及在西北边陲"议迁议设，撤屯编户，尽地力以剂中国之民"（龚自珍《上镇守吐鲁番领队大臣宝公书》）。后来，这一预言果然应验，故李鸿章对龚大加赞扬："古今雄伟非常之端，往往创于书生忧患之所得。龚氏自珍议西域置行省于道光朝，而卒大设于今日。"（李鸿章《黑龙江述略序》）魏源在撰写本朝掌故和介绍西方史地故实方面更有开拓之功，他的《圣武记》详记清初至清中叶的用兵情形，开晚清当代史研究的先河;其《海国图志》是继林则徐《四洲志》之后最详尽的一部全面介绍世界形势的"百科全书"。魏源的这两部著作有鲜明的"经世"意识,其著《圣武记》实有感于道光时清朝兵败于"英夷"之手:"荆楚以南,有积感之民焉……晚侨江、淮,海警飙忽,军问沓至,忾然触其中之所积,乃尽发其椟藏,排比经纬,驰骋往复,先取其涉兵事及所论议若干篇,为十有四卷,统四十余万言,告成于海夷就款江宁之月。"其目的在于通过回顾清朝盛时的武功,激励国人再扬国威,奋起抵抗英国侵略者:"《记》曰:'物耻足以振之,国耻足以兴之。'故昔帝王处蒙业久安之世,当涣汗大号之日,必虩然以军令饬天下之心,皇然以军食延天下之人材。人材进则军政修,人心肃则国威遒,一喜四海春,一怒四海秋。五官强,五兵昌,禁止令行,四夷来王,是之谓战胜于庙堂。是以后圣师前圣,后王师前王,师前圣前王,莫近于我烈祖神宗矣。"(魏源《圣武记叙》)而《海国图志》则更是本着"欲制夷患,必筹夷情"(魏源《筹海篇四》)的宗旨而作的。他在《海国图志叙》中明确指出其与往昔"海图之书"的区别所在:"《海国图志》六十卷,何所据?一据前两广总督林尚书所译西夷之《四洲志》,再据历代史志及明以来岛志及近日夷图、夷语。钩稽贯串,创榛辟莽,前驱先路……何以异于昔人海图之书?曰:彼皆以中土人谭西洋,此则以西洋人谭西洋也。是书何以作？曰：为以夷攻夷而作，为师夷长技以制夷而作。"（魏源《海国图志叙》）魏源还曾协助贺长龄编纂《皇朝经世文编》，这更是一本以经世为旨趣的著作："书各有旨归，道存乎实用。志在措正施行，何取纡途广径？既经世以表全编，则学术乃其纲领。"（魏源《皇朝经世文编五例》）全书文章取舍，全以是否有益于当代时务为标准："凡高之过深微，卑之溺糟粕者，皆所勿取矣。时务莫切于当代，万事莫备于六官，而朝廷为出治之原，君相乃群职之总，先之《治体》一门，用以纲维庶政，凡古而不宜，或泛而罕切者，皆所勿取矣。"（魏源《皇朝经世文编五例》）在这种"时务莫切于当代"的思想的指导下，龚、魏不仅在理论上提出了"通经致用"的学术主张，而且身体力行，对于当时农业、河工、盐法、漕运等切关国计民生的诸大政都屡有建言，提出了一系列很有见地的意见。如龚自珍所作《农宗》，对土地兼并、贫富不均、流民问题严重等社会问题提出了具体建议。河工、漕运、盐法被包世臣称为清朝的"三大政"。对这三大政，魏源都有创见。在盐政方面，魏源协助两江总督实行改革，推行票盐制，收效显著；漕运方面，则力主"海运可行"，被清廷采纳。道光六年实行海运，漕粮每石运费不到一两，而以往运抵京师的漕粮公私费用每石高达十八两之多；关于治河，魏源著《筹河篇》，对黄河的治理提出了具体意见，其中尤为可贵的是,他提出黄河入海口终将由黄海入口改道到渤海入口,这一预测在咸丰五年(1855年)被言中,显示出魏源广博的科学、地理知识和对黄河现状的细致、全面、深刻的了解。

这里值得一提的是龚自珍、魏源的上述"经世实学"与"春秋公羊学"之间的关系。笔者以为,这种联系主要有两个方面:一是"春秋公羊学"的经世思想从总的原则、思想方法等方面给龚、魏以指导,使他们在学术路径上摆脱乾嘉学派"为学术而学术"的路向而注目于当下,这在前面已有详细论述,此不赘述;二是在具体的学术研究中,龚、魏引入了"春秋公羊学"的观点和思维方法,尤其是将学术研究与社会问题的探讨结合起来,使学术不仅仅局限于经典本身,而走向广阔的现实世界。龚自珍论边疆史地,尤其是新疆设省等,既援引了公羊学理论,又结合了当时的实际形势"切身体察,参考载籍,延伸发挥的。他的立论,援用了《公羊》'大一统'之旨,却又把新的因素加到'大一统'里去"。[①]魏源著作《圣武记》《海国图志》对《春秋》"大一统"和"详内略外"等"大义"多有征引发挥,如《道光洋艘征抚记》数次征引《春秋》"详内略外"之义,阐明通

---

① 汤志钧:《近代经学与政治》,第102-103页。

过"自修自强"以抵抗外敌入侵的道理,他说:一方面,《春秋》主张治国安邦,详内略外,近代中国遭到外国殖民者的入侵,主要原因在于闭关自守,不谙世界大势。而且以中国固有法律和习惯处理国际关系,必然酿成鸦片泛滥,甚至被武力入侵的大祸。另一方面,《春秋》不仅主张治国详内略外,而且苛责贤良之士甚至于问责平庸无为之辈。对于对外贸易,智者和庸人的观点是不一样的。智者认为不中断对外贸易是为了"自修自强",而庸人只是为了平息英国殖民者入侵之祸,他们以为"英人所志不过通商,通商必不生衅"。这样一比较,智者和庸人就高下立判了。

在龚、魏的经世文章中,《春秋》微言大义信手拈来,随处可见。引古以筹今,虽是古人一以贯之的思维方式,龚、魏亦不能例外,但在这里却是别具意味的。一方面,它通过对经义作新的诠解,使其紧贴现实,使古老的元典又活起来了,真正做到了常用常新:"大一统"与捍卫疆域完整、"用夏变夷""以夷变夏"的观念经改造后演变为"师夷长技以制夷",成为晚清社会普遍接受的新的民族观、爱国观;另一方面,元典作为"经世之学"的理论基石,使这一近代崛起的"新学"既有深沉厚重的传统学术文化渊源,又因为其披着古圣先王的外衣而具有了更多的合理性,使更广泛的社会阶层能理解它、接受它,从而真正发挥了经世治世的目的。

第二，讥切时政，倡言改革。

利用《公羊》作"议政工具"来讥评时政，是龚自珍、魏源所倡导的道、咸"经世实学"的一个重要特色。梁启超说，龚自珍"往往引《公羊》义讥切时政，诋排专制"；"龚魏之时，清政既渐陵夷衰微矣。举国方沉酣太平，而彼辈若不胜其忧危，恒相与指天画地，规天下大计"（梁启超《清代学术概论》之二十二）。他们根据"公羊"的"通三统""张三世"学说，大胆议论时政，倡言改革，开近代中国政治革新的先声。

在龚自珍和魏源的著作里，屡屡提及"公羊"的"通三统""张三世"学说，并多有发挥。龚、魏认为，"三统""三世"说是《春秋》以及《公羊》思想的核心，是其异于其他经传的所在。龚自珍谓："观其制作曰：成矣！求之《春秋》，则是存三统、内夷狄、讥二名之世欤？三统已存，四夷已进，讥仅二名，大瑞将致，则和乐可兴，而太平之祭作也。"（龚自珍《五经大义终始论》）魏源著《公羊春秋论》，其下篇专论公羊"三统""三世"之说，将其作为"公羊""穀梁"分野的主要标志之一。他还直探"公羊"的本义，指出"三统""三世"并非是何休《解诂》所特发明，而是"公羊"本来就具有的原义。不仅如此，魏源在《董子春秋发微序》中，还指出在发挥公羊"三统""三世"

微言大义方面，何邵公实不及董仲舒，因"何氏注但依胡母生《条例》，于董生无一言及"。董仲舒于"通三统""张三世"之"微言大义"最为重视，发挥极详，其认为他的《春秋繁露》首篇即列《春秋》三科九旨为全书之首。至于其"三代改制质文"，上下古今，将五德、五行贯穿于"三统"之中，可以说是穷尽天道与人事的绝学。

龚、魏对《春秋》《公羊》及董、何"三统""三世"之义的探求，并非出于纯学术的目的，而是为自己的变革理论寻找传统依据。龚、魏认为"三统""三世"的核心是"变易"。"古之王者存三统，国有大疑，匪一祖是师，于夏于商，是参是谋。"（龚自珍《古史钩沉论二》）"王者正朔用三代，乐备六代，礼备四代，书体载籍备百代，夫是以宾宾……古者开国之年，异姓未附，据乱而作，故外臣之未可以共天位也，在人主则不暇，在宾则当避疑忌。是故箕子朝授武王书，而夕投袂于东海之外；易世而升平矣，又易世而太平矣，宾且进而与人主之骨肉齿……礼乐三而迁，文质再而复，百工之官，不待易世而修明，微夫储而抱之者乎！则弊何以救？废何以修？穷何以革？《易》曰：'穷则变，变则通，通则久。'恃前古之礼乐道艺在也。"（龚自珍《古史钩沉论四》）龚自珍推崇欣赏古代的"宾宾"，隐含着以"宾"自任，希望清朝统治者"尊宾""宾宾"，以获得进入政治舞台的机会，借助《春秋》"三统""三世"的变易理论，承当起纠弊补偏、革新朝政的大任。

受"三统""三世"说的影响，龚、魏的历史观带有明显的进化变易色彩。"公羊""三世说"认为世道由据乱进到升平，由升平进到太平，是一个循环往复、日进无疆的进化过程。龚自珍指出："万物之数括于三：初异中，中异终，终不异初。一匏三变，一枣三变，一枣核亦三变……万物一而立，再而反，三而如初。"（龚自珍《壬癸之际胎观第五》）魏源亦认为，"气化递嬗，如寒暑然。太古之不能不唐、虞、三代，唐、虞、三代之不能不后世，一家高曾祖父，子姓有不能同，故忠质文皆递以救弊，而弊极则将复返其初"（魏源《论老子二》）。龚、魏的这种历史观是很有创见的。龚自珍实际上已开始摆脱传统循环史观而有否定之否定的意味，因为历史进化的最终结果是"终不异初"，已经不是对古代的简单重复，而有新的质的飞跃。魏源所谓"弊极则将复返其初"，实含有大乱达到大治的意蕴在内。而且，他认为历史前进的动力在于改革，即他所说的"救弊"。只有"弊极"，人们才会想到并着手去"救弊"，其结果是使社会回复到"原初"状态，这种"返其初"绝不是简单地重复，而是如龚自珍所说的"终不异初"，是更加完善了的历史阶段。

本着这种进化变易史观，龚自珍、魏源提出了自己的变革理论。首先是变法的必然性。龚、魏都反复强调，历史上既无不变的天下，也无不变通的成规。"夏之既夷，豫假夫商所以兴，夏不假六百年矣乎？商之既夷，豫假夫周所以兴，商不假八百年矣乎？无八百年不夷之天下，天下有万亿年不夷之道。然而十年而夷，五十年而夷，则以拘一祖之法，惮千夫之议，听其自陊，以俟踵兴者之改图尔。"（龚自珍《乙丙之际箸议第七》）"自珍少读历代史书及国朝掌故，自古及今，法无不改，势无不积，事例无不变迁，风气无不移易。"（龚自珍《上大学士书》）

魏源也持同样见解："天下无数百年不弊之法，无穷极不变之法，无不除弊而能兴利之法，无不易简而能变通之法"（魏源《筹鹾篇》）；"法无久不变，运无往不复"（魏源《军储篇一》），必须应时而变。接着的问题是如何变。龚自珍、魏源从"三世"进化观受到启发，认为应破除世愈古而愈盛的观念，因革损益，随时革新："以三代之盛，而殷因于夏礼，周因于殷礼，是以《论语》'监二代'，荀卿'法后王'，而王者必敬前代二王之后，岂非以法制因革损益，固前事之师哉！"（魏源《明代食兵二政录叙》）在《默觚下·治篇五》一文中，魏源集中表达了这种"变古""便民"的思想，"三代以上，天皆不同今日之天，地皆不同今日之地，人皆不同今日之人，物皆不同今日之物"；"故气化无一息不变者也，其不变者道而已，势则日变而不可复者也"。从古至今，无不变之事物，无不变之规矩，魏源在从理论上论述了自然—人事变化无穷的道理之后，指出："租、庸、调变而两税，两税变而条编。变古愈尽，便民愈甚，虽圣王复作，必不舍条编而复两税，舍两税而复租、庸、调也；乡举里选变而门望，门望变而考试，丁庸变而差役，差役变而雇役，虽圣王复作，必不舍科举而复选举，舍雇役而为差役也；丘甲变而府兵，府兵变而犷骑，而营伍，虽圣王复作，必不舍营伍而复为屯田为府兵也。天下事，人情所不便者变可复，人情所群便者变则不可复。江河百源，一趋于海，反江河之水而复归之山，得乎？履不必同，期于适足；治不必同，期于利民。"这里，魏源从地理、物质、制度、风俗的古今不同和不断变迁的客观历史事实出发，得出"气化无一息不变"的结论，提出了"变古愈尽，便民愈甚"的著名观点，把变古与便民联系起来认识，既说明变革的必要性，又提出了变革的目的论，从而使其变易理论具有鲜明的目标指向。

龚自珍、魏源的变易理论有着强烈的实践色彩。他们一本"通经致用"的实用主义学术价值观，将公羊"三统""三世"的变易观用于对现实社会的变革实践之中。首先，龚、魏以"三世"说审视自己所处的时代，将其定位于"衰世"之上，指出已到了非变不可的地步。如龚自珍认为"衰世者，文类治世，名类治世，声音笑貌类治世。黑白杂而五色可废也，似治世之太素；宫羽淆而五声可铄也，似治世之希声；道路荒而畔岸隳也，似治世之荡荡便便；人心混混而无口过也，似治世之不议。左无才相，右无才史，阃无才将，庠序无才士，陇无才民，廛无才工，衢无才商，抑巷无才偷，市无才驵，薮泽无才盗，则非但鲜君子也，抑小人甚鲜"（《乙丙之际箸议第九》）。他从人才的角度审度嘉、道之际的清代社会，虽然表面仍然歌舞升平，但实际上已是危机四伏，乱已不远，是处于治世与乱世过渡之间的"衰世"。无独有偶，魏源也表达过类似的观点：盛世则君臣论政问答，融洽雍睦；其次则臣子可以使用规谏帝王的旌旗和谤木；再次则在朝堂议政时发表意见；再次则以疏牍的形式提出政见；再次则通过民间歌谣表达对朝廷和国事的不满；再次则因为言论不自由，士大夫只能隐逸山林；最后完全不让说话，只能在心中议论甚至批判了。如果到了这个地步，其世道与国运衰微就不难知晓了。至于太平之世，士人可以担任太尉、司徒、司空、少师少侍、少保这样的重要职位；小康之世，士人只能担任级别较低的官职；国运衰微的时代，士人则周游四方，寄情山水；最后到了乱世，士人就只能远离尘嚣，隐逸山林了。清王朝既已由盛世转向衰世，其政治、经济、社会心态诸方面便出现许多衰朽征兆。龚自珍、魏源以极为敏锐的眼光和前无古人的批判精神，对专制制度给予了无情的批判。封建君主"一人为刚，万夫为柔，以大便其有力强武……大都积百年之力，以震荡摧锄天下之廉耻"(龚自珍《古史钩沉论一》)。

在君主独裁政治的摧残之下,封建官僚政治也日益腐败:"士皆知有耻,则国家永无耻矣;士不知耻,为国之大耻。历览近代之士,自其敷奏之日,始进之年,而耻已存者寡矣。官益久,则气愈偷;望愈崇,则谄愈固;地益近,则媚亦益工。至身为三公,为六卿,非不崇高也,而其于古者大臣巍然岸然师傅自处之风,匪但目未睹,耳未闻,梦寐亦未之及。臣节之盛,扫地尽矣。"(龚自珍《明良论二》)在社会的中下层,土地兼并日益严重,人心风俗愈来愈浇薄:"人心者,世俗之本也;世俗者,王运之本也。人心亡,则世俗坏;世俗坏,则王运中易。王者欲自为计,盍为人心世俗计矣。有如贫相轧,富相耀;贫者阽,富者安;贫者日愈倾,富者日愈壅。或以羡慕,或以愤怨,或以骄汰,或以嗇吝,浇漓诡异之俗,百出不可止,至极不祥之气,郁于天地之间。郁之久乃必发为兵燹,为疫疠,生民噍类,靡有孑遗,人畜悲痛,鬼神思变置。其始,不过贫富不相齐之为之尔。小不相齐,渐至大不相齐;大不相齐,即至丧天下。"(龚自珍《平均篇》)可见当时社会危机程度之深已达到了解体崩析的临界点。龚自珍、魏源对此忧心忡忡,悲愤满怀:"日之将夕,悲风骤至,人思灯烛,惨惨目光,吸饮莫气,与梦为邻。"(龚自珍《尊隐》)如果不进行有效的改革,遏制腐败现象,社会动乱将不可避免,"则山中之民，有大音声起，天地为之钟鼓，神人为之波涛矣"（龚自珍《尊隐》）。因此，"与其赠来者以劲改革，孰若自改革"（龚自珍《乙丙之际箸议第七》），通过自身实行自上而下的改革，以挽救颓运，挽救衰世，消除弊政，重开治世。

对如何改革，龚自珍、魏源从不同的角度建言，提出了不少方案。龚自珍主张从古代社会和思想家那里择善从之："霜毫掷罢倚天寒，任作淋漓淡墨看。何敢自矜医国手，药方只贩古时丹。"（龚自珍《己亥杂诗》）"仿古法以行之，正以救今日束缚之病。"（龚自珍《明良论四》）如他关于解决土地问题的主张，是实行"农宗"之法，按宗法关系分配土地，解决耕者无其田的弊病。魏源则既引古又主张学习西方，其改革方案具有更强的时代气息。关于政治改革，他提出"去伪、去饰、去畏难、去养痈、去营窟"，以祛"人心之寐患"（《海国图志叙》）。关于经济方面，他主张以致富强为要务："自古有不王道之富强，无不富强之王道。王伯之分，在其心不在其迹也。心有公私，迹无胡越。《易》十三卦述古圣人制作，首以田渔、耒耜、市易，且舟车致远以通之，击柝弧矢以卫之；禹平水土，即制贡赋而奋武卫；《洪范》八政，治食货而终宾师；无非以足食足兵为治天下之具。"（魏源《默觚下·治篇一》）本着这一宗旨，他开具一张开源节流的药方以整顿清朝财政：

开源方面，开矿以增金银，垦屯以裕食粮；节流则戒烟以塞漏卮，同时普免不可常行，兵额宜加核实。（参见魏源《军储篇一》）尤其在漕运、盐法、河工方面，他不仅有建言，而且协助一些封疆大吏加以具体实施，对道、咸之际切关国计民生之诸大政作出了重大贡献。尤需着重指出的是，面对西方列强入侵这一"古今未有之变局"，龚、魏提出了不少富国强兵之策。龚自珍在林则徐离京赴粤之际，作《送钦差大臣侯官林公序》，提出"火器宜讲求"及禁绝鸦片，维护蚕桑、木棉之利等建议。魏源更主张开眼看世界，打破传统的"夷夏大防"的狭隘民族观念，学习西方先进的军事、科学技术，其《海国图志》详细介绍了域外世情，"为以夷攻夷而作，为以夷款夷而作，为师夷长技以制夷而作"（魏源《邵阳魏府君事略》）。而尤其难能可贵的是，魏源除了积极主张学习西方军事技术外，还开始把视角瞄向西方先进的政治制度，主张选贤任能，自下而上公举官吏，并且认真听取广大民众的意见和建议，以多数民意为判断是非优劣的标准，颇有西方政治民主的意味，表现了一个启蒙思想家的睿智慧眼。

必须指出，龚、魏的改革主张虽然给沉闷衰朽的清朝社会送去一缕清风，并对整个近代中国改革产生了深刻影响，"晚清思想之解放，自珍确与有功焉"（梁启超《清代学术概论》之二十二）；但是，由于历史的局限性，尤其受《公羊》"统绪""循环""渐进"等社会历史观的影响,其改革思想带有强烈的"补天"色彩。他们的立足点仍然是维护传统封建统治,尤其是清王朝的一姓统治。龚自珍提出"天何必不乐一姓耶?鬼何必不享一姓耶?奋之,奋之!将败则豫师来姓,又将败则豫师来姓。《易》曰:'穷则变,变则通,通则久。'非为黄帝以来六七姓括言之也,为一姓劝豫也"(龚自珍《乙丙之际箸议第七》)。魏源提出"师夷长技以制夷",其出发点也是为了维护传统封建政治体制和儒家文化价值观,实为晚清"中学为体,西学为用"学术文化思潮之滥觞。显而易见,无论是积极方面,还是消极方面,龚自珍、魏源开创的道、咸"经世实学"和改革理论,都直接对近代中国社会改革的历史格局和学术文化走向发生了深刻影响。这种影响,我们在下面的论述中将有不同程度之涉及,此不赘述。

3. "三统""三世"说与康、梁维新变法思想

人们一般认为,甲午战后勃兴的维新变法思潮,其理论依据是"天演论"进化思想,其实这一看法是失之偏颇的。在维新变法的核心人物康有为的思想体系里,主要是渊源于传统儒家思想的"三世进化观"。康氏在营构自己的近代变革理论的过程中,虽然前期崇周公、重《周礼》,但最后还是选择了"春秋公羊学",从董仲舒、何邵公那

儿受到启发,通过援引公羊"三统""三世"说,并结合西方输入的进化论思想加以革命性改造,使之成为其整个思想体系的核心及维新变法的理论基石。对此,梁启超有较详细、平实的论述:

> 今文学运动之中心,曰南海康有为。然有为盖斯学之集成者,非其创作者也。有为早年,酷好《周礼》,尝贯穴之著《政学通议》,后见廖平所著书,乃尽弃其旧说……有为之治《公羊》也,不斷斷于其书法义例之小节,专求其微言大义,即何休所谓"非常异义可怪之论"者。定《春秋》为孔子改制创作之书,谓文字不过其符号,如电报之密码,如乐谱之音符,非口授不能明。又不惟《春秋》而已,凡六经皆孔子所作,昔人言孔子删述者误也。孔子盖自立一宗旨而凭之以进退古人去取古籍。孔子改制,恒托于古。尧舜者,孔子所托也,其人有无不可知;即有,亦至寻常;经典中尧舜之盛德大业,皆孔子理想上所构成也。又不惟孔子而已,周秦诸子罔不改制,罔不托古。老子之托黄帝,墨子之托大禹,许行之托神农,是也。近人祖述何休以治《公羊》者,若刘逢禄、龚自珍、陈立辈,皆言改制,而有为之说,实与彼异。有为所谓改制者,则一种政治革命、社会改造的意味也,故喜

言"通三统"。"三统"者，谓夏、商、周三代不同，当随时因革也。喜言"张三世"。"三世"者，谓据乱世、升平世、太平世，愈改而愈进也。有为政治上"变法维新"之主张，实本于此。（梁启超《清代学术概论》之二十三）

如果说，庄存与、刘逢禄重今文经学，推崇《公羊春秋》立意在学术，龚自珍、魏源学术与政治兼而有之，那么，康有为、梁启超阐发"三统""三世"之义的目的则全在"改制"，即为日后掀起的戊戌维新运动提供理论依据。因此，康有为、梁启超同龚、魏一样在群经中推崇《春秋》，于解经诸传中推崇"公羊"及董、何著作，但其用意已明显趋向于政治方面，即着重在"改制"。光绪十七年（1891年），康有为作诗示"万木草堂"诸学子："圣统已为刘秀篡，政家并受李斯殃。大同道隐礼经在，未济占成易说亡。良史莫如两司马，传经只有一公羊。群龙无首谁知吉，自有乾元大统长。"（康有为《门人陈千秋、曹泰、梁启超、韩文举、徐勤、梁朝杰、陈和泽、林奎、王觉任、麦孟华初来草堂问学，示诸子》）这首诗首次表达了对"公羊"的重视与推崇。同年，康有为作《长兴学记》，其中有这样一句话，"孔子经世之学，在于《春秋》。《春秋》改制之义，著于《公》《穀》"，明确揭橥《春秋》"经世"和《公羊》

"改制"大旨。光绪二十年（1894年），在《桂学答问》中，康有为更对《春秋》《公羊》的"改制"精义及其在"六经"中的地位进行了论析，他说：虽然孔子著有六经，而其精华主旨则主要集中在《春秋》一书之中，如果学孔子而不学《春秋》，便是关上了进入孔学的大门了。孔子之所以为圣人，主要是其改制通过曲折迂回无往不复而成就万物，规范万事。我们独尊《春秋》，主要是孔子的改制思想都在这本书中表现出来了。《公羊传》及《春秋繁露》之所以应该专门采信，也是因为它们发挥了孔子的改制学说。

这里，康有为毫不隐讳地指出，他之所以"独尊"《春秋》，"专信"《公羊》与《春秋繁露》，正是因为它们较为准确地体现了孔子的"改制"之义。他认为，《春秋》不仅是六经的精粹，也是中国传统学问之道与治世之道的总纲。以学问之道言之，如能一本其经世大义，则可避免琐屑的训诂名物；以治世之道言之，如能明了孔子改制微言大义，不断更新制度，则能够治内御外，天下太平。他把秦汉以来两千余年治乱兴衰的原因归结为是否按《春秋》的微言大义来确定"义理制度"。在《春秋笔削大义微言考自序》一文中，康有为的这一意思表达得更为明确：

> 孔子之道，其本在仁，其理在公，其法在平，其制在文，其体在各明名分，其用在与时进化。夫主乎

太平，则人人有自主之权；主乎文明，则事事去野蛮之陋；主乎公，则人人有大同之乐；主乎仁，则物物有得所之安；主乎各明权限，则人人不相侵；主乎与时进化，则变通尽利。故其科指所明，在张三世。其三世所立，身行乎据乱，故条理较多；而心写乎太平，乃意思所注。虽权实异法，实因时推迁，故曰孔子圣之时者也。若其广张万法，不持乎一德，不限乎一国，不成乎一世，盖浃乎天人矣！

汉世家行孔学，君臣士庶，劬躬从化，《春秋》之义，深入人心。拨乱之道既昌，若推行至于隋、唐，应进化至升平之世，至今千载，中国可先大地而太平矣。不幸当秦、汉时，外则老子、韩非所传刑名法术、君尊臣卑之说，既大行于历朝，民贼得隐操其术以愚制吾民；内则新莽之时刘歆创造伪经，改《国语》为《左传》，以大攻《公》《穀》，贾逵、郑玄赞之。自晋之后，伪古学大行，《公》《穀》不得立学官，而大义乖；董、何无人传师说，而微言绝。甚且束阁三传，而抱究鲁史为遗经；废置于学，而嗤点《春秋》为"断烂朝报"。此又变中之变，而《春秋》扫地绝矣！于是三世之说不诵于人间，太平之种永绝于中国；公理不明，仁术不昌，文明不进。昧昧二千年，瞀焉惟笃守据乱世之法以治天下。病愈而仍服旧方，儿壮而仍衣襁褓。群

> 盲相证，以为此名医所开之方，不敢不食；父母所遗之服，不敢不衣也。呜呼！使我大地先开化之中国，五万万神明之种族，蒙然茶然，耗矣衰落，守旧不进，等诮野蛮，岂不哀哉！

康有为以反证的方式进一步论述了《春秋》作为经术与治术的范本在中国传统社会生活中的极其重要的地位，将两千余年治乱兴衰归结于一本书的兴立废置，显然有夸张偏颇之嫌；但康氏将孔子之道浓缩于《春秋》之中，提出一套融仁、公、平、文、名分、进化等为一体的社会法则，而其至要之点在"改制"与"与时进化"。崇《春秋》，就不仅仅是推崇这一本书，而是是否将这一套社会进化公则用于社会政治生活之中。用之，社会则前进，则日渐文明而进之于太平，反之则"公理不明，仁术不昌，文明不进"。康氏认为，两千年来的中国正由于没有把握《春秋》"与时进化"的精义，"瞀焉惟笃守据乱世之法以治天下""守旧不进"，使本来"先开化之中国"，"蒙然茶然，耗矣衰落"，与日益进步、早已迈入近代工业社会的欧美诸国相比，落后了一大截，反而成为未开化之邦了。

康有为既如此看重《春秋》及《公羊》，认为它们不仅适应于评断中国过往历史的是非，而且也可普适于天下万国并延及将来以至万世，于人类社会进化大有裨益，上引文字中即有斯义:"若其广张万法,不持乎一德,不限乎一国,不成乎一世,盖浃乎天人矣。"这一意思,梁启超也曾有过表述:"孔子之作《春秋》,治天下也,非治一国也;治万世也,非治一时也。"(梁启超《春秋中国夷狄辨序》)对于《春秋》为何具备"万国宪法"的功能,康有为从如下几个方面作了阐述:首先,《春秋》道名分,规定了天下万国的权利义务:"《春秋》有临一家之言焉,有临一国之言焉,有临天下之言焉,自臣民身家之权利义务与国家君相之权利义务,天下万国之权利义务,皆规定焉。权利义务者,《春秋》、庄生谓之道名分也,令人人皆守名分,则各得其所矣。"其次,《春秋》讲三世,讲太平,不限于一时一国,是为人类大同之世立宪制法:"孔子者,圣之时者也,知气运之变,而与时推迁,以周世用,故为当时据乱世而作宪法,既备矣。更预制将来,为修正宪法之用,则通三统焉。孔子又为进化之道,而与时升进,以应时宜,故又备升平太平之宪法,以待将来大同之世。修正宪法之时,有所推行焉。故《春秋》……以为无量世修正宪法之备,甚矣其博大悠久也。所异者,今各国之宪法,众人修之;《春秋》之宪法,一圣修之。今各国之为宪法,限于其一国,及其一时;《春秋》之为宪法,则及于天下与后世。"最后,《春秋》立足于人伦道德,可为天下万国立教,可以说是关乎宏旨的根本大法:"今各国之言宪法,以为国计，故仅及土地人民政事；《春秋》之为宪法为教计，则偏于人伦道德鬼神动植，此教主所以为大也。"（康有为《刊布春秋笔削大义微言考题词》）康有为把《春秋》抬高到万国宪法的崇高地位，其理论上的荒谬之处自不待言，所谓"道名分"、讲求传统的人伦关系与近代资产阶级所倡言的公民平等、自由民主的权利义务完全不可同日而语，而基于农业社会的道德伦常准则也是现代工业社会所要摒弃的。康氏所言，完全是基于一种儒家本位文化价值观所进行的立论，既不可取，实际上也不可行、不能行。但这样说，也并非毫无合理之处。其合理之处在于他内含的某种科学预见，如世界大同，如不汲汲于琐屑政事而着重于人伦道德的建设，这种中国传统人文精神对于弥补工业社会乃至后工业社会因重物质轻精神而带来的诸多缺陷不无助益。因此，作为一个处于社会转型期的思想家，康氏敏锐的思维触角已由传统走向现实并涉及未来，不能不令人佩服。

康有为于六经中重《春秋》，并着重阐发其"改制"之义，其经世用意是十分明显的，即强调经典的"改制"是为自己将要进行的"变法"提供依据。这方面，不论康有为本人还是其弟子都有论及，如他的学生陈千秋就曾说过：孔子创造"六经"，改制圣法，传给他的七十个学生，以让后代帝王效法。尽管其大义主旨隐晦不彰，知晓这些大义主旨的人也很少。汉学阐发《春秋》，宋、明学阐发《四书》，两千年来治经典的都依赖这些。清朝的学者，刻意去剖析、扭曲心性而宋学消亡，专注寻章摘句而汉学消亡。道光、咸丰之际，世道衰微，民生日艰，有识之士无能为力……我的老师康有为，思虑孔子圣道衰微，悲悯王制缺失，于是慨然发愤，思索着如何变革国家和社会。

这就是说，康有为治经学，实有感于道、咸以来所面临的"数千年未有之变局"，通过阐发孔子《春秋》改制之义，以变法维新、振救天下，所以康有为治《春秋》《公羊》，其方法和目的完全不同于以往的经学家。因此，梁启超说：

> 康先生之治《公羊》，治今文也，其渊颇出自井研（即廖平——引者注），不可诬也。然所治同，而所以治之者不同。畴昔治《公羊》者皆言例，南海则言义。惟牵于例，故还珠而买椟；惟究于义，故藏往而知来。以改制言《春秋》，以"三世"言《春秋》者，自南海始也。（梁启超《论中国学术思想变迁之大势》）

梁启超的这段话扼要点明了康有为"《春秋》学"的两个显要特征：一是"以改制言《春秋》"，二是"以'三世'言《春秋》"。"改制"是他研究《春秋》的目的，而"三世"则是其理论核心。

康有为注意《公羊》《春秋》的"三统""三世"说，据《康南海自编年谱》所述，光绪十年（1884年），他"以勇礼义智仁五运论世宙""以三世推将来""以合国合种合教一统地球"；光绪十三年（1887年），他"以经与诸子，推明太古洪水折木之事，中国始于夏禹之理"，又"推孔子据乱、升平、太平之理，以论地球"，显示出后来以"三世"附会"礼运"建构其大同学说的理论雏形。光绪二十一年（1895年）以后，其"三世"学说得到系统发展。1895年6月30日，康有为《上清帝第四书》和同年春所作《变则通通则久论》，开始将"三统""三世"说与变法联系起来论述：

> 天不能有阳而无阴，地不能有刚而无柔，人不能有常而无变。昔孔子之作"六经"，终以《易》《春秋》。《春秋》发明改制，《易》取其变易，天人之道备矣。若知守常而不知变，是天有阳而可无阴，地有刚而可无柔也。孔子改制，损益三代之法，立三正之义，明三统之道，以待后王。犹虑三不足以穷万变，恐后王之泥之也。（康有为《变则通通则久论》）

> 昔孔子既作《春秋》以明三统，又作《易》以言变通，黑白子丑相反而皆可行，进退消息变通而后可久，所以法后王而为圣师也。不穷经义而酌古今，考势变而通中外，是刻舟求剑之愚，非阖辟乾坤之治也。（康有为《上清帝第四书》）

到了光绪二十三年（1897年），康有为著《春秋董氏学》和《礼运注》，以《春秋公羊传》和《春秋繁露》为蓝本，对何休《公羊经传解诂》中的"三统""三世"说加以根本性改造，将"三统""三世"联结一起，并将《礼运》中的"大同""小康"同"三世"中的"升平""太平"相糅合，从而形成了其系统的"三世"理论。

第一，以"文教"（文明）作为"三世"划分的主要标准，建构起自成一系的文明进化史观。

以"文教"作为"三世"分野，首次出现于《春秋董氏学》之中，在该书中，康有为认为"三世"说为孔学最重要的思想，这一思想依托《春秋》得以明确彰显。康有为以"所传闻世"为据乱世，以"所闻世"为升平世，以"所见世"为太平世。所谓据乱世，文明没有出现；升平世，渐渐有了一些文明的东西；太平世，天下大同，远近大小都一样，文明全部具备了。这里大致勾勒出人类社会已经走过并将要经过的三大阶段。当然这种划分还较为含混粗糙，在后来的一系列著作中，康有为对三个阶段不同的文明特征有更具体的表述。如光绪二十七年（1901年）撰著的《孟子微》："大概乱世主于别，平世主于同；乱世近于私，平世近于公；乱世近于塞，平世近于通。此其大别也。"（康有为《孟子微》）别与同，私与公，塞与通，以传统的语言道出了传统封建社会与近世资本主义社会不同的社会特征。而他在《春秋笔削大义微言考自序》(1901年)中更明确地提出了大同社会的文明准则:仁、公、平、文,强调社会成员的独立自主的权利,显然具有近代资产阶级民主意识。

康有为以文明作为划分三世的主要标志,充分强调人类社会是由野到文、由质到文的不断演进过程。他将"三统""三世"说相糅合,认为每一世中皆有"三统",在统绪更迭的过程中,完成着文野、文质的蜕演更化,所谓"文野",即文明与野蛮;"文质"即文华与质朴。中国两千年来社会发展的态势即是如此:

> 天下之道,文质尽之。然人智日开,日趋于文。三代之前,据乱而作,质也;《春秋》改制,文也。故《春秋》始义法文王,则《春秋》实文统也。但文之中有质,质之中有文,其道递嬗耳。汉文而晋质,唐文而宋质,明文而国朝质,然皆升平世质家也。至太平世,乃大文耳。后有万年,可以孔子此道推之。(康有为《春秋董氏学》)

梁启超更推而广之,将文野进化的三世推广到整个人类社会演化的更广领域:

> 《春秋》者,所以治万世之天下也。凡天下万物

之不能不变也，天理也；变而日进于善也，天理而加以人事者也。由莓苔之世界，变而进为海绒螺蛤之世界；由海绒螺蛤之世界，变而进为大草大木之世界、飞鱼飞鼍之世界；由彼世界变而进为骨节脊袋动物之世界，由彼世界变而进为立兽之世界，由彼世界变而进为人类之世界，此其中有三世之理焉。以莓苔为据乱，则海绒其升平，草木其太平也；以草木为据乱，则禽兽其升平，人类其太平也。如是演之，不可纪极。由石刀期之世界，变而进为铜刀期之世界，又变而进为铁刀期之世界；由打牲之世界，变而进为游牧之世界，又变而进为种植之世界，又变而进为工商之世界；由不火食、不粒食之世界，变而进为苗黎、红番、黑蛮之世界，又变而进为埃及、印度初辟时，中国洪水初平时之世界，又变而进为中国三代、汉唐，西方希腊、波斯、罗马之世界，又变而进为今日欧美各国之世界，此其中有三世之理焉。打牲为据乱，则游牧其升平，种植其太平也；游牧为据乱，则种植其升平，工商其太平也。而打牲以前尚有不如打牲之世界，则打牲已为太平。工商以后，更有进于工商之世界，则工商亦为据乱。如是演之，亦不可纪极。（梁启超《读〈春秋〉界说》）

梁启超的三世理论，显然是以西方近代进化论学说改造过的即中即西、中西合璧式的理论。他以三世划分自然界物种进化、人类起源和人类社会由石器时代到铜器时代到铁器时代，由狩猎社会到游牧社会到农业社会再到工业社会的不断演进的历史过程，其特点在于强调一个"变"。自然界与人类社会正是在不断演变中进化的，愈变愈繁、愈变愈善，而且没有终极。

在这种进化过程中，康、梁构建的"三世"进化系统是开放而非封闭的，是重叠演进而非循环往复的。就纵向而言，整个人类社会可分为大三世，而每一世中又有小三世，如此划分，可将历史分为若干小的阶段。"故《春秋》广张三世之义，深密博大，而据乱之中，有升平太平，升平之中有据乱太平，而太平中有升平据乱，盖一世之中，又有三世，三重而为八十一世"（康有为《刊布春秋笔削大义微言考题词》）；"三世之中，各有三统，又可分为三世"（康有为《孟子微》）；"故三世而三重之，为九世。九世而三重之，为八十一世。展转三重，可至无量数"（康有为《中庸注》）；"要之，天地万物之情状虽繁、虽赜，而惟三世可以驭之。有大三世，有小三世，有前三世，有今三世，有后三世"（梁启超《读〈春秋〉界说》）。如梁启超所说，这种三世往往是重叠交叉的，每一世中都蕴含着向另一世转变演进的必然性，而最终演化的结果是"世界日进于善"，以至于太平和大同。就横向而言,世界历史的整体格局(大三世)虽然是一致的,但不同国家和种族文明进化的程度(小三世)却是有差异的。康有为认为,当前世界总体上是据乱世,但美国、中国、印度、非洲却有极大区别:"中国之苗瑶侗僮,南洋之巫来由吉宁人,非洲之黑人,美洲之烟剪人,今据乱世之据乱矣。印度、土耳其、波斯颇有礼教政治,可谓据乱之升平矣!若美国之人人自主,可谓据乱之太平矣。"(康有为《中庸注》)

世界历史演进的这种非平衡性带来的一个重要后果便是竞争的加剧,"物竞天择""优胜劣汰"。整个人类历史演化的过程,归根到底是文明战胜野蛮的过程。梁启超指出:自地球开始有生物以至今日,物不止一种,种不止一次变化,如果探求它们递变递嬗的道理,必然是后来出现的物种群体逐渐昌盛,而前面的则逐渐衰落。西方研究自然科学的学者称这一现象为万物竞争。洪荒时代之前,禽兽横行中国,周公完成驱除猛兽的大业,今天一般的老虎、豹子、犀牛、大象都差不多绝迹了,野兽也不能与人争胜了。美洲、非洲等都有土著居民,其他洲的外来人口进入后,土著便渐渐灭亡,说明野蛮族群不敌文明族群。世界越进化,则人的力量愈强大,否则就会面临灭绝的命运,这是非常可怕的。

梁启超一个重要的观点是,随着文明进化程度的不同,竞争的对象之间也因时而异，竞争促进文明进化，文明进化的最终结果是消弭竞争，世界大同：

> 自大地初有生物，以至于今日，凡数万年，相争相夺，相搏相噬，递为强弱，递为起灭，一言以蔽之曰，争种族而已。始焉物与物争，继焉人与物争，终焉人与人争。始焉蛮野之人与蛮野之人争，继焉文明之人与蛮野之人争，终焉文明之人与文明之人争。茫茫后顾，未始有极。呜呼！此生存相竞之公例，虽圣人无如之何者也。由是观之，一世界中，其种族之差别愈多，则其争乱愈甚，而文明之进愈难；其种族之差别愈少，则其争乱愈息，而文明之进愈速。全世界且然，况划而名之曰一国，内含数个小异之种，而外与数个大异之种相遇者乎！（梁启超《论变法必自平满汉之界始》）

因此，竞争的结果必然是文明人的胜利。一个民族、一个国家为了避免被淘汰、被消灭的命运，根本之途便在于改良，使国家和民族日益进化，与世界文明同步。"苟不改良，必致灭亡，无中立之理焉"（梁启超《论变法必自平满汉之界始》）。康、梁三世进化理论的逻辑归宿和现实目的于此一望而知。

对如何变，如何改良，康、梁仍然基于其三世理论，着重强调了两点：其一，强调人类社会的进化虽然是一个自然的历史过程,变是必然规律,不以人的意志为转移,但人们不能被动地应付,而应当主动求变。这就是康有为反复强调的"善变以应天"。他既强调"盖变者天道也",更强调人应顺应自然规律,自变图存。"泰西之国,一姓累败而累兴,盖善变以应天也。中国一姓不再兴者,不变而逆天也。夫新朝必变前朝之法,与民更始,盖应三百年之运。顺天者兴,兴其变而顺天,非兴其一姓也;逆天者亡,亡其不变而逆天,非亡其一姓也。一姓不自变,人将顺天代变之,而一姓亡矣;一姓能顺天,时时自变,则一姓虽万世存可也。"(康有为《进呈〈俄罗斯大彼得变政记〉序》)梁启超也指出变是天理,亦即自然规律,但人们不能消极地缓慢地随之而变,而应该加以人事,加速推进文明演进的进程:"问者曰:'如子所言,世界日进于善,既为自然不易之理,然则听其流转,必有致太平之一日。今必举而归之《春秋》之治效,何也?'曰:'吾固言不能不变者,天理也,变而日进于善者,天理而加以人事也。积世积年积人积智,凡天下一事之成就,必经数百千年、数百千万人之智慧能力而始成也。积众生之智慧能力,久之而圣人出焉;圣人出,而众生之智慧能力又增长焉。如是递引递进,以致文明。"(梁启超《读〈春秋〉界说》)其二,主张"与时进化",即制度的改革应与文明进化程度相适应,附之于"三统""三世"理论:"其统异,其世异,则其道亦异。

故君子当因其所处之时，观其会通，以行其典礼。上下无常,惟变所适。"(康有为《中庸注》)"未至其时,不可强为"(康有为《孟子微》),"既至其时，自当变通"(康有为《中庸注》)。梁启超与其师的这种思想一脉相承，他以更明确的语言表述了这种"因时而变"的观点："因三世之递进，故一切典章制度，皆因时而异，日日变易焉。于据乱世则当行据乱世适宜之政，于升平世则当行升平世适宜之政，于太平世则当行太平世适宜之政，必不能墨守古法，一成不变也。故明三世之义，则必以革新国政为主义，而保守顽陋之习必一变。"(梁启超《论支那宗教改革》)康有为、梁启超上述"顺天而变""因时而变"的观点，成为他们指导整个维新变法乃至一生政治活动的中心思想。其中关键之处在于对"时"的正确认识和准确把握，也就是如何认识历史发展的规律和现阶段社会发展的总体特征。如果把握得较准，就会顺应时代潮流，作出正确的应变策略，成为时代的弄潮儿；反之，历史和社会前进了，仍然停留在原有的认识水平上，就会沦为守旧派。康、梁政治思想在戊戌变法前后所呈现出的差异，很大程度上是以对"时"即当时中国处于"三世"中的哪一"世"的认识为转移的，主要在于两人对飞速发展变化的时代缺乏应有的认识，亦即对"时"作出了错误的判断，以至不自觉地成了时代的弃儿，其认识、理论根源即在于此。

第二,以"三统""三世"说审视中国历史并为当时社会阶段定位,通过对"时"的把握来确立和调整其变法方略。

作为维新变法理论基石的"三世"进化史观对康有为、梁启超的影响是相当深刻的,它使其维新变法思想和实践带有强烈的历史自觉性:一方面,如前所述,进化史观使他们认识到人类社会就是一个从野到文不断进化的过程,文明演进过程中的优胜劣汰的客观规律告诫人们,中国如果不及时图变,跟上世界文明前进的脚步,就有可能被淘汰,变法具有紧迫性和必要性;另一方面,"三世"进化史观给康、梁一个评断历史和把握现实的方法与准则,使他们能够迅速地找到变法的历史方位,于主观上知道如何变,从而积极、主动、有效地投入变革现实的历史大潮之中。

在戊戌政变前后,康有为对历史和现实的把握是有差距的。戊戌政变前,康有为认为中国社会已进入"升平世"(小康),可通过积极的改革,实行君主立宪制,逐步过渡到民主共和制的"太平世"。戊戌政变后,康有为的思想发生了变化,认为中国正处在"据乱世",改革不可激进冒昧,亦即"未至其时,不可强为"。关于此,许冠三《康南海的三世进化史观》有深入独到的研究。

康有为最早以"三世说"审视中国历史大约是在光绪二十三年(1897年)所作的《礼运注叙》,在这篇文章中,康有为糅合《公羊》与《礼运》，将升平、太平与小康、大同互证，得出中国两千余年迄清代处于小康（亦即升平）之世的结论：

> 吾中国二千年来，凡汉、唐、宋、明，不别其治乱兴衰，总总皆小康之世也。凡中国二千年儒先所言，自荀卿、刘歆、朱子之说，所言不别其真伪、精粗、美恶，总总皆小康之道也。其故则以群经诸传所发明，皆三代之道，亦不离乎小康故也……泥守旧方而不知变，永因旧历而不更新，非徒不适于时用，其害且足以死人。今者，中国已小康矣，而不求进化，泥守旧方，是失孔子之意，而大悖其道也。

值得注意的是，康有为将秦汉至清两千余年的历史视为小康，并不带有褒义，而实际上具有强烈的批判意味。首先，他将批判锋芒明显指向荀卿、刘歆、朱熹，认为他们偏离孔子大同学说，只言小康，实际上只为封建专制张目。这在《孔子改制考序》中已有明确论述："夫两汉君臣、儒生，尊从《春秋》拨乱之制而杂以霸术，犹未尽行也。圣制萌芽，新歆遽出，伪《左》盛行，古文篡乱。于是削移孔子之经而为周公，降孔子之圣王而为先师，公羊之学废，改制之义湮，三世之说微，太平之治，大同之乐，暗而不明，郁而不发。我华我夏，杂以魏、晋、隋、唐佛老词章之学，乱以氐、羌、突厥、契丹、蒙古之风，非惟不识太平，并求汉人拨乱之义亦乖剌而不可得，而中国之民遂二千年被暴主、夷狄之酷政。"其次，他批判那些仅仅满足于小康"而寡发大同之道"的人是"泥守旧方而不知变，永因旧历而不更新"，实际上是有悖于孔子大同之道的。

按照康有为"大三世"的理论，这里所谓"小康""升平"的定位实际上是据乱世的小康。这种定位有两重含义：一是中国仍然是封建社会，与欧美已进入据乱世的"太平""大同"世有时代距离，需要加以变革，迎头赶上；二是这种"小康"世中已经孕育着实行近代变革的条件，可以通过改革，实现君主立宪制而进入资本主义社会，因此提出开议院、倡选举等维新变法主张。所以，康氏这一时期对"时"的把握是较为准确的，提出的变法措施也能顺应时代要求。诚如钱穆所说：我们读康有为的《礼运注叙》，书中说，小孩子已经长大成人了，还需以襁褓裹着；寒气等病邪都已经去除了，还要以参苓等药材进补。类似这种拘泥恪守旧的方法而不知道变革的行为，不只不适用于当下，而且足以害死人。所谓今天的中国已达到小康社会的说法，这里的"小康"暗指专制政体之类的制度，"大同"暗指立宪政体之类的制度，由此可见康有为在那个时候还是主张追随西方进行变革的，只不过以振兴孔教来作为幌子，所以编造出这种大同、小康以及三世的说法来相附会。

戊戌变法失败后，康有为的"三世说"发生蜕变。光绪二十七年（1901年），他著《中庸注》《春秋笔削大义微言考》《孟子微》等书，表达其对时代及时局的新看法，认为当时的中国不是小康而仍然是乱世。与以前相比，康氏思想是既不变又有变。其不变者有二：其一，主张因时推移，与时进化，实行君主立宪制的渐进改革思想没有变。《礼运注叙》指出："但以生当乱世，道难躐等，虽默想太平，世犹未升，乱犹未拨，不能不盈科乃进，循序而行……幼孩不能离襁褓，蒙学不能去严师。害饥渴者，当醉饱以济其虚，不能遽与八珍。病伤寒者，当涤荡以去其邪，不能遽投参术。乱次以济，无翼以飞，其害更甚矣。"这种思想在《中庸注》《孟子微》中更得以充分发展。他以穿衣作比喻，指出"夏葛冬裘"，各有时宜，不可强行颠倒，如果在据乱世行民主共和制，便是"未至其时"的"强为""躐等"之举。其二，继续批判封建专制思想。在《春秋笔削大义微言考自序》中，康有为对封建顽固派"督焉惟笃守据乱世之法以治天下"的守旧举动给予猛烈抨击，说他们是"病愈而仍服旧方，儿壮而仍衣襁褓""守旧不进，等诮野蛮"，仍然清醒地表达了较为开明的进化改革意识。但另一方面，戊戌政变以后康有为的思想又表现出明显的退化迹象，其突出表现仍然体现在对"时"的把握上。时代在飞速发展与进化，但康有为不但没有一同前进，反而把当时社会由小康、升平退引到乱世，其意图在于维护君主制，抵制实行民主共和的革命运动。在《孟子微序》中，他又一次重弹"未至其时，不可强为"的渐进老调：

> 夫天下古今，远暨欧、亚之学，得本者攻末，语粗者忘精。印度哲学之宗，欧土物质之极，盖寡能相兼、鲜能相下者。吾国朱、陆之互攻，汉、宋之争辨，亦其例也。夫本末精粗，平世拨乱，小康大同，皆大道所兼有。若其行之，惟其时宜，故曰万物并育而不相背，四时错行，日月并明，惟溥博渊泉而时出之。此天地所以为大，而孔子所以为神圣也。苟非其时而妄行之，享钟鼓于爰居，被冕绣于猿猱，则悲忧眩视，亦未见其可也。故诚当乱世，而以大同平世之道行之，亦徒致乱而已。

很明显，康有为认为当时并不具备推行民主政治的历史条件。他严厉指出，如"遽欲去君主，是争乱相寻""犹婴儿无慈母，则弃掷难以成人。蒙学无严师，则游戏不能成学"（康有为《孟子微》）。此外，康有为本人在经过戊戌变法失败的挫折后，以前积极顺天的变法锐气也开始销蚀，认为"或民主或君主，皆因民情所推戴，而为天命所归依，不能强也。乱世、升平世、太平世，皆有时命运遇，不能强致"(康有为《孟子微》),一味强调时运、天命和所谓"民情",将锐意进取的主观能动性抛到了脑后。

对康有为戊戌政变前后思想变化原因的探析,是一个受到重视的历史课题。康有为变法思想的积极面与局限性,都与其"三世"进化史观有关。"三世"强调"变",使康有为能在晚清保守愚顽的政界中脱颖而出,率先举起变法大旗,走在了变革大潮的前列;但"三世"又主张"渐变",使康有为在对"时"的把握中走入误区,不能真正做到"与时进化",结果在自认为把握了时代脉搏时却被时代抛弃。康有为曾经十分自信地宣称"吾学三十岁已成,此后不复有进,亦不必求进"。正是对"不变"太过自信,使他不能真正理解进化论的真谛,真正做到与时俱进。因此,康氏由"激进"到"保守",既有理论上的渊源,又是个人秉性因素使然。这即是梁启超所说的"有为太有成见,启超太无成见"(梁启超《清代学术概论》之二十六)。

第三,以"三世"观勾勒由君主到君主立宪再到民主共和的政制演进轨迹,为推行君主立宪制提供理论依据。

康有为将《公羊》与《礼运》糅合,其终极目的当然在建构他的"大同理想国",但现实的目的却主要在于变封建专制政体为君主立宪的资产阶级政体。因此,他的"三统""三世"学说很大程度上是用在评论、批判中国传统政治体制上,通过指出其弊端而最终引出其政体维新思想和举措。

首先,他用"三世"作为划分政体演进的线索和标准,勾勒出社会政治体制由封建专制制度向近代资本主义君主立宪制和民主共和制演进的历史轨迹:

> 治法进化,由君主而及民主;文王为君主之圣,尧、舜为民主之圣。《春秋》始于据乱立君主,中于升平为立宪君民共主,终于太平为民主。故《春秋》始言文王,终道尧、舜也。(《春秋笔削大义微言考》)

据乱世——君主制,升平世——君主立宪制,太平世——民主共和制,康有为按照"三世"说将封建社会和资本主义社会的政治体制划分为三大阶段,并且明确指出社会进化的趋势是由君主专制走向民主政治。受康有为的影响,梁启超也对不同时期的政体作了划分:春秋三世的含义博大精深。天下之治有三世,一是多个君王主政,二是一个君王主政,三是民主政治。多个君王主政时代又分为部落酋长制和先秦封建制。一个君王主政也分为两个时代,一是君主专制时代,二是君主立宪时代。民主政治也有两种政体,一是总统制,二是没有总统的制度。多个君王主政为乱世之政,一个君王主政为升平之政,民主政治为太平之政。这是三个时代六种政体,其从地球上有人类即开始了,它们都是时代的产物。未到一定的时代,某政体是不能超越的,时代及条件具备了,某政体是不可或缺的。梁氏与康氏的划分有所不同,而且倾向于一君制,但总的进化脉络则是清晰的。一君制中当然包含君主立宪制,而且社会发展的总趋势是走向民政世,即民主共和制。

与康、梁同为维新派的谭嗣同,在康氏影响下,将"三世"说附会于《易》,对政治体制演变更有独特看法。他追溯源流,以元统—天统—君统—天统—元统这样一个螺旋式圆圈结构勾勒人类社会从无君始到无君终的循环、上升的进化轨迹。他反对君统,把它列入"据乱世"中,而对"人人可有君主之权""遍地民主"的"元统"明显地表示出向往之意,把它列入"三世"的最高阶段——"太平世"。

康、梁诸人依据"三世"说将政治体制的演进划分为三个阶段,对于其中两极表现了鲜明对立的态度,批判与否定专制制度,向往民主共和政体。康有为直指两千年为"暴主、夷狄之酷政"(《孔子改制考序》)。梁启超指出中国封建时代是"以独术治群"。"何谓独术?人人皆知有己,不知有天下。君私其府,官私其爵,农私其畴,工私其业,商私其价,身私其利,家私其肥,宗私其族,族私其姓,乡私其土,党私其里,师私其教,士私其学,以故为民四万万,则为国亦四万万,夫是之谓无国。"(《说群序》)谭嗣同对封建专制制度的批判态度更为激进，他不仅把矛头指向专制君主，而且旁及为专制政体张目的荀况、李斯之流。他认为孔学衍为两大支：一为曾子传子思而至孟子，孟子畅言民主之理，以完成孔子的理想；一由子夏传田子方而至庄子，庄子本来就一直痛诋君主专制，自尧、舜以上，都不能幸免。不幸这两种学说都灭绝不传，荀卿于是乘机假冒孔子之名，以败孔子之道……他又喜欢谈论礼乐政刑，唯恐用来钳制、束缚百姓的手段不够繁多。这种思想传到了李斯那里，其造成的祸害也是对当时及后世产生极坏的影响……所以两千年来的中国政治实际上就是秦政，都是大盗行径啊；两千年来的学术，都是荀之学，都是趋时媚俗啊！

对于民主政体，康、梁、谭诸人都表示出无限欣羡与向往，其中有一共同点，是借阐发《易》"群龙无首"之义，宣传民主思想。关于康有为这方面的思想，冯天瑜先生有系统的阐述：

> 康有为则借《周易》"群龙无首"之说，阐发民主思想，他指出："群龙无首，以为天下至治，并君而无之，岂止轻哉！"认为《周易》的"群龙无首"比《孟子》的"民贵君轻"更进一步，不仅是"轻君"，而且是"无君"，从而达到"民主"。

又说:"群龙无首之义,必如瑞士之公议内阁,立议长而不立总统,乃为至公。"这更是以中华元典直接比附西方近代民主。康有为1905年访美,于华盛顿墓前作诗曰:"卑宫尚想尧阶土,遗冢长埋禹穴云。不作帝王真盛德,万年民主记三坟。"将华盛顿与中国的尧、禹并论,认为这中外三人是"民主"的楷模。康有为还用元典的民本精义,向光绪皇帝作建策:"夫国以民为本,不思养之,是自拔其本也。"①

梁启超在诸政体中,也推崇民主政体。他以"独术"和"群术"分别概定"专制"与"民主",指出"独术"是据乱世特有的政治现象,而"群术"则是太平世先进的治群之术,"据乱世之治群多以独,太平世之治群必以群。以独术与独术相遇,犹可以自存;以独术与群术相遇,其亡可翘足而待也"(《说群序》)。

与康有为将元典中的民本思想比附西方现代民主政治思潮,欣羡资产阶级民主政体相比,梁启超的文化本位意识更强一些,他显然认为元典中的民主思想较之近代西方民主政体要远胜一等。"彼泰西群术之善,直百年以来焉耳,

---

① 冯天瑜:《近代民主思潮的民族文化渊源》,载湖北大学中国思想文化史研究所编《中国文化的现代转型》,湖北教育出版社,1996,第167-168页。

而其浡兴也若此……抑吾闻之,有国群,有天下群。泰西之治,其以施之国群则至矣,其以施之天下群则犹未也。"(《说群序》)因此,西方近代民主至多不过是据乱世之中的太平世的产物,而中国传统民主思想则超越了国界,主张"天下为公""太平之世,天下远近大小若一","为天下群",是人类社会发展的最高阶段——太平大同时代的一种高远的政治理想。

尽管康、梁如此推崇民主政治制度,但在实际变法主张中却并没有提出在中国"骤行"民主共和,而是选择了介乎君主专制与民主共和之间的君民共主政体——君主立宪制。个中原因除了前述"未及其世,不能躐之"外,另一重要因素在于他们对国民心理素质的把握,即所谓"民智未开"。梁启超指出,"今以吾喜独之质点,而效人乐群之行事,是犹饰西颦于嫫眉,蒙虎皮于羊质,是以万变而万不当也"《说群序》。他主张不应盲目模仿西方,在政治体制维新中全盘西化,但不改革又不能适应世界民主化潮流,"以独术与群术相遇,其亡可翘足而待也"《说群序》。"今中国制官之弊,承数千年一统之俗,其为治也疏,当数千年专制之风,其及民也少。以此而当各国狼鸷竞争之制,民权发扬蹈厉之时,其亦不能不议更张矣"(康有为《官制议》)。因此,康、梁政治体制改革的立足点就放在既迎合国人"喜独"之心理定势,又要进行变法赶上世界潮流这样一个基点之上。具体而言，就是既使君主有权威，使国家"大一统"得以维持甚至强化，又让民众能较广泛地参与政治，改变君主"乾纲独断"的专制局面。"民无自治之权，则不能纤悉皆举。政无中央之运，则不能操纵合宜"。康有为设想的君主立宪制，应该是以民为本，而非专制时代的"以君为本"。他把两种不同的君主制进行了对比："据乱专制之世，君权过尊，则官制多为奉君而设；平世则民能自治，君长皆以民而立，不设多官以事君，故为民事之官制优于为君事之官制。"（康有为《官制议》）他认为，有民众参与、民权限制的君权较之传统专制的君权更有权威，办事更有效率。"故当有大臣总裁以定之，人君称制以临之。当大变方始之时，际人心未明之候，以君权行之，有如雷霆之震，万物昭苏，其效更速也。故当两者兼用之，即今各国议院亦行两者合定之意也。"（《官制议》）有鉴于此，他提出了立宪法、开议院的具体改革举措，"中国今日亟宜行立宪法，亟宜开议院，此议官制有一无二之要政也。开议院则人有政权，民气得伸，民愿得达，民隐皆周。人有参政之责任，则民智日开，民才日长，民力日厚，国民之资格进而国之资格自进矣。议院为官制第一法，即吾国民人格未备，未能议政，亦当行之"（《官制议》）。将议院说成是中国古已有之而非舶来品，康有为可谓用心良苦，充分考虑到了中国国民的心理承受力。由是观之，康有为绝对不是一个枯坐书斋、不谙世情的纯粹儒者，他懂得审时度势，更谙熟传统，洞悉民情，唯因如此，他的政体改革主张才能较好地处理旧与新、中与西、君与民等关系，具有理论上的合理性和现实中的适应性。

康有为、梁启超"三统""三世"理论建构的实践充分表明，在近代中国历史性变革大潮中，中华元典中的进化观念和民本思想同西方近代民主思想一道成为中国早期资产阶级实行变法维新的重要理论来源。当然，传统儒学中的民主精华经过近代先进思想家们的改造与更新，尤其是经过与近代输入的西学的融会贯通，被赋予了全新的时代内涵。从庄、刘到龚、魏再到康、梁，《春秋》及"公羊学"在近代学风转变和政治变革中充当了重要角色，它使全新的近代与遥远的古代获得了深刻的内在的联系与沟通，西方学者出于理论与政治现实目的所构筑的"冲击—反映"理论模式，在这一客观事实面前显得肤浅，甚至荒谬。《春秋》在近代中国的命运，留给我们的启示是多重与深刻的。如何挖掘传统文化的精华并使之有时代意蕴，使传统常新，如何在当下与传统之间找到契合点，使之有益于现实，如何处理学术与政治的关系，既保持学术与理论的内在圆满，又不走向琐碎僵化而成为教条，使学术与理论在现实生活中"活起来"，所有这些，都需要我们深入思考，反复回味……

五 《春秋》与中国传统学术范式

1.历代"《春秋》学"述论

关于《春秋》的研究,可以说从《春秋》产生的那天起就已经开始了。春秋战国时期孔门弟子对《春秋》的传衍与阐发,孟子、庄子等对《春秋》思想精髓的独到体悟,都对后世《春秋》的研究及传播产生了影响。至汉代"公羊学"盛极一时,魏晋后"左传学"久盛不衰,唐代后期至两宋时期废传而直取经义,清代前中期从考史和文献整理的角度对《左传》的考释以及嘉、道以后"公羊学"再一次异军突起……此兴彼毁,歧见迭出,《春秋》研究可谓异彩纷呈,代有佳构。"《春秋》学"在传统经学系统中雄踞一方,蔚为大观。

孔子之后,整个经学(主要指五经)的传衍是一颇为含混、传说多于实证的问题。《韩非子·显学》篇云：孔子之后，儒分为八，有子张氏、子思氏、颜氏、孟氏、漆雕氏、仲良氏、公孙氏、乐正氏之儒。相传为晋人陶渊明所撰的《圣贤群辅录》据此对各派儒者传习的具体经典作了论列，其中提到乐正氏是传《春秋》之儒："颜氏传《诗》，为讽谏之儒；孟氏传《书》，为疏通致远之儒；漆雕氏传《礼》，为恭俭庄敬之儒；仲良氏传《乐》，为移风易俗之儒；乐正氏传《春秋》，为属辞比事之儒；公孙氏传《易》，为洁静精微之儒。"皮锡瑞在《经学历史》的《经学流传时代》一章中认为，"诸儒学皆不传，无从考其家法；可考者，惟卜氏子夏"，其主要根据是宋人洪迈的《容斋随笔》："孔子弟子，惟子夏于诸经独有书。虽传记杂言未可尽信，然要为与他人不同矣。于《易》则有传。于《诗》则有序。而《毛诗》之学，一云：子夏授高行子，四传而至小毛公；一云：子夏传曾申，五传而至大毛公。于《礼》则有《仪礼·丧服》一篇，马融、王肃诸儒多为之训说。于《春秋》所云'不能赞一辞'，盖亦尝从事于斯矣。公羊高实受之于子夏。穀梁赤者，《风俗通》亦云子夏门人……后汉徐防上疏曰：'《诗》《书》《礼》《乐》，定自孔子；发明章句，始于子夏。'斯其证云。"子夏传"五经"是否属实，笔者认为是一个需要进一步考证的问题，但历代诸儒都作如是说，故本书亦采从旧说。关于《春秋》"三传"，至少有二传与子夏有关。徐彦《春秋公羊传注疏》云:"戴宏《序》云:子夏传与公羊高,高传与其子平,平传与其子地,地传与其子敢,敢传与其子寿。至汉景帝时,寿乃共弟子齐人胡母子都著于竹帛。"这里谈的是《春秋公羊传》的传承情形。关于《春秋穀梁传》,杨士勋《春秋穀梁传注疏》亦云:"穀梁子……受经于子夏,为经作传。故曰《穀梁传》,传孙卿,孙卿传鲁人申公,申公传博士江翁。"《左传》的传衍,唐陆德明《经典释文序录疏证》有交代:"左丘明作传以授曾申,申传卫人吴起,起传其子期,期传楚人铎椒,椒传赵人虞卿,卿传同郡荀卿名况。"

上述《春秋》及"三传"传衍序列尽管被说得头头是道,但实际缺乏足够的史料根据,汉以前史料根本无此记录,近人对此有所驳难,最有力者为清代学者崔适,他在《春秋复始》卷一《序证》中说:

> 戴宏《序》曰:"子夏传与公羊高,高传其子平,平传其子地,地传其子敢,敢传其子寿。至汉景帝时,寿乃与齐人胡母子都著于竹帛。"是则戴宏《序》,乃有公羊氏之世系及人名。何以前人不知,而后人知之也?且合《仲尼弟子列传》《孔子世家》与《十二诸侯年表》《六国表》《秦本纪》、汉诸帝《纪》观之,子夏少孔子四十四岁,孔子生于襄公二十一年,则子夏生于定公二年,下迄景帝之初,三百四十余年。自子夏

至公羊寿,甫及五传,则公羊氏世世相去,六十余年,又必父享耄年,子皆夙慧,乃能及之,其可信乎?[①]

徐复观于《两汉思想史》卷二中亦言:"戴宏所说的由子夏(卜商)下来的五代传承,只是出于因公羊、左传在东汉初的互相争胜,公羊家为提高自己的地位,私自造出来,以见其直接出于孔门的嫡系单传。《史记·孔子世家》由孔子至孔安国,凡十三代。史公曾从安国学古文,则其年事当略后于胡母生,而谓从子夏传经的公羊氏,到了与胡母生同年辈的公羊寿仅五世,这是可能的吗?公羊全书称'子沈子曰'者二,称'鲁子曰'者六,称'子司马子曰'者一,称'子北宫子曰'者一,称'子女子曰'者一,称'高子曰'者一,除'子公羊子'以外,尚有六人参加了此一系统的《春秋》解释,这便否定了公羊氏一家嫡系单传之说。"[②]

崔、徐二氏对公羊传衍世系的否定,同样应该适宜于穀梁、左氏传的世系传衍说。事实上,在当时的环境下,一家嫡系单传是绝对难以做到的,对包括《春秋》在内的儒学经典的研习、传承必定经过众手,或口耳相传,或笔

---

① 转引自蒋庆:《公羊学引论——儒家的政治智慧与历史信仰》,第88页。
② 同上。

录相继，到一定的时候，经过某一个和某几个杰出人物汇集整理成文，传给后世，这是文化史早期普遍存在的历史现象。因此，关于战国至汉初《春秋》传衍的情形，还是司马迁说得较为客观：孔子昌明王道，作《春秋》，以鲁国历史为纲记述春秋历史，其文辞简约，但义旨宏大深刻，为后世制定了制度和治国理政的理念……后来的人对此多有阐述，如《左氏春秋》《吕氏春秋》等。其他人如荀子、孟子、公孙固、韩非等也往往根据《春秋》著书，凡此种种，不可胜数。到了汉代，更有董仲舒推衍《春秋》大义，著述颇丰。

秦朝虽然焚书坑儒，但《春秋》影响并未灭绝，郑樵《秦不绝儒学论二篇》说：陆贾、郦食其、叔孙通都是秦朝学者，有的甚至还是著名的大儒。后来，陈胜起义，秦二世召集儒生三十余人咨询为什么会有这样的大乱发生，这些儒生都根据《春秋》予以应答，可见秦朝并非不用儒生和经学。汉代是"《春秋》学"的确立时期，其主要标志是各种学说纷纷出现，且由口说流行衍为固定文本。据《汉书·艺文志》："《春秋》所贬损大人当世君臣，有权威势力，其事实皆形于《传》，是以隐其书而不宣，所以免时难也。及末世口说流行，故有《公羊》《穀梁》《邹》《夹》之传。四家之中，《公羊》《穀梁》立于学官，邹氏无师，夹氏未有书。"而在《公羊》《穀梁》二传中，"《公羊》学"独得汉武帝青睐，被立为"五经博士"之一，时治《春秋》《公羊》学"者，于齐有胡母生，于赵有董仲舒，"而公孙弘以治《春秋》为丞相封侯，天下学士靡然乡风矣"（《汉书·儒林传》）。

"公羊学"成为西汉时期的显学，除了因其能作为进身之阶引得士子纷纷向学外，还与董仲舒从学理与治术的双重角度对《春秋》作精致论证和大力阐扬相关涉。董仲舒的《春秋》公羊学内容庞杂，牵涉政治、人伦、礼俗、民族思想等方方面面，但稍加归纳，其核心主要体现在两个层面上：其形上层面是通过阐发"大一统"，为封建政治与意识形态的一统化提供理论依据；其形下层面则是将《春秋》条文作庸俗化处理，运用到具体的政治行为之中，即"以《春秋》决狱"。关于前者，董仲舒说：《春秋》大一统思想，天地之常经，古今之通义。今天无论是师传的学说还是人们的议论，可以说是异说纷存，莫衷一是，所以上不知怎么统一思想，下不知如何遵守规矩。我以为对于孔子六艺之术，不应该齐头并进，一概采信，而应该弘扬彰显其正统观念和纲纪法度，百姓才知道怎么服从和遵循啊。

董仲舒据此提出了"罢黜百家，独尊儒术"的著名论断，并将其作为"统纪可一而法度可明"的前提，这是有积极意义的，体现出其对"《春秋》学"的独到体悟，是"《春秋》学"历史上一个划时代的里程碑。关于形下之

"决狱",据《汉书·董仲舒传》云:"仲舒在家,朝廷如有大议,使使者及廷尉张汤就其家而问之,其对皆有明法。"董仲舒"以《春秋》决狱",对一部史书作实用主义的曲解,必然会造成一些荒唐无稽的笑话,受到后人的嘲讽。他尤其好言灾异,企图以天来规范和节制帝王的行为,如他以《春秋》灾异之变学说,装神弄鬼;以阴阳学说,求雨止雨。这触犯了专制政治的大忌,因此理所当然地受到专制重拳的打击,他不仅被罢官降职,还差点遭受牢狱之灾。董仲舒将阴阳五行引入"《春秋》学"研究,通过言灾异对天子以警示,对汉代及魏晋学术思潮产生了很大影响。汉魏之际纬书流行,不能说与之没有关系。西汉宣帝和元帝之后,以阴阳五行说《春秋》之风十分盛行,《汉书·五行志》曾对此有过记载。

董仲舒是"《春秋》学"研究史上里程碑式的人物。"董仲舒推《春秋》义,颇著文焉"(《史记·十二诸侯年表》),"故汉兴至于五世之间,唯董仲舒名为明于《春秋》,其传公羊氏也"(《史记·儒林列传》)。他对《春秋》"大一统"大义的阐扬与发挥,使他成为《春秋》"公羊学"派的真正奠基者,两千余年来受到历代经学家尤其是今文经学家的推崇。诚如康有为所说:司马迁曾著书,说汉代以来只有董氏弄通并能发明《春秋》微言大义。汉代另一著名学者刘向也十分推崇董仲舒,即便刘向之子刘歆竭力攻击《公羊传》，他也认为董仲舒是群儒之首。宋代朱熹论三代人物，唯一认可的是董仲舒，认为他是真正的儒家。所以，要学习研究《公羊传》，除了董仲舒就没有第二个人了。

大体上说来，西汉时期"公羊学"盛行，《穀梁传》尤其是《左传》研究在西汉后期才开始露头。"三传"被立为博士以《公羊传》为最先，《穀梁传》次之，《左传》最后。"初，《书》唯有欧阳，《礼》后，《易》杨，《春秋》公羊而已。至孝宣世，复立大小夏侯《尚书》，大小戴《礼》，施、孟、梁丘《易》，穀梁《春秋》。至元帝世，复立京氏《易》。平帝时，又立左氏《春秋》、毛《诗》、逸《礼》、古文《尚书》"（《汉书·儒林传》）。两汉"《左传》学"崛起，刘歆实开先声。首先，在刘歆的力争下，《左传》由民间在野之学移居庙堂之中，被立于学官。汉初，虽然流传贾谊曾作《左传》训诂，但直到汉平帝以前，《左传》一直只在民间传授。到成帝时，刘歆校理皇家藏书，发现古文《左传》后，屡屡上书请立于学官，至平帝、王莽当政，终于如愿以偿，《公羊》《穀梁》《左传》三足鼎立局面形成，刘歆功莫大焉。其次，刘歆以前，在学者眼中，《左传》与《春秋》是分立的，《春秋》是《春秋》，《左传》是《左传》，互不相干，各自独立，如"《史记》称《左氏春秋》，不称《春秋左氏传》，盖如《晏子春秋》《吕氏春秋》之类，别为一书，不依傍圣经"（皮锡瑞《经学历史》）。刘歆对此严加驳斥:"往者缀学之士不思废绝之阙,苟因陋就寡,分文析字,烦言碎辞,学者罢老且不能究其一艺……犹欲保残守缺,挟恐见破之私意,而无从善服义之公心,或怀妒嫉,不考情实,雷同相从,随声是非,抑此三学,以《尚书》为备,谓左氏为不传《春秋》,岂不哀哉!"有鉴于此,刘歆致力于将《左传》与《春秋》加以匹配糅合,开以《左传》诠解《春秋》之先河:"初《左氏传》多古字古言,学者传训故而已,及歆治《左氏》,引传文以解经,转相发明,由是章句义理备焉。"(《汉书·楚元王传》)刘歆所著《春秋左氏条例》及《章句》,从文字、义理诸方面对《左传》进行诠释、解读,将一部难读费解的古书变成学者能够通晓的当代文字。

东汉,古文经学盛行,在刘歆的影响之下,不少学者研习《左传》,如桓谭、杜林、郑兴、贾徽、孔奋等。"至刘歆始增置古文《尚书》《毛诗》《周官》《左氏春秋》。既立学官,必创说解。后汉卫宏、贾逵、马融又递为增补,以行于世,遂与今文分道扬镳。"(皮锡瑞《经学历史》)从总的学术趋势来看,东汉学者一般都排诋今文经学,非"公羊"而申"左氏"。如王充认为"公羊、穀梁之传,日月不具,辄为意使,平常之事有怪异之说,径直之文有曲折之义,非孔子之心"(《四库全书总目提要》卷二九《春秋类四·御纂春秋直解》),他对《左传》则颇为推崇,认为"《左氏》传经,辞语尚略,故复选录《国语》之辞以实。然则《左氏》《国语》,世儒之实书也"(王充《论衡·案书》)。

东汉学者虽重古文经学,而且今古文界限森严,互相不肯越雷池一步,"相攻若仇,不相混合。杜、郑、贾、马注《周礼》《左传》,不用今说;何休注《公羊传》,亦不引《周礼》一字"(皮锡瑞《经学历史》);但是由于学术环境的改善及学术风气的变迁,学者在宗古文经学时亦兼通今文经学,表现在"《春秋》学"上,便是以《左传》为宗,兼通《公羊传》和《穀梁传》。如郑玄"始通京氏《易》《公羊春秋》《三统历》《九章算术》,又从东郡张恭祖受《周官》《礼记》《左氏春秋》《韩诗》《古文尚书》"(《后汉书·张曹郑列传》)。"案:京氏《易》《公羊春秋》为今文,《周官》《左氏春秋》《古文尚书》为古文。郑君博学多师,今古文道通为一,见当时两家相攻击,意欲参合其学,自成一家之言,虽以古学为宗,亦兼采今学以附益其义"(皮锡瑞《经学历史》)。马融"尝欲训《左氏春秋》,及见贾逵、郑众注,乃曰:'贾君精而不博,郑君博而不精。既精既博,吾何加焉!'但著《三传异同说》"(《后汉书·马融列传》)。今古文兼通融会的趋势还表现在经学派系论争之中。今文经学家何休也是一兼通博学者,他有感于东汉时以"公羊学"为代表的今文经学的没落,起而奋争,"覃思不窥门,十有七年"(《后汉书·儒林传》),著《春秋公羊解诂》，依据胡母生条例，"释传而不释经"（《四库全书总目提要》卷二六《春秋类一·春秋公羊传注疏》）；"又以《春秋》驳汉事六百余条，妙得《公羊》本意"；并作《公羊墨守》《左氏膏肓》《穀梁废疾》，比论"三传"，力宗《公羊》，排击《左传》，"言《公羊》之义不可攻，如墨翟之守城也"（《后汉书·儒林列传》）。何书出后，郑玄站在古文学家立场上予以反击："发《墨守》，针《膏肓》，起《废疾》。休见而叹曰：'康成入吾室，操吾矛，以伐我乎！'"（《后汉书·张曹郑列传》）两派虽各有所宗，但论争之中都古今兼通，相互比论，从学术史的角度而论，体现出包容圆通，砥砺互进的进化趋势。

总括两汉"《春秋》学"及其发展态势，其对后世影响因学派分流而各有不同。西汉以"《公羊》学"为代表的今文经学，虽然饮誉一时，而且以此为契机，"罢黜百家，独尊儒术"，从思想史角度论，使儒家思想成为封建社会的统治思想，从学术史角度论，则使经学成为中国传统学术主干；但"《公羊》学"本身从东汉衰落后一蹶不振，两千余年几近湮没，直到晚清才重新复兴。东汉时期的"《左传》学"及古文经学，对后世却一直产生影响，从学术路径和治学风格而论，古文经学主要是章句训诂，由郑玄集其大成，成为中国传统学术的一个重要流派，称为"汉学"，被清代中叶的"乾嘉学派"所宗仰，其学术意义远远超越经学的狭窄范围而遍及所有传统人文学术领域。就经学尤其"《春秋》学"研究的微观领域而言,东汉的《左传》研究,其思路与方法直启魏晋"《春秋》学"之流风,延及隋唐乃至清代的《春秋》研究,并不断衍化转捩,使东汉以后数百年间学术路径跌宕起伏,峰回路转,包括"《春秋》学"在内的两汉经学对中国传统学术的演迁产生了深远影响。诚如魏源所说:今天的人谈学术,则必然会说东汉学术胜于西汉学术(主要指经学),东汉许慎对于"六经"都有深入的研究,对"六书""三礼"研究尤深。尤其是郑玄以今文家法研究《易》《诗》《书》《春秋》,不拘泥于今古文家法,自成一派。其后郑学风行一时,以至其他人的注经解经著作大都散佚了。但到了东汉梅赜的"伪古文书"问世,马融、郑玄之学也散佚了。西汉今文经学,在东汉衰落了;而东汉的典章制度之学,则断绝于隋唐;两汉训诂考证之学,消失于魏晋。学术兴亡真有一定的规律吗?

魏晋南北朝的"《春秋》学",其总的态势是"《左传》学"大盛,"《公羊》学"式微。据《北史·儒林传》,南北朝时期,无论江左江右,基本上都是研习《左传》。江左"《左传》则杜元凯,河、洛《左传》则服子慎",而"其《公羊》《穀梁》二传,儒者多不厝怀"。但同书又云,何休的《公羊传》"大行于河北",似乎矛盾,对此皮锡瑞曾予以辨正,认为所言与事实不符:"而据《北史》,河、洛主服氏《左传》外，不闻更有何氏《公羊》；且云：'《公羊》《穀梁》，多不措意。'《儒林传》载习《公羊春秋》者，止有梁祚一人；而刘兰且排毁《公羊》。则此所云《公羊》大行，似非实录。"（皮锡瑞《经学历史》）

对魏晋南北朝"《春秋》学"直接发生影响的是服虔和杜预。服虔所撰《春秋左氏传解》，以《左传》驳何休所驳汉事六十余条。杜预作《春秋左传集解》。二人影响于南北朝，服氏主要于河北，杜氏除江左外，更及于北朝。《北史·儒林传》云："河北诸儒能通《春秋》者，并服子慎所注，亦出徐生之门。张买奴、马敬德、邢峙、张思伯、张奉礼、张雕、刘昼、鲍长宣、王元则并得服氏之精微。又有卫觊、陈达、潘叔虔，虽不传徐氏之讲，亦为通解。又有姚文安、秦道静，初亦学服氏，后兼更讲杜元凯所注。其河外儒生，俱伏膺杜氏。"徐氏即徐遵明，北魏著名学者，其"《春秋》学"承袭服氏。"馆陶赵世业家有服氏《春秋》，乃晋永嘉旧本，遵明读之，手撰《春秋义章》三十卷，河北诸儒能通服氏《春秋》者，并出徐生之门。"（赵翼《廿二史札记校证》卷一五《北朝经学》）

要而论之，此一时期之"《春秋》学"有如下特点：

其一，《左传》研究有诸多新特点。杜预所撰《春秋左传集解》《春秋释例》等书，在"《春秋》学"中自成体系。首先是以经配传，首次将《春秋》经文与《左传》逐条配附，使《左传》真正成为解经之书。其次是扬周公抑孔子，认为《春秋》不是孔子创作，孔子不过是据周公所作旧例而删削改作而已。《春秋左传集解序》称："其发凡以言例，皆经国之常制，周公之垂法，史书之旧章；仲尼从而修之，以成一经之通体。其微显阐幽，裁成义类者，皆据旧例而发义，指行事以正褒贬……然亦有史所不书，即以为义者，此盖《春秋》新意。"杜预此说，一是动摇《春秋》作为"经"的地位，将其降至"记事之书"的"史"的位置；二是对孔子"圣人"地位发生怀疑，"春秋大义"乃周公创制，孔子只是"述而不作"，实际上否认孔子为儒家圣人，只是将其作为学者和史家来对待。杜说对后世经学史研究影响甚大，直启刘知几"非《春秋》""申《左》"和章学诚"六经皆史"之先河。

其二，对"《春秋》三传"的综合比较研究进一步深入。较典型者是晋人范宁所著《榖梁集解》。该书虽研究《榖梁》，但综合"三传"，不限于《榖梁》："虽存《榖梁》旧说，而不专主一家，《序》于三传皆加诋諆。"（皮锡瑞《经学历史》）《春秋》之传有三，而为经之旨一，臧否不同，褒贬殊致。盖九流分而微言隐，异端作而大义乖。《左氏》以鬻拳兵谏为爱君，文公纳币为用礼；《榖梁》以卫辄拒父为尊祖，不纳子纠为内恶；《公羊》以祭仲废君为行权，妾母称夫人为合正。以兵谏为爱君，是人主可得而胁也；

以纳币为用礼,是居丧可得而婚也;以拒父为尊祖,是为子可得而叛也;以不纳子纠为内恶,是仇雠可得而容也;以废君为行权,是神器可得而窥也;以妾母为夫人,是嫡庶为得而齐也。若此之类,伤教害义,不可强通者也……《左氏》艳而富,其失也巫;《穀梁》清而婉,其失也短;《公羊》辩而裁,其失也俗。"(范宁《穀梁集解序》)范氏对"三传"的评论持论公允、平实,受到后代不少学者的赞赏。清人顾亭林引宋黄震的评论,表达了对范氏的嘉许:"宋黄震言:杜预注《左氏》独主《左氏》;何休注《公羊》独主《公羊》;惟范宁不私于《穀梁》,而公言三家之失。"(《日知录·汉人注经》)

其三,魏晋六朝的"《春秋》学"南北分流,各有所尚,"六朝人虽以词藻相尚,然北朝治经者尚多专门名家"。北朝《春秋》研究,以务实、重独创为其显著特色。北魏时徐遵明为北朝经学大宗,其务实风格已十分明显,后来学者,多推崇徐氏,潜心研经,各有心得。"其时治经者,各有师承……其业既成,则各有所著,以开后学。"何休注《公羊音》、范宁注《穀梁音》各一卷,"卫冀隆精服氏《左传》,难杜预《春秋》六十三事,贾思同又驳冀隆乖错者十余条。姚文安难服虔《左传解》七十七条,名曰《驳妄》;李崇祖申明服氏,名曰《释谬》。"李铉撰有《三传异同》,乐逊著有《左氏春秋序论》,"又著《春秋序义》,通贾、服说,发杜氏违"。刘炫著《春秋攻昧》十卷,《春秋述议》二十卷。"张冲撰《春秋义略》,异于杜氏者七十余事……此又可见当时治经者,各有心得,笔之于书,非如后世记问掇拾之学也。"(赵翼《廿二史札记校证·北朝经学》)

南北朝时期,经学演进的总趋势是南学逐渐占据优势,至隋朝北学统一于南学,《春秋》学"亦不例外。前引《北史·儒林传》就曾讲到河北诸儒能通《春秋》者,"初亦学服氏,后兼更讲杜元凯所注。其河外儒生,俱伏膺杜氏",即言明此过渡之迹。至隋唐,杜预《左传》注便完全取代服虔的《春秋左氏传解》而风行海内。《隋书·经籍志》:"至隋,杜氏盛行,服义及《公羊》《穀梁》浸微。"唐初孔颖达撰《五经正义》,于《左传》亦是取杜而弃贾、服。孔序云:"其前汉传《左氏》者,有张苍、贾谊、尹咸、刘歆,后汉有郑众、贾逵、服虔、许惠卿之等,各为诂训,然杂取《公羊》《穀梁》以释《左氏》,此乃以冠双履,将丝综麻,方凿圆枘,其可入乎?晋世杜元凯又为《左氏集解》,专取丘明之传,以释孔氏之经;所谓子应乎母,以胶投漆,虽欲勿合,其可离乎?今校先儒优劣,杜为甲矣。"(孔颖达《春秋左传正义序》)陆德明撰《经典释文》,其于《左传》亦以杜注为是。

观隋及唐前中期"《春秋》学",自汉末魏晋《左传》盛行,《公》《穀》式微之态势一仍如旧。《隋书·经籍志》云：晋时"《公羊》《穀梁》但试读文，而不能通其义"，至隋，"《公羊》《穀梁》浸微"，至唐魏征等撰《隋书》之时，已"殆无师说"。唐朝实行科举制后，一般士大夫以实用主义态度对待儒学经典，虽然"三传"都被朝廷钦定为经，而《左传》更受青睐，与《礼记》一起被定为"大经"，因此，习《左传》者较《公》《穀》为多便成为理所当然。"且今之明经，习《左传》者十无二三……又《仪礼》及《公羊》《穀梁》殆将废绝。"（《旧唐书·杨玚传》）学者之中，推尊《左传》，贬抑《公羊》《穀梁》甚至《春秋》，至刘知几发展到极致。刘知几以史学家而非经学家的眼光评判《春秋》及"三传"得失。对于《春秋》，他在《史通·惑经》篇中指出，作为一部史书，多有不足之处，"其所未谕十二也"，"其虚美者有五焉"。在"未谕十二"中，条列《春秋》在义理、条例和史事处理上的疏误，如"多为贤者讳"，其书法非良史，"夫非所讳而仍讳，谓当耻而无耻，求之折衷，未见其宜"；而史事删削，往往"略大存小"，"巨细不均，繁省失中"；更为重要的是《春秋》缺少"直书""实录"精神："盖君子以博闻多识为工，良史以实录直书为贵。而《春秋》记他国之事，必凭来者之辞；而来者所言，多非其实。或兵败而不以败告，君弑而不以弑称，或宜以名而不以名，或应以氏而不以氏，或春崩而以夏闻，或秋葬而以冬赴。皆承其所说而书，遂使真伪莫分，是非相乱。"

这里,刘知几从史书的事实方面(真伪)和价值方面(是非)对《春秋》给予了完全的否定。在"虚美者五"中,刘知几罗列史事,条分缕析,一一驳斥了司马迁、孟子、左丘明、班固等人对《春秋》的溢美之词,"十二未谕皆自出之疑,五虚美则摭旧说以为翻案。未谕犹婉约其辞,而虚美则公然指斥,是直罔知忌惮矣"(清·浦起龙《史通通释》按语)。对于《春秋》"三传",刘知几在《申左》篇中,指出《左传》有三长,《公羊》《穀梁》有五短。关于《左传》"三长",刘知几指出:左丘明作《左氏传》,所有著述及体例说明,都来自周典,并传播孔子的教义,所以能成为不可更改的经典,并为将来学者著书立说做典范,以供效法,这是第一大长处。《左传》对于其他诸侯国家发生的事情,每一件都记录得很详细,这是第二大长处。孔子说,左丘明不喜欢的,我也不喜欢。左丘明凭着和孔子一样卓越的才华,担当起传播经典的大任,加上当时有弟子三千人,优秀之子七十人,他们来自四面八方,同处鲁国。于是左丘明上向孔子请教,下则和弟子互相切磋,博采众长,见闻自然广博,这是第三大长处。

《公羊》《穀梁》的五短是:一是史料来源不可靠。《公羊传》《穀梁传》的作者出生在别的国家,所处时代也比左丘明晚,他们谈论的地域、时代与《左传》不同,所记载内容为传闻而非亲见亲闻,如同后世不靠谱的杂史,难以与正统史书相提并论。二是编排混乱，内容零散，不成系统。《左传》依据各国史官史书，记录的言语有根有据，编排有序；而《公羊传》《穀梁传》根据口头流传编写，记录语言不协调，文章琐碎，篇幅长短、内容详略都不如《左传》。三是语言和文辞粗糙。《左传》记载的辞令等文辞典雅优美、含义深远，是参考多国史书编排而成；《公羊传》《穀梁传》记言载事失去精华，探寻事情和言论起因多是个人想法，义理迂腐、文字粗鄙。四是阐释不够充分。二传在解释《春秋》时的阐释不够明确，往往引用原文时没有详细解释，导致理解上的模糊，缺乏《左传》对事件背景和言论原因的深入分析。五是违背伦理与圣人旨意的问题。《公羊传》中的注解有时会违背父子伦理，丢失圣人旨意，可能误导后人。

"三长""五短"之说，实际上是通过对"三传"的系统比较来肯定《左传》作为解经之作而优于《公羊》《穀梁》的历史价值。由于"三传"在经典阐释路径上的差异（《左传》实录史事，依事注经，《公羊》《穀梁》取诸胸臆，任意发挥），因此，以史学家的眼光观之，《左传》无论从事实评判上还是价值评判上都较好地体现了经典的本来意义。以"义"言之，"语曰：仲尼修《春秋》，逆臣贼子惧。又曰：《春秋》之义也，欲盖而彰，求名而亡，善人劝焉，淫人惧焉。寻《春秋》所书，实乖此义，而《左传》所录，无愧斯言。此则《传》之与《经》,其犹一体,废一不可,相须而成。如谓不然,则何者称为劝戒者哉?"以"事"言之,"若无左氏立《传》,其事无由获知。然设使世人习《春秋》而唯取两《传》也,则当其时二百四十年行事茫然阙如,俾后来学者,代成聋瞽者矣"。而《公羊》《穀梁》由于"唯取依《经》为主,而于内则为国隐恶,于外则承赴而书,求其本事,大半失实"(刘知几《史通·申左》),于"义"于"事",都难以贴紧《经》文,裨益古今。

刘知几惑传疑经,是在唐前期经学——官学一统天下的形势下发生的,表现了不同凡儒的慧眼卓识。安史之乱以后,王权式微,朝廷钦定的《五经正义》日益受到学者冷落,不再被奉为圭臬,阐释儒家经典的传文普遍受到怀疑,学者欲以新的价值标准对其作重新估价,并越过传、注、疏文直探经典本身;同时客观形势也要求从经典尤其从《春秋》里寻找理论依据,以维护封建王朝的大一统局面。于是在大历年间(766—779年)"《春秋》学"又重新兴起,由传统经学以传释经的路数转向直接面对《春秋》经文本身,汉以来七百余年"《春秋》学"至此发生重大转折。

唐后期的"《春秋》学",首先表现出的是对抑《公羊》《穀梁》而扬《左氏》的不满。啖助、赵匡认为《左传》与《公羊》《穀梁》由于其著作性质不同,"《公》《穀》守经,《左氏》通史"(陆淳《春秋集传纂例·赵氏损益义第五》),在解释《春秋》的"微言大义"方面,《公羊》《穀梁》要胜《左氏》一筹,"密于《左氏》"(陆淳《春秋集传纂例·三传得失议第二》);"《左氏》解经,浅于《公》《穀》"(陆淳《春秋集传纂例·赵氏损益义第五》)。陆淳认为"三传"解经都有失原旨,但比较而言,《公羊》《穀梁》较《左氏》为好:"《公羊》《穀梁》,初亦口授。后人据其大义,散配经文,故多乖谬,失其纲统。然其大指,亦是子夏所传。故二传传经,密于《左氏》,《穀梁》意深,《公羊》辞辨,随文解释,往往钩深。"(陆淳《春秋集传纂例·三传得失议第二》)《左传》解经不如《公羊》《穀梁》,并不是《左传》本身的问题和缺陷,而主要因为其是"史"而非"守经"之传。啖、赵的这一观点,与后来宣宗大中时陈商的看法颇为一致:"《立〈春秋左传〉学议》,以孔子修经,褒贬善恶,类例分明,法家流也;左丘明为鲁史,载述时政,惜忠贤之泯灭,恐善恶之失坠,以日系月,修其职官,本非扶助圣言、缘饰经旨,盖太史氏之流也。举其《春秋》,则明白而有识,合之《左氏》,则丛杂而无征。杜元凯曾不思夫子所以为经,当以《诗》《书》《周易》等列;丘明所以为史,当与司马迁、班固等列。取二义乖剌不侔之语,参而贯之,故微旨有所不周,宛章有所未一。"(陶宗仪《说郛》引令狐澄《大中遗事》)因此,问题不在《左传》,而在后世研习《左氏》之人不知经、史有别,强以经附传。"习

《左氏》者,皆遗经存传,谈其事迹,玩其文彩,如览史籍,不复知有《春秋》微旨。"(陆淳《春秋集传纂例·啖氏集传集注义第三》)

啖助、赵匡、陆淳等在排除了《左传》与《春秋》之间所存在的关系之后,对《公羊》《穀梁》也予以基本否定。他们认为,《公羊》《穀梁》二传于《春秋》经的阐释相对《左传》要贴近些,但从根本体系即准确理解《春秋》"微言大义"而言,则二传"故多乖谬,失其纲统"。因此,总括"三传",对《春秋》的诠释都不能尽意。"微言久绝,通儒不作,遗文所存,三传而已。传已互失经指,注又不尽传意,《春秋》之义,几乎泯灭。"(陆淳《春秋集传纂例·啖氏集传集注义第三》)而后世研习"三传"者,又对"三传"原意多加改铸,且互相攻讦,与传相违,离经愈远,造成经传本意俱失。"先儒各守一传,不肯相通,互相弹射,仇雠不若。诡辞迂说,附会本学,鳞杂米聚,难见易滞。益令后人不识宗本,因注迷经,因疏迷注,党于所习。"(陆淳《春秋集传纂例·啖氏集传集注义第三》)既然"三传"及后来的注疏都不能准确解释《春秋》的"微言大义",那么,唯一正确的办法便是舍传求经,直接从经文里面探求《春秋》"微旨":"考核三传,舍短取长,又集前贤注释,亦以思意裨补阙漏,商榷得失,研精宣畅,期于浃洽。尼父之志,庶几可见。"(陆淳《春秋集传纂例·啖氏集传集注义第三》)在这一指导思想导引下,啖助直探《春秋》原旨"救时之弊,革礼之薄"(陆淳《春秋集传纂例·春秋宗指议第一》),赵匡师事啖助,本啖学说,又多有驳难,著《春秋阐微纂类义统》。陆淳为啖、赵学生,"有经学,尤深于《春秋》,少师事赵匡,匡师啖助,助、匡皆为异儒,颇传其学,由是知名"(《旧唐书·陆质传》),著《集注春秋》及《春秋集传纂例》多部,为晚唐"《春秋》学"派集大成者,对当时学界产生极大影响,皮锡瑞认为他非难"三传"的观点"颇能发前人所未发"(皮锡瑞《经学历史》)。

啖、赵、陆开创的"《春秋》学",对唐后期乃至整个宋代的《春秋》研究产生开创性影响。至此,舍传求经,以己意断经义成为一时的思潮,韩愈有诗云:"《春秋》三传束高阁,独抱遗经究终始。"在治学与释经路径上,《春秋》学派一反汉以来重辞章训诂、重专门之学的路向,而重创意,重通学,"惟三《传》自古各自为说,无兼采三《传》以成一书者,是开通学之途,背颛门之法矣"(皮锡瑞《经学历史》)。这种阐释经典的方法,一方面对解放思想、学术创新具有积极意义,另一方面也带来穿凿附会、学风空疏的弊端。"生臆断之弊,其过不可掩。破附会之失,其功亦不可没也。"(《四库全书总目提要》卷二六《春秋类一·春秋集传纂例》)诚如《新唐书·啖助传》所说,啖助治经学(《春秋》),"摭诎三家,不本所承,自用名学,凭私臆决，尊之曰'孔子意也'"。

宋代"《春秋》学"，承晚唐之余绪，沿啖、赵、陆开创的舍传求经之路愈走愈远，其解经之作甚或取代"三传"而成为后世科举取士的范本。皮锡瑞云："宋人治《春秋》者多，而不治颛门，皆沿唐人啖、赵、陆一派。如孙复、孙觉、刘敞、崔子方、叶梦得、吕本中、胡安国、高闶、吕祖谦、程公说、张洽、吕大圭、家铉翁，皆其著者。以刘敞为最优，胡安国为最显。元、明用胡《传》取士，推之太高；近人又诋之太过，而胡《传》卒废。"（皮锡瑞《经学历史》）上述诸人中，承上启下，开两宋"《春秋》学"端绪者首推孙复，其著《春秋尊王发微》，"上祖陆淳，而下开胡安国，谓《春秋》有贬无褒，大抵以深刻为主"（《四库全书总目提要》卷二六《春秋类一·春秋尊王发微》）。继之者刘敞著有《春秋权衡》《春秋传》《春秋意林》《春秋传说例》等多部，其中最著名者为《春秋传》，虽然取舍于"三传"，但不株守，不盲从，多有发挥和创意。《四库全书总目提要》评述说："宋代改经之例，敞导其先，宜其视改传为固然矣。然论其大致，则得经意者为多。盖北宋以来，出新意解《春秋》者，自孙复与敞始。复沿啖、赵之余波，几于尽废'三传'；敞则不尽从传，亦不尽废传，故所训释为远胜于复焉。"（《四库全书总目提要》卷二六《春秋类一·春秋传》）叶梦得所著《春秋谳》《春秋传》《春秋考》亦主信经不信传,"犹沿啖助、孙复之余波,于《公羊》《穀梁》多所驳诘"(《四库全书总目提要》卷二七《春秋类二·春秋谳》)。胡安国《春秋传》,更是一部感念时事,借《春秋》阐明发挥自己思想的作品,"顾其书作于南渡之后,故感激时事,往往借《春秋》以寓意,不必一一悉合于经旨。《朱子语录》曰:'胡氏《春秋传》有牵强处,然议论有开合精神。'亦千古之定评也"(《四库全书总目提要》卷二七《春秋类二·春秋传》)。

两宋时期的"《春秋》学"废传求经成为时尚,除学术思潮演进自身规律使然外,还与一批知名文人、官僚推波助澜不无关系。欧阳修对啖、赵、陆颇为推崇,王安石更是公开倡言"三《传》不足信"。朱熹虽然较为谨慎,认为"《春秋》义例,时亦窥其一二大者,而终不能自信于心,故未尝敢措一辞"(王应麟《困学纪闻·春秋》),实际上也是一种对"三传"不相信的表示。两宋儒者对经传的这种态度,理所当然地受到正统派的指责,司马光《论风俗札子》云:"新进后生,未知臧否,口传耳剽,翕然成风。至有读《易》未识卦、爻,已谓《十翼》非孔子之言;读《礼》未知篇数,已谓《周官》为战国之书;读《诗》未尽《周南》《召南》,已谓毛、郑为章句之学;读《春秋》未知十二公,已谓三《传》可束之高阁。"清人钱大昕亦谓:"宋初儒者,皆遵守古训,不敢妄作聪明。宋景文《唐书·

儒学传》于《啖助赞》深致贬斥，盖其时孙复、石介辈，已有此等议论，而欧阳公颇好之，故于此传微示异趣，以防蔑古之渐。其后王安石以意说经，诋毁先儒，略无忌惮。而轻薄之徒，闻风效尤，竞为诡异之解。如孙奕说《诗》'黾勉'，以'黾'为'蛙'；说《论语》'老彭'，以'彭'为'旁'；罗璧谓公羊、穀梁皆姜姓，真可入笑林矣。"（钱大昕《十驾斋养新录附余录·宋儒经学》）司马光、钱大昕的尖刻之论，未免带有意气成分，前者政治上与王安石有党派之争，后者则出于汉学家对宋学家的一种本能的轻视。二人所论虽有过头之处，但以己意断经义，对经传不作深入研究便妄下断语，予以否定，确是不少宋儒的治学风格，如此一来，出现上述"硬伤"在所难免，给后人留下不少笑柄。

但是，对宋儒的"《春秋》学"完全指责、全盘否定是不符合历史实际的。宋儒弃传从经，并非完全不读传、不要传，相反不少学者对"三传"的研究是达到相当水平的，即便纂修《四库全书》的乾嘉学者对此也是持肯定态度的，如称赞刘敞著《春秋传》"不尽从传，亦不尽废传，故所训释为远胜于复焉"。孙觉《春秋经解》"以《穀梁》为本，及采《左氏》《公羊》历代诸儒所长，间以其师胡瑗之说断之"（《四库全书总目提要》卷二六《春秋类一·春秋经解》）。苏辙《春秋集解》"以其时经传并荒，乃作此书以矫之。

其说以左氏为主,左氏之说不可通,乃取公、穀、啖、赵诸家以足之"(《四库全书总目提要》卷二六《春秋类一·春秋集解》)。叶梦得《春秋传》"以孙复《春秋尊王发微》主于从废传以从经,苏辙《春秋集解》主于从《左氏》而废《公羊》《穀梁》,皆不免有弊。故其书参考三《传》以求经,不得于事则考于义,不得于义则考于事。更相发明,颇为精核"(《四库全书总目提要》卷二七《春秋类二·春秋传》)。综括宋儒对三《传》的态度,大致有两个特点:一是一般都对三《传》作综合考察,互校得失,互为补充,不专于一家,这就是皮锡瑞所说的"通学",与汉儒"专门之学"颇异;二是对三《传》采取研究的态度,根据自我主观需要进行取舍,以表达自己对《春秋》独到的观点,这也同汉儒"重辞章训诂",恪守经传的经典阐释路向大相违异,形成"重义理,轻辞章"的释经风格。

两宋"《春秋》学"从思想史、学术史的眼光观之,并无独创的成就,但就治经人数及所出著作而言,却是历代中较多的。"《春秋》学"从表象而言一直呈繁盛状况,程颐谈到宋初"《春秋》学"时,曾以赞美口吻说:"往年胡博士瑗讲《易》,常有外来请听者,多或至千数人;孙殿丞复说《春秋》,初讲旬日间,来者莫知其数,堂上不容,然后谢之,立听户外者甚众,当时《春秋》之学为之一盛,至今数十年传为美事。"(《回礼部取问状》)两宋学者对《春秋》倾注如此热情，很大程度上出于现实政治与民族关系的需要，其阐释《春秋》经典，亦多注意发挥"尊王攘夷"思想，如孙复发挥《春秋》尊王之"义"，其寓意在辨明和维护宋王朝的正统地位。胡安国的《春秋传》作于宋朝南渡之后，"感激时事"，其意通过发挥"尊王攘夷"，抵抗外来入侵。皮锡瑞论其书曰："平心而论，胡氏《春秋》大义本孟子，一字褒贬本《公》《穀》，皆不得谓其非。而求之过深，务出《公》《穀》两家之外；锻炼太刻，多存托讽时事之心。其书奏御经筵，原可借以纳约。但尊王攘夷，虽《春秋》大义；而王非唯诺趋伏之可尊，夷非一身两臂之可攘。胡《传》首戒权臣，习艺祖惩艾黄袍之非，启高宗猜疑诸将之意。王夫之谓：'岳侯之死，其说先中于庸主之心。'此其立言之大失，由解经之不明也。"（皮锡瑞《经学历史》）很多学者治《春秋》不仅仅局限于文字堆中，而且往往以《春秋》大义砥节砺行。吕大圭的《春秋或问》，《四库全书总目提要》评介其"长于持论而短于考实"。其在任漳州知州时，因抵抗元兵殉国，"其立身本末，皎然千古，可谓深知《春秋》之义。其书所谓明分义，正名实，著几微，为圣人之特笔者，侃侃推论，大义凛然，足以维纲常而卫名教，又不能以章句之学锱铢绳之矣"（《四库全书总目提要》卷二七《春秋类二·春秋或问》）。由于两宋学者的经世意识，其"《春秋》学"研究目的在于为现实需要服务,学术追求退居其次,因此所谓"强经从己","多所臆断"便是不难理解的意中之事了。

元、明时期的"《春秋》学"因袭两宋,别无建树。就整个经学而言,两朝均处于低谷阶段,皮锡瑞称之为"经学积衰时代":"论宋、元、明三朝之经学,元不及宋,明又不及元。"(皮锡瑞《经学历史》)其时之《春秋》学著作,因袭胡安国《春秋传》,多为应场屋之需或乡间塾学之陋本。元仁宗延祐定科举法,其《春秋》即用胡安国《春秋传》。明永乐十二年(1414年),敕胡广等修《五经大全》,其《春秋大全》将元人汪克宽《胡传纂疏》全部照抄不误。据顾炎武考订:"至《春秋大全》则全袭元人汪克宽《胡传纂疏》,但改其中'愚按'二字为'汪氏曰',及添庐陵李氏等一二条而已。"(《日知录·四书五经大全》)元明间,不少学人为应科举考试所需,粗制滥造,写了不少关于《春秋》类应考著作,较典型者如元人黄复祖《春秋经疑问对》,"其大旨则专为场屋进取而作,故议论多,而义理则疏焉"(《四库全书总目提要》卷三十《春秋类存目一·春秋经疑问对》)。杨维桢《春秋合题著说》自序中开宗明义:"春秋正变无定例,故关合无定题;笔削有微旨,故会通有微意。初学者不知通活法以求义,场屋中往往不得有司之意。今以当合题凡若干,各题著说,使推其正变无常,纵横各出,以御场屋之敌。"(《四库全书总目提要》卷三《春秋类存目一·春秋合题著说》)晏兼善《春秋透天关》"专为场屋而作，义殊肤浅"(《四库全书总目提要》卷三十《春秋类存目一·春秋透天关》)。明人冯梦龙《春秋衡库》"为科举而作，故惟以胡《传》为主，杂引诸说发明之"(《四库全书总目提要》卷三十《春秋类存目一·春秋衡库》)。上述著作一个共同特点是以朝廷钦定的经传为蓝本，根据胡安国《春秋传》而编写。有些著作虽有一定学术性，如杨维桢《春秋合题著说》，但以实用性为宗，因此，"究为科举而作，非通经者所尚也"(《四库全书总目提要》卷三十《春秋类存目一·春秋合题著说》)。晚明的作品，更衍为纯粹的乡塾陋本和试题集，如张杞《麟经统一篇》"不载经文，惟以经文之可作试题者截其中二三字为目，各以一破题括其意，即注胡传于下，后列合题数条，亦各拟一破题，并诠注作文之要，其体又在讲章下矣"(《四库全书总目提要》卷三十《春秋类存目一·麟经统一篇》)。

　　元、明尤其是明代学风浮躁空疏，反映在"《春秋》学"方面便是将晚唐至宋"强经从己"之风推向极致，附会、杜撰、改窜经传之迹随处可见。诚如《四库全书总目提要》所云："夫孙复诸人之弃传，特不从其褒贬义例而已；程端学诸人之疑传，不过以所记为不实而已。未有于二千余年之后，杜撰事迹，以改易旧文者。盖讲学家之恣横，至明代而极矣。"(《四库全书总目提要》卷三十《春秋类存

目一·春秋私考》)

此一时期,于"《春秋》学"值得一书者为元人程端学和赵汸。程端学著《春秋本义》《春秋或问》《春秋三传辨疑》等多部,其总体风格仍沿唐宋不信三《传》之余绪,但对宋儒各家学说尤其胡传多所驳正。其于三《传》之中尤难《左传》,攻击《左传》为"伪传"。赵汸著有《春秋集传》《春秋师说》《春秋属辞》《春秋左氏传补注》《春秋金锁匙》等,《四库全书总目提要》称赞其"于《春秋》用力至深"。《春秋属辞》对《春秋》"义例"的研究,既考稽历代注疏,学有所本,又独有心得,多有发明。其书称《春秋》之例凡八:一曰存策书之大体,二曰假笔削以行权,三曰变文以示义,四曰辨名实之际,五曰谨内外之辨,六曰特笔以正名,七曰因日月以明类,八曰辞从主人。《春秋左氏传补注》对《左传》的研究,会通诸家,融杜预、陈傅良诸家之说,并"用《公》《穀》之是以救《左传》之非,则两者兼得笔削义例,触类贯通,传注得失,辨释悉当,不独有补于杜解,为功于《左传》,即圣人不言之旨,亦灼然可见,盖亦春秋家持平之论也"(《四库全书总目提要》卷二八《春秋类三·春秋左氏传补注》)。赵氏研究《春秋》,由于颇多创意,受到清人好评。皮锡瑞云:"元、明人之经说,惟元赵汸《春秋属辞》,义例颇明。孔广森治《公羊》,其源出于赵汸。"(皮锡瑞《经学历史》)

元、明两代近四百年，"《春秋》学"有成就者寥若晨星。追根溯源，除了政治方面的因素外，笔者以为仍与"《春秋》学"第三期释经路向有关。晚唐啖、赵、陆开创的"强经从己"之风在两宋走向极致后，至此终于走入末路，学者沿袭此风，舍经传不读，将宋人解经之作奉为圭臬，"束书不观，游谈无根"，学无根底，空疏飘忽，势必很难有所发明。发展到末流，便是将经书作为"稻粱谋"的工具，与学术之路相距愈来愈远。由是观之，元、明"《春秋》学"之积衰，晚唐、两宋已开端绪矣。故梁启超将宋、元、明三朝列为一代："由宋迄明，是为别子，虽有所得，无与大宗。"（梁启超《王荆公》之二十）这是很有见地的中肯之论。

清代的经学是两汉经学的复兴与再创造，大抵乾、嘉以前复兴东汉之古文经学，专注于辞章训诂、考证、注疏和辑佚，谓之"汉学"；嘉、道以后复兴今文经学，"公羊学"取得长足发展。关于"公羊学"，本书第四章已有详细论述，这里仅就前期"汉学"略作述介。

康乾时期的"《春秋》学"研究，若以阶段划分可分为前后两期：前期汉、宋兼采，学者致力于扫除宋明以来空疏学风，清除胡传影响而恢复"三传"的本来面目；后期则致力于"三传"主要是《左传》的考订、补正与研究。若以传统学科分类来看，此一时期的《春秋》及"三传"

研究,正如梁启超所说可分为"经的研究"和"史的研究"(梁启超《中国近三百年学术史》之十三)两大类,而主要以"史"为主。

清前期的《春秋》通论性著作一扫宋明舍传求经、强经从己的风气,具有持论有据、议论平实的特点。徐庭垣《春秋管窥》"以《左传》之事实质经,以经之异同辨例,于《公羊》《穀梁》二传及诸儒论释,其合于义例,先后无悖者,不复置议,如其曲说偏断,理有窒碍,则据经文先后以驳正之"(《四库全书总目提要》卷二九《春秋类四·春秋管窥》)。张尚瑗《三传折诸》采取史传互证手法综论"三传","取材既广,储蓄遂宏,先儒训诂之遗,经师授受之奥,微言大义,亦多错见于其中"(《四库全书总目提要》卷二九《春秋类四·三传折诸》),虽有"支离曼衍"之嫌,但相对孙复、刘敞、胡安国"议论多而考证少"之弊有矫枉过正之功。焦袁熹的《春秋阙如编》针对孙复《春秋》"有贬无褒"而立褒贬之准,引经据典,破穿凿附会之说,《四库全书总目提要》称"近代说《春秋》者,当以此书为最"(《四库全书总目提要》卷二九《春秋类四·春秋阙如编》)。张自超《春秋宗朱辨义》秉承朱熹"据事直书"之旨,"虽以宗朱为名,而参求经传,务求心得,实非南宋以来穿凿附会之说"(《四库全书总目提要》卷二九《春秋类四·春秋宗朱辨义》)。方苞《春秋通论》以孟子、朱熹思想为宗,据"孟子其文则史，其义则某窃取之意，贯穿全经，按所属之辞，合其所比之事，辩其孰为旧文，孰为笔削，分类排比"，其间论点虽有臆断不可信之处，但"其扫《公》《穀》穿凿之谈，涤孙、胡锲薄之见，息心静气，以经求经，多有协于情理之平，则实非俗儒所可及"（《四库全书总目提要》卷二九《春秋类四·春秋通论》）。

《左传》研究是清代前中期"《春秋》学"重心之所在。从"经的研究"的角度来看，这一阶段《左传》研究有两大特点：其一是在《春秋》"三传"中，尊《左传》而排《公羊》《穀梁》，如马骕《左传事纬》、毛奇龄《春秋属辞比事记》等，或认为"《左氏》义例在《公》《穀》之上"（马），或主要以《左传》为事实依据释《春秋》礼制（毛），都反映出古文经学家的重古轻今的价值取向；其二是于历代《左传》注疏中，主贾、服而弃杜预，其始作俑者为顾炎武。顾炎武《左传杜解补正》虽不完全排斥杜解，但认为杜预《左传集解》时有阙失，故"博稽载籍"，一一补正。顾书"甚重杜解而又能弥缝其阙失，可谓扫除门户，能持是非之平矣"（《四库全书总目提要》卷二九《春秋类四·左传杜解补正》），直启康乾时期学者疑杜、斥杜思潮。如朱鹤龄《读左日钞》多用顾氏说，采诸家之说补杜预之阙伪；惠栋《左传补注》亦受其影响，并对顾书不足之处多有补正。惠书"援引旧训以补杜预《左传集解》之遗"，对先秦及汉魏旧籍旁征博引，对杜注之误逐条进行驳正，是典型的汉学家风格。《四库全书总目提要》评价"其长在博，其短亦在于嗜博；其长在古，其短亦在于泥古也"（《四库全书总目提要》卷二九《春秋类四·左传补注》）。如果说，顾、朱、惠诸家的著作对杜预还属于"温和派"的话，那么，乾隆时的焦循和嘉道时期的李贻德、刘文淇则是排杜的"激进派"了。焦循《春秋左传补疏》指责杜预忘杀父之仇，与司马氏同流，在《左传集解》中多为司马氏饰："余深怪夫预之忘父怨而事仇，悖圣经以欺世，摘其说之大纰缪者，稍疏出之……俾天下后世共知预为司马氏之私人，杜恕之不肖子，而我孔子作《春秋》之蟊贼也。"（焦循《春秋左传补疏序》）李贻德《春秋左传贾服注辑述》辑贾逵、服虔之注而加以疏证；刘文淇祖孙三代致力于《左传旧注疏证》一书的纂述，用梁启超的话说，简直"是革杜注的命"。其自述体例云："先取贾、服、郑三君之注疏通证明，凡杜氏所排击者纠正之，所剿袭者表明之。其沿用韦氏《国语注》者，亦一一疏记。他如《五经异义》所载左氏说，皆本左氏先师；《说文》所引《左传》，亦是古文家说。《汉书·五行志》所载刘子骏说，实左氏一家之学。又如经疏、史注及《御览》等书所引《左传》注不载姓名而与杜注异者，亦是贾、服旧说。凡若此者皆称为旧注而加以疏证。其顾、惠补注及洪稚存、焦里堂、沈小宛等人专释左氏之书以及钱、戴、段、王诸通人说，有可采咸与登列，末始下以己意，定其从违，上稽先秦诸子，下考唐以前史书，旁及杂家笔记、文集皆取为证佐，期于实事求是，俾左氏之大义炳然复明。"（《伯山先考行略》，转见梁启超《中国近三百年学术史》之十三）

《左传》研究是清代前中期"《春秋》学"的重心，而从"史的研究"角度考订、辑佚、研究《左传》，则是重心之重心。不少经、史杂糅型著作，其主要部分在史而不在经。清初王夫之著《春秋稗疏》，其论《春秋》书法及仪象、典制仅为十分之一，而考证地理者则达十分之九。清人对《左传》研究涉猎广泛，牵涉地理、职官、姓氏、历法、大事诸方面。程廷祚《春秋识小录》是综合性考史之作，全书九卷，其中职官考略三卷、地名辨异三卷、人名辨异三卷。地名考订著作有高士奇的《春秋地名考略》，江永的《春秋地理考实》；姓名世族考订著作有陈厚耀的《春秋世族谱》，王引之的《春秋名字解诂》；历法方面的著作有陈厚耀的《春秋长历》，吴鼐的《三正考》；考史方面的著作有马骕的《左传事纬》和顾栋高的《春秋大事表》。上述著作中，影响较大者当推江永的《春秋地理考实》和顾栋高的《春秋大事表》。江著的特点有二：一是古今地名对照，二是对《春秋》及《左传》中名同地异、历代注家牵合混淆者详加辨证,史料富瞻，考订精核。顾栋高的《春秋大事表》将春秋列国史事列表排比,内容分为时令、朔闰、长历拾遗、疆域、爵姓及存灭、列国地形犬牙相错、都邑、山川、险要、官制、姓氏、世系、刑赏、田赋军旅、吉礼、凶礼、宾礼、军礼、嘉礼、王迹拾遗、鲁政下逮、晋中军、楚令尹、宋执政、郑执政、争盟、交兵、城筑、四裔、天文、五行、三传异同、阙文、吞灭、乱贼、兵谋、引据、杜注正讹、人物、列女等。是书"条例详明,考证典核",是一部较为成功的考史之作,梁启超对之评价甚高:"顾栋高……他著有一部好书,名曰《春秋大事表》。这部书的体例,是将全部《左传》拆散,拈出若干个主要题目,把书中许多零碎事实按题搜集起来,列为表的形式比较研究。其有用特别眼光考证论列者,则别为叙说论辨考等,凡为表五十篇,叙说等百三十一篇。《礼记》说:'属辞比事,《春秋》之教。'治史的最好方法,是把许多事实连属起来比较研究,这便是'属辞比事'。这些事实,一件件零碎摆着,像没有什么意义,一属一比,便会有许多新发明。用这种方法治历史的人向来很少,震沧这部书,总算第一次成功了。他研究的结果虽有许多令我们不能满足,但方法总是对的。"(梁启超《中国近三百年学术史》之八)

乾嘉学者在《春秋》《左传》的研究上,排今文重古文,薄杜预厚贾、服,严守"汉学"藩篱,其学术成就是显而易见的,但对此的评价历来褒贬不一,清代学者的看法就很不一致。梁启超虽为今文学家，但对汉学家们排抑杜解的做法大喝其彩，他在《中国近三百年学术史》中对杜预作猛烈抨击，说他剽窃汉儒成果，认为清儒排杜是革命性行为；而章太炎以古文经学家立场评价汉学家的治学路径，认为其重汉学薄魏晋，学术气度狭隘，其结果使学术成就受到局限，于《春秋》《左传》只限于注疏，其他则有所未逮。（参见章太炎《汉学论》，见《章太炎全集·太炎文录续编》）

清代汉学家的局限当然不仅仅限于注疏，而于"经说未大就"，更主要的还在于缺乏经世意识。"大氐清世经儒，自'今文'而外，大体与汉儒绝异。不以经术明治乱，故短于风议；不以阴阳断人事，故长于求是"（章太炎《清儒》，见《章太炎全集（三）》，《检论》卷四）。乾嘉时期唯一不同的是浙东学派及章学诚对六经及《春秋》的卓越见解。浙东学派虽然也以考史方法研究《春秋》，并直视《春秋》为史，但是他们与其他考史派的不同之处是据此提出"史学所以经世"的主张。章学诚在"六经皆史"的总命题下，对《春秋》作为"史学"的内在含义及经世功能作了明白无误的阐述。关于此，我们将在第三节中详细论及，此不赘述。

谈到清代"《春秋》学"，我们不能不说一说《四库全书总目提要》对《春秋》及"三传"的论述。清代处于中国封建社会晚期，对传统封建文化有总其大成的意味。《四库全书总目提要》对历代"《春秋》学"著作搜集整理、编写提要并间杂评论，从总体上而言，还是较为恰当公允的；但是，由于该书作者站在汉学家即古文经学立场上决定取舍，品评是非，因而其党同伐异习气随处可见。最能反映其观点的是《春秋类》卷首序说和卷末跋语。其卷首论"《春秋》学"沿革及取舍标准，对历代"《春秋》学"演进梗概的勾勒颇为准确精当，其对历代《春秋》著述的取舍以有无学术根底和学术见解为标准，也反映了乾嘉学者"实事求是"的学风；但对啖助、赵匡、孙复、刘敞诸家的批评，则带有古文经学家的意气成分。这种意气同样体现在各篇的评论之中。《总目》作者力图从一个公正裁判员的角度总结评论历代学者的"《春秋》学"著作，但由于时代和学术眼光的局限，终于在实际操作中难以做到，其卷末跋语论"三传"短长，尤其如此。他认为《左传》虽然也存在一些"不甚得《经》意"之处，"然其失也，不过肤浅而已"，总体上，"左氏亲见国史，古人之始末具存，故据事而言，即其识有不逮者，亦不至大有所出入"。而《公羊》《穀梁》则寻章摘句，穿凿附会，"故凭心而断，各徇其意见之所偏也。然则征实迹者其失小，骋虚论者其失大矣"。

由此可见，《四库全书总目提要》有扬《左》抑《公》《穀》的一般倾向，其对一切"《春秋》学"著作的褒贬评价都从这里生发出去,"后来诸家之是非,均持此断之可也"。以学派而不以具体著作的思想学术水平来评断好坏优劣及是非,绝不是治史者应有的科学的态度。《四库全书总目提要》在这里陷入了经学家派系之争的泥沼,使该书的客观公正性大打折扣;尽管如此,《四库全书总目提要》由于系统搜集、考释了包括"《春秋》学"在内的历代经学著作,使之成为封建社会时期有史以来一项最为浩繁的文化工程,为后世研究传统经学文化提供了极大的便利条件,以至于我们今天探讨《春秋》与中国传统文化之间的关系,仍然不能不借助于它来按图索骥,并由此深入堂奥,用其中的观点作重要的参照系,以对历代"《春秋》学"著作进行研究、评价。仅此而论,《四库全书总目提要》对传统经学文化的总结功不可没,足传千古。

2.《春秋》与中国传统史学

《春秋》是一部亦经亦史的书,它的影响除了突出表现在政治思想领域外,在中国传统史学领域也留下了深深的印痕。可以这样说,中国传统史学在历史观、编纂体例、叙述方法等方面所呈现出的若干特征无不与《春秋》有涉。

《春秋》对中国传统史学影响之一是中国传统史学的"正统"观。前面多次讲到,《春秋》公羊学的核心政治理念是"大一统","大一统"由"元年春,王正月"一语所引发。公羊家以"立元正始""以元统天""尊王攘夷"三项旨意来诠释它,概言之,《春秋》"大一统"理念强调王朝统治开端之纯正,强调王朝政治应具有足够的道德合法性,强调建立齐一的政治制度、整合的文化礼俗和统一的社会局面,其中尤以王朝统治端绪的纯正、统治权威的合法性为最紧要。此一观念,发展到后来,便演变成"正统"观念。正如欧阳修所说:"正统之说,肇于谁乎?始于《春秋》之作也。"(《原正统论》)

正统由"大一统"衍变而来:"大一统"强调"立元正始",正统也以王朝开端之纯正为旨要;"大一统"强调"尊王攘夷",正统则把王朝的上下授受有据、华夏为正、夷狄为伪视为王朝统治合法性的根由。《春秋》以后,中国古代史家极重这一点,王朝建立"正"与"不正",合法与不合法成为史家判别一朝一代历史地位和社会价值的主要标尺。在评判一个王朝的成败得失,描述一个王朝的运行状况,衡量一个政治权威人物的功过是非时,正统与非正统,"正"与"闰","正"与"伪"往往成为最基本的价值判断语汇。

正统观是中国古代史家评判王朝政治的主要价值尺度之一,因而正统观念的界定就会对史家的整个创作活动产生全面的影响。从叙述对象的遴选、载录主体的次序排列、叙述内容的详略安排,到编纂体例的选择、褒贬笔法的运用,等等,无不与此相关。

然而,究竟怎样界定"正统"、划分"正"与"闰",正统与僭伪的标准是什么,中国古代的史家们向来是歧说不一的。汉魏六朝时期,史家即频频使用正统观念编纂史书、裁量人物,并进行史学批评。典型的例子是东晋史家习凿齿,他不满于陈寿的《三国志》,以正统观念将三国历史改撰为《汉晋春秋》,认为晋上承汉统,曹魏非正统所在;但究竟何为"正统",其标准是什么,却殊少说明。大体说来,宋以前,中国古代的史家们对此并未深究,只是在史学创作中频频使用而已。宋以后,则对此观念逐步加以界定,并由此形成泾渭分明的两种趋向。

首先对正统观念加以严格界定的是北宋学者欧阳修。他为编撰《新五代史》发凡起例,提出了正统的定义问题,欧阳修认为,正统应以《春秋公羊传》为依据,他说:《春秋公羊传》说,君子特别重视处于正统合法的位置。合法性原则是用来规范天下不合法的行为的;统一原则是用来整合天下的分裂状态的,因为有不合法不统一的现象,然后才会提出正统的原则。欧阳修试图抛弃正统观念中过多的道德评判,主张以每一王朝的实际贡献和功业作为评判正统的主要依据。在这一定义中,欧阳修所秉持的与其说是《春秋公羊传》的大义,毋宁说是遵循了《春秋左氏传》所开创的秉笔直书、据实实录的精神。本着这一原则,欧阳修强调尊重史实为史学的根本特色，史家不能因所谓正统观念扭曲历史事实本身。欧阳氏对正统的这样一种诠释为真正具有客观务实精神的史家所接受，北宋中叶著名史学家司马光继承并发挥了这一趋向，他对正统的诠释较欧阳修更客观更精辟。他提出了两个重要的论点：一是"不能使九州合为一统，皆有天子之名而无其实者也"，例如刘备所建的蜀汉，后世史家多目为汉之余绪，为三国正统所在，而司马光不以为然，在《资治通鉴》中以曹魏为主线叙述三国历史，所谓"帝魏黜蜀"；二是"据其功业之实而言之"，这是史家客观求实的态度，既然三国时曹魏功业最著、领土最广、影响最大，就应"据其功业之实而言之"，而不能脱离历史事实去刻意渲染蜀汉的所谓"正统"。欧阳修、司马光所持的正统观充分代表了中国古代史家尊重史实、据实载录的优良传统，王船山是这一传统的最彻底的继承者，他认为正统与非正统纯系党派之私，"正不正存乎其人而已矣"（王夫之《读通鉴论·叙论一》），这实际上已经否定了正统观念。

诠释正统观念的另一种趋向则与此相反，它强调道德评价，在衡量一个王朝是否为正统时，不以其功业为主，不论其是否统六合之境，合九州为一，仅以其开端授受之正与不正，行政施治仁暴与否为主要依据。照这一派的观点，合天下为一者未必就是正统，偏据一隅者未必就不是正统，南宋理学大师朱熹是这一观点的代表人物。

朱熹不满欧阳修对正统的界定，更不满司马光在《资治通鉴》中以曹魏为中心的叙述方式，他另撰《资治通鉴纲目》，改以蜀汉为正统。朱熹强调"岁周于上而天道明矣，统正于下而人道定矣"（《资治通鉴纲目序例》）。他秉承《春秋公羊传》的衣钵，把史学政治化，为了现实政治目的而不惜曲解史实。朱熹的这一做法对当时及后世都产生了很大影响，《资治通鉴纲目》问世以后，一批仿效《纲目》，改撰历史的著述接踵而兴。如南宋尹起莘撰《资治通鉴纲目发明》，胡一桂撰《十七史纂古今通要》，陈均撰《皇朝编年纲目备要》，都以《资治通鉴纲目》为模范，按正统观念改撰历史。在这一倾向中，尤以改撰三国史事蔚为一时之风尚。此风波及元明之际，那时改撰《三国志》为《续后汉书》者有多家，如萧常《续后汉书》以蜀汉为帝纪，吴魏均为载记；郑雄飞《续后汉书》，翁再《蜀汉书》，郝经《续后汉书》，赵居信《蜀汉本末》，胡从圣《季汉正义》，张枢《续后汉书》，等等，均以蜀汉为正统，而视魏吴为闰余僭伪。又有以正统观念改撰宋代历史的，如明代王洙《宋史质》、柯维骐《宋史新编》、王惟俭《宋史记》，都是依据《春秋》"内诸夏而外夷狄"的观念重新撰写两宋历史，极力抬升两宋王朝的正统地位，贬黜辽、夏、金等少数民族政权的历史地位。这种对正统观念的刻意宣染使中国传统史学的相当一部分因此具有强烈的政治化、庸俗化的趋向。

总之,在正统观念影响下,中国传统史学呈现出两种截然不同的趋向:一种趋向虽也强调正统观念,但坚持尊重史实、据实载录的原则,以史学的客观原则为本位,司马迁、欧阳修、司马光等可视为代表,其史学成就也极高,他们代表了中国传统史学的主流;另一种倾向则极端强调正统观念,而在使用正统观念时,又纯以道德判断为主,为了体现正统、贬斥僭伪,他们不惜改撰历史著作,曲解历史事实,将史学强行拉入政治化的轨道,朱熹的政治化史学可视为代表。由于后一种倾向违背了史学的客观精神,因此其著作虽也车载斗量,然学术成就大都不足为观。

《春秋》对中国传统史学的影响之二是编年体裁的确立。《春秋》是中国古代最早的一部史书,也是中国古代编年体史书的开山之作。战国时期在《春秋》的基础上形成了编年体的典范之作《左传》。

《春秋》及《左传》所创立的编年体裁,其记事之法,通常概括为:"以事系日,以日系月,以月系时,以时系年。"如《春秋》载:隐公"三年,春王二月,己巳,日有食之"。日食就是所记之事,发生在己巳这一天,这就是"以事系日";论月,属于二月,此即"以日系月";而时节属春季,这就是"以月系时";又称三年,这就叫"以时系年"。编年体以载录内容宏富、叙事层次分明、记事状物景象壮阔为其突出优点。优点如斯,缺点也随之。由于同时发生的史事不止一件,就必须一一叙述,这样,某一件事情发生发展的连续过程就势必分散割裂,某一史事在同一书中往往呈现支离分散的特点。正因如此,编年体史书虽最早行世,却始终未成为中国古代史家编纂史书的首选体裁。后起的纪传体史书由于伟大史学家司马迁的天才创造,以及班固将纪传体成功地运用于断代史的编纂,遂使纪传体成为中国传统史学体裁的主导形式,成为"正史",编年体反而退居于"正史"的辅助地位。

唐代将官修"正史"定为制度,进一步强化了纪传体的主导地位,用编年体著书者寥寥无几;但它并未销声匿迹,唐以前有荀悦的《前汉纪》、袁宏的《后汉纪》、裴子野的《宋略》、王邵的《齐志》等。编年体之所以与纪传体并行于世,原因很简单,它具有某些不可替代的功能,以时间为序的叙事方法,大小事件的井然排列,全面宏大的全景式描写,以及编年体特有的政治功能都使它为后世史家所沿用不替。某些时候,编年体还会取得显赫的地位。北宋时司马光完成《资治通鉴》这一编年体巨制,不仅恢复了编年体史书的历史地位,而且促进了编年体史书以更多样化的形式发展。

司马光修《资治通鉴》,采用《春秋左氏传》的形式,按年、时、月、日的次序记事，年、月以数序，日以干支，时书春、夏、秋、冬。时间不甚分明者，则概括地叙述在年终或月末，又常用追叙或附叙之笔以减少史实的分散性。《通鉴》可称完全继承了《春秋》的范式。由于司马光撰修《资治通鉴》组织严密、科学严谨，其书体大思精、网罗宏富，使编年体史书达到了一个前所未有的水平，因而引得后来史家纷起效仿，以编年体，甚至直接以"续通鉴"之名编纂史书，由此产生了一大批编年体历史著作。著名的有：李焘《续资治通鉴长编》，李心传《建炎以来系年要录》，徐梦莘《三朝北盟会编》。

除此之外，编年体又发展出新的样式——"纲目体"，代表作是朱熹的《资治通鉴纲目》。纲目体按编年的形式叙事，但每事都分为纲要和细节两部分，先以大字书为概括性的提纲，其下以分注的形式详述细节，故称纲目，较单纯的编年体叙事形式更为眉目清晰。纲目体不仅在体裁上继承发扬了《春秋》的编年传统，而且在褒贬笔法上秉承了《春秋》的要旨，以政治目的为主，以正统观相标榜，立纲仿效《春秋》，力求谨严，叙目仿效《左传》，以说明事实为度。

《资治通鉴纲目》的行世，因其突出的政治倾向性而为后代统治者所赏识，宋以后为《纲目》作注或采用此体例著史者不乏其人。元朝以前有陈均的《皇朝编年纲目备要》,记叙北宋九朝之事;又有无名氏撰《中兴两朝编年纲目》《两朝纲目备要》。宋以后直至明清,每代都有编年体著作。宋末元初有金履祥的《资治通鉴前编》,陈桱的《通鉴续编》。明代有商辂等人奉敕撰修的《续资治通鉴纲目》,南轩撰写的《通鉴纲目前编》。

清代则有徐乾学的《资治通鉴后编》,清中叶毕沅著的《续资治通鉴》可称为后来居上之作。除续通鉴之作外,清代还有专叙明代历史的编年史书,著名的有谈迁的《国榷》,陈鹤的《明纪》以及夏燮的《明通鉴》。

《春秋》所创立的编年体形式影响是如此长久,直至今天,我们在编纂地方史以及各类大事记时都常常使用编年的体裁。

《春秋》对中国传统史学影响之三是《春秋》笔法对史学的褒贬"义例",即史学批评样式的示范作用。《春秋》是一部政治化的历史著作,孔子在表述自己的政治观点时尝自称:"我欲载之空言,不如见之于行事之深切著明也。"(司马迁《史记·太史公自序》)孟子也说过,《春秋》作而乱臣贼子惧。孔子将自己的政治理想都寄托在《春秋》的撰述之中,故叙事特别讲究"笔法""书法""义例",又由于《春秋》极简略,要表达一种政治观点往往通过细微的修辞造句的不同而体现,这种以"微言"寄托"大义"就是《春秋》笔法特色之所在。

《春秋》尊王之义就是通过所谓"书法"加以表达的。举如隐公元年冬,《春秋》书曰:"祭伯来。"《公羊传》释曰:"祭伯者何？天子之大夫也。何以不称使？奔也。奔则曷为不言奔？王者无外,言奔则有外之辞也。"又如《春秋》书天子之死为"崩",而不记葬,因为周天子"至尊无所屈"。在《春秋》笔法中,还有所谓"讳例",即"为亲者讳","为尊者讳",通过"讳"来表达作者不愿明言的政治观。《春秋》著名的讳例是"讳八言六","讳致言狩"。鲁国大夫季孙氏"八佾舞于庭",僭礼越制,《春秋》记为"六"。晋文公践土之会,取威定霸,召周天子与会,《春秋》不愿直书其事,而讳为"天王狩于河阳",意即周天子是打猎到了河阳,顺道参加了践土之会,而不是晋文公所召致的。诸如此类的"书法""讳例""义例"贯串于《春秋》通篇,这样一种叙事方法对后世史家产生了广泛的影响,后世史家大多认为史书含有道德劝诫作用,有时史家对于史实的考证不必求其极详,然而书法则不可不求其精密,这种观念在宋代因理学的兴盛而得以强化。欧阳修撰《新五代史》,他所注重的也是书法；朱熹撰《资治通鉴纲目》,对于具体史实的搜集整理较少关注,其事多由门人编纂,而对于书法、义例则备极重视,手定凡例一卷,强调该书体例、书法的严正立场,所谓"岁周于上而天道明矣,统正于下而人道定矣,大纲概举而监戒昭矣,众目毕张而几微著矣"(朱熹《资治通鉴纲目序例》)。在《资治通鉴纲目》一书中,有多处仿效《春秋》笔法,如改以蜀汉为正统,唐代武则天改国号为周,《纲目》则纪唐中宗之年,"帝在某地",以仿《春秋》书鲁昭公为三桓逐出鲁国后居乾侯的例子。

中国古代史家注重"笔法""褒贬义例",以突显史书的惩戒作用,这种传统延至明、清而不改。清代皇帝很重视这一点,清圣祖有《御批资治通鉴纲目》,清高宗更有《御批通鉴辑览》,以官方的身份提倡此义。《春秋》笔法、义例对中国传统史学所产生的影响具有两方面的意义:一方面它使中国传统史学较早就具备了自觉的历史意识,史家高度重视史学的资鉴作用、惩戒作用、教化作用,从而使史学的社会教化功用得到了最大限度的发挥,这在世界文化史上是仅见的;另一方面,由于《春秋》过分强调笔法、义例,强调史学的鲜明政治倾向,从而使中国传统史学在某种程度上偏离了据实载录的客观精神,史学在某种程度上也丧失了独立的品格,沦为政治的侍婢,正统观念的注脚,封建皇帝的御用工具。

3."三传"经典阐释路向与中国传统学术范式

包括《春秋》在内的儒家经典,影响当然不止于中国传统史学，而且更及于整个中国传统学术。冯友兰先生在谈到中国古代哲学史时，曾经谈到经学的这种深刻影响：

> 在中国哲学史中，自孔子至淮南王为子学时代，自董仲舒至康有为为经学时代。在经学时代中之诸哲学家，无论有无新见，皆须依傍古代哲学家之名，大部分依傍经学之名，以发布其所见；其所见亦须以古代即子学时代之哲学中之术语表出之。此时诸哲学家所酿之酒，无论新旧，皆装于古代哲学，大部分为经学之旧瓶内；而此旧瓶，直至最近始破焉。由此方面言之，则在中国哲学史中，自董仲舒至康有为皆中古哲学，而近古哲学则尚未见萌芽也。[①]

关于中国学术史的分期有不少说法，笔者较欣赏冯友兰先生的上述分期说。理由之一便是他明白无误地道出了汉以后经学成为中国思想学术的主干，学人的思想与学术完全依傍经学的显著特征。

经学时代的思想与学术是以守旧和唯圣为特征的。"盖凡学皆贵求新，惟经学必专守旧"（皮锡瑞《经学历史》），

[①] 冯友兰：《中国中古近古哲学与经学之关系》，载《三松堂学术文集》，北京大学出版社，1984，第195–196页。

这里讲的是经学的守旧。"布衣改制，事大骇人，故不如与之先王，既不惊人，自可避祸"（康有为《孔子改制考》），则变相揭示出旧时代人们唯圣是从的普遍心态。守旧与唯圣之所以成为"经学时代"学术的主要特征，首先是由经典自身性质所决定的。一方面，从思想内涵而言，经典蕴含了自然、社会、人生的永恒主题，因此"先秦时代所形成的几部经典一直是中国思想家思考宇宙、国家、社会、人生诸般问题的一套基本文献，而历代许多大思想家、大学问家也常常透过对这些基本文献的注解诠释，来提出他们思想体系"。[①]另一方面，在思维方式上，经典具有暗示性、不确定性和开放性特征，"《诗》无达诂，《易》无达占，《春秋》无达辞"（董仲舒《春秋繁露·精华》），这种特征也引导历代学人不断面向经典进行反复的、多角度的思考和诠释："中国哲学非常简洁，很不分明，观念彼此联结，因此它的暗示性几乎无边无涯。结果是千百年来人们不断地加以注解，加以诠释。"（金岳霖《中国哲学》，载《哲学研究》1985年第9期）

守旧是就经学的基本特征而言的，它指的是人们在基

[①] 黄俊杰：《旧学新知百贯通——从朱子〈孟子集注〉看中国学术史上的注疏传统》，载刘岱总主编《中国文化新论　学术篇　浩瀚的学海》，生活·读书·新知三联书店，1991，第199页。

本的内容、概念上必须在经典划定的框框内进行,但并不排斥在具体问题上有所创新,甚至"借旧瓶装新酒",在阐释经典的名义下构筑全新的思想体系。这就牵涉到两种不同的经典阐释路向:一种是"信而好古,述而不作",只对经典作史事、辞章上的训诂和考证,努力保证其本来面目;一种则是注重阐释经典的"微言大义",并在此基础上有所发挥,形成自己的思想体系。这两种阐释路向分别体现于古文经学和今文经学的释经风格之中。周予同先生曾指出:

> 今文学以孔子为政治家,以"六经"为孔子致治之说,所以偏重于"微言大义",其特色为功利的,而其流弊为狂妄。古文学以孔子为史学家,以"六经"为孔子整理古代史料之书,所以偏重于"名物训诂",其特色为考证的,而其流弊为烦琐。(皮锡瑞《经学历史》序言)

上述两种释经路向在三《传》——具体地说是在《公羊传》和《左传》对《春秋》的阐释中得到明晰的体现。

《公羊传》及公羊学派的释经路向表现出如下一些特点:首先,《公羊传》将《春秋》视作政治哲学典籍,亦即将其定位于"经"而不是"史"上面,皮锡瑞在《经学历史》中曾评论《春秋》的这一特征,指出孔子作《春秋》

"据鲁,亲周,故殷,运之三代,约其文辞而指博"。其对人对事的褒贬体现在遣词造句之中,例如:"故吴、楚之君自称王,而《春秋》贬之曰'子';践土之会,实召周天子,而《春秋》讳之曰'天王狩于河阳'。推此类以绳当世贬损之义。后有王者,举而开之,《春秋》之义行则天下乱臣贼子惧焉。孔子在位,听讼、文辞有可与人共者,弗独有也;至于为《春秋》,笔则笔,削则削,子夏之徒不能赞一辞。"孔子对于《春秋》这种以维护周朝、周礼为旨归的所谓"春秋笔法"是很自得和自信的,他说:"后世知丘者以《春秋》,而罪丘者亦以《春秋》。"(《史记·孔子世家》)《春秋》公羊学继承孔子学术,专意于发挥其微言大义。公羊家并不否认《春秋》"史"的属性,但他们认为史只是孔子表达"微言大义"的一种依凭,《春秋》是讲"天子之事"的政治哲学著作,它所包蕴的政治意义远远突破史书褒贬善恶的单一功能而直接指导后世统治者进行治国安邦的大业。公羊学对《春秋》的这种理解为它的释经路向奠定了基石:一是《春秋》是创作的而非因袭的,后来儒者当以孔子为榜样,在认同孔子"微言大义"的基础上对《春秋》有所发明;二是《春秋》之"义""无达辞",公羊学家的任务就是对这些"义"作解释,使孔子的"微言大义"具体化,据此而提出"大一统""三科九旨"等一系列说法;三是《春秋》作为政治哲学著作对政治实践具有现实指导意义，公羊释经，除了作学理上的阐发外，主要是"引古筹今"以为现实政治斗争服务。

其次，公羊学派对《春秋》的阐释主要偏重于对"义"的阐释与发挥。董仲舒倡言"大一统"，何休系统阐述"三科九旨"，康有为喜言"通三统""张三世"，都体现了这种阐释精神。此一阐释路向着意于对《春秋》内在精神的理解和把握，而非专力于章句的训诂与考证。"教人读古书，不当求诸章句训诂名物制度之末，当求其义理。所谓义理者，又非言心言性，乃在古人创法立制之精意。"（梁启超《清代学术概论》之二十三）公羊学释经，虽然强调发明孔子《春秋》所隐而未发之真义，但往往突破经典原意作任意发挥，这正如刘知几所说的"记言载事，失彼菁华；寻源讨本，取诸胸臆"，"自我作故，无所准绳"（刘知几《史通·申左》）。"汉之初兴，传经者皆解大义，不为章句，而其大义则皆口口相传，罕著竹帛。以其口口相传故，必有所受，不为臆说，当能得经之本意；以其罕著竹帛故，与闻者寡，而亦无以永其传。自诸大师云亡，而经学盖难言之矣。两京诸经生，强半以谶纬灾异阴阳五行之说释经，其果受自孔门与否，盖不可知，即曰有所受也，亦不过诸义中之一义，其不足以尽经术也明矣。其间有若董子《繁露》之说《春秋》，刘中垒《新序》之说《诗》，盖不必尽本于师说，而常以意逆志，籀经中之义蕴而引申发明之，实为经学开一新蹊径。"（梁启超《荆公之学术》）发展到唐末宋明，强经从己，《春秋》经典只存在一个躯壳。晚清康有为释经，更将这一路向推向极致，"有为之治《公羊》也，不断断于其书法义例之小节，专求其微言大义"，"而有为以好博好异之故，往往不惜抹杀证据或曲解证据，以犯科学家之大忌，此其所短也"（梁启超《清代学术概论》之二十三）。

第三，公羊学家以实用主义态度对待经典，具有强烈的经世意识。公羊学家认孔子为"新王"，为政治家，认《春秋》为政治哲学著作，其发挥《春秋》"微言大义"，不仅仅是作学术上的论证，更重要的是为现实政治服务。汉代经学家极力鼓吹《春秋》是"为汉制法"，将一部古代经书直接与现实政治相挂钩，以期使之成为汉朝"宪法"："必知孔子制《春秋》以授汉者。案《春秋》说云：'伏羲作八卦，丘合而演其文，渎而出其神，作《春秋》以改乱制。'又云：'丘揽史记，援引古图，推集天变，为汉帝制法，陈叙图录。'又云：'丘水精治法，为赤制功。'……以此数文言之，《春秋》为汉制明矣。"（徐彦《春秋公羊传注疏》）《公羊传》的这一说法在汉代相当盛行，皮锡瑞《经学历史》曾引数则史料说明之："王充《论衡》曰：'夫五经亦汉家之所立；儒生善政大义皆出其中。董仲舒表《春秋》之义，稽合于律，无乖异者。然则，《春秋》，汉之经。孔子制作，垂遗于汉。'案：

王仲任以'孔子制作,垂遗于汉',此用《公羊春秋》说也。《韩敕碑》云:'孔子近圣,为汉定道。'《史晨碑》云:'西狩获麟,为汉制作。'"孔子为春秋时鲁人,肯定不会想到为几百年以后一个具体的朝代立宪制法,因此后世儒者斥之为狭陋。其实公羊学家们何尝不知这是臆说,但在守旧心态与经世意识双重作用下,对《春秋》作出了实用主义的曲解。"汉经学所以盛,正以圣经为汉制作,故得人主尊崇。此儒者欲行其道之苦衷,实圣经通行万世之公理。"(皮锡瑞《经学历史》)公羊学家不仅将《春秋》视为汉代的根本大法,而且将其视为具体的政治工具,汉代董仲舒、清代刘逢禄以《春秋》决狱,即是典型例证。更为重要的是,近代公羊学家倡导"三世说",将《春秋》作为"改制""变法"的理论工具,更赋予《春秋》以无穷新意,龚自珍、魏源"崇今文以谈变法"(齐思和《魏源与晚清学风》),康有为、梁启超"定《春秋》为孔子改制创作之书"(梁启超《清代学术概论》之二十三),以此为理论根据发动戊戌维新。因此,公羊学派阐释经典绝不是为学术而学术,在他们那儿,学术只是谋求政治的一种手段,经典亦是可以任意改造的工具,一言以蔽之,不是"我注六经",而是"六经注我"。

与《公羊传》及公羊学派的阐释路向不同,《左传》及古文经学家主要将《春秋》作为一部史学著作来看待。《左传》解经，主要不是从义理上去阐发其"微言大义"，而是从事实上对其作说明、订正、补充，使其始末具备，详细周到。这一阐经路向后来儒者是十分清楚的。"《左氏》是史学，《公》《穀》是经学。史学者记得事却详，于道理上便差；经学者于义理上有功，然记事多误"；"《左氏》曾见国史，考事颇精，只是不知大义，专去小处理会，往往不曾讲学。《公》《穀》考事甚疏，然义理却精。二人乃是经生，传得许多说话，往往都不曾见国史。"(《朱子语类》卷八三《春秋·纲领》) 由于《左传》主要是从史的角度来阐释《春秋》，导致汉代以后的古文经学家及《左传》研究者由《左传》及《春秋》，认为《春秋》主要是史而非经，孔子作《春秋》，只是依鲁国旧史、周公成例略作删削。换言之，孔子只是一个修史的学者，而不是一个借史言义的"圣人"。这一思想杜预表述得最为明确："其发凡以言例，皆经国之常制，周公之垂法，史书之旧章；仲尼从而修之，以成一经之通体。"(《春秋左传集解序》)《左传》及《左传》学家对《春秋》的这种理解，从两个方面确立了其阐经基调：一是孔子及《春秋》虽然对周公成例有所创造发明，但主要是删削订正，因此其思维与学术路线是"信而好古，述而不作"，后世学者对孔子及《春秋》的效法当以此为着眼点，信古好古，但求忠于原意，不求有所创新；二是《春秋》及《左传》是史学著作，其"义"

不是主要的,后世学者对其阐释的重心应在"史"不在"义",从内容上说,主要是作辞章训诂、史事考订,从学术理念和目标上说,则只停留在辞章、史事等技术层次上,不求其发挥发明"义理"而为现实社会服务。

《左传》及古文经学家的这种阐经倾向经汉代、魏晋隋唐到清代乾嘉时期达到极致,诚如梁启超曾经指出的,汉代学术,尤其是马融、郑玄诸家,以章句训诂为其志,用力甚勤,但只埋头寻章摘句,对于经典中隐含的思想并没有认真理解并予以阐释。至于魏晋至唐的学者,"士不悦学,而惟以文辞相尚",于是佛学昌盛,而经学不昌。到了清代,考据训诂盛行,"自乾嘉迄今,则诸经皆有新疏。片词单义,必求所出,空言臆说,悬为厉禁,训故名物制度,钩比研索,刮垢磨光,遂使诸经无不可读之字,无不可解之句,厥功楙矣"。但同时应该看到,汉学的弊端也被清代考据训诂大家们放大到了极致。"然究其实际,又不过与徐、刘、陆、孔之徒,比肩事主,为贾、马、服、郑之功臣。即进而上之,能为贾、马、服、郑之诤友,斯峰极矣。一言以蔽之,则治章句之学而神其技者也。"(梁启超《荆公之学术》)学者只钻故纸堆,而对阐发经典政治、学术思想毫无兴趣,于现实社会更是充耳不闻,一心只读圣贤书。

综观此一派阐经特点有三:一是琐碎。学者的思想淹没在烦琐不堪的训诂考据之中,"古之学者耕且养,三年而通一艺,存其大体,玩经文而已,是故用日少而畜德多,三十而五经立也。后世经传既已乖离,博学者又不思多闻阙疑之义,而务碎义逃难,便辞巧说,破坏形体,说五字之文,至于二三万言。后进弥以驰逐,故幼童而守一艺,白首而后能言;安其所习,毁所不见,终以自蔽。此学者之大患也。"(《汉书·艺文志》)二是崇经信古。乾嘉学者对《春秋》及《左传》的训释、考订,就经义而言,是唯经是从,未作发挥,治经而不可驳经;但就某些具体学术问题,则本着"实事求是"的态度多有发明。对古人的注疏,相信愈古愈真,愈古愈善,排杜而尊贾、马,要"复于东汉",可谓"家家许郑,人人贾马"。因此,清代《左传》学虽有"求真"一面,但在总体释经路向及风格上则无疑是唯古是信,古经古传古注成为真理的标准。三是述而不作,解经注经只停留在玩索章句的层面,于义理则不予讲求。汉代学者如此,清代学者更如此。梁启超对此有精辟论述:

> 而两汉、隋、唐之绪,发挥光大以极于本朝,其最伟之绩,不越章句。夫并章句而未解,更靡论于大义,斯固然矣;然谓既解章句,则治经之业已毕,而此外更无余事,天下有是学术乎?即贾、马、服、郑、徐、刘、陆、孔、惠、戴、段、王诸经师,亦岂敢谓其学即为经学,不过曰吾之为此,将以代世之治经学

者省其玩索章句之劳,俾得注全力以从事于讲求大义云尔。讲求大义,实为治经者唯一之目的,玩索章句,不过为达此目的之一手段。误手段以为目的,则终其身无所得于经。人人如此,代代如此,而经学遂成无用之长物矣。(梁启超《荆公之学术》)

综观《公羊》学派与《左传》学派的释经路向,其不同之处昭然可见,前者为经世的,后者为纯学术的;前者是"六经注我",后者是"我注六经"。两种释经路向衍化、扩展的结果是形成中国两种不同的传统学术思潮:一种是以阐发儒学经典"治世"大义为旨趣,以"入世""外王"为特征,直接服务或介入政治、民生的"经世致用"思潮;一种是以诠释经书文本为主,着力于文字训诂、史事考辨、典章订正,只求学问纯不纯,不问有用与无用的无功利色彩的"为学术而学术"的思潮。两股思潮在两千余年封建社会里经历了不同的命运。"经世致用"学术思潮一本于《庄子·齐物论》中的"《春秋》经世,先王之志",强调"入世",直接介入政治活动,注重创新,对儒家经典有所发展修订,显然同"唯圣""崇古"的经学旨趣和独断、"大一统"的专制政治格局大相违异,因此董仲舒之后便一直隐而不彰。宋代理学虽然讲求"义理",但折入"心性"一途,进入与"外王"相对立的"内圣"境界,与原始儒学的"经世"要求完全背道而驰:"宋儒之学,自是三代以后讲求诚正治平正路;第其流弊,则于学问、文章、经济、事功之外,别见有所谓'道'耳。以'道'名学,而外轻经济事功,内轻学问文章,则守陋自是,枵腹空谈性天,无怪通儒耻言宋学矣。"(章学诚《文史通义》外篇三《家书五》)清初,虽然有王夫之、顾炎武、黄宗羲挖掘经典"经世"原旨,注重"当世之务",但很快便被乾嘉考据学淹没。其时有章学诚倡"六经皆史"之说,对包括《春秋》及"三传"在内的经典作"经世"诠解:"六经不言经,三传不言传……古之所谓'经',乃三代盛时典章法度,见于政教行事之实。"(章学诚《文史通义》内篇一《解经上》)"六经皆史也。古人不著书;古人未尝离事而言理,六经皆先王之政典也。"(章学诚《文史通义》内篇一《易教上》)"史学所以经世,固非空言著述也。且如六经同出于孔子,先儒以为其功莫大于《春秋》,正以切合当时人事耳。"(章学诚《文史通义》内篇五《浙东学术》)章学诚对经典"经世"原旨的抉幽阐微,尽管不无精当之处,但因游离于"重考据,轻义理"的学术主潮之外,因此并没有引起时贤的共鸣,其作用和影响是十分有限的。只是到了道、咸以后,随着社会和政治环境的变化,公羊学复兴,学术经世又成为学人普遍认同的社会思潮。反观以考据注疏为主要内容的追求"纯学术"的学术思潮,自东汉起就一直连绵不断，代有峰峦，东汉章句训诂盛行，奠定了这种学术路径的基石。魏晋以迄隋唐，对经典的研究，基本上沿袭东汉学风。清代前中期更是将其推向极致，学者对经典诠释以及做一切学问"只求真不真，不问有用与无用"。"为学问而学问"的"纯学术"路径之所以为历代学人因袭，既有学术的内在原因，又有十分复杂的政治因素。孔子强调的"信而好古，述而不作"被古文经学家奉为信条，学者们埋首书斋，皓首穷经，专力于名物训诂的"实学"，与封建统治者禁锢人们的思想以求得专制统治的稳定的愿望不谋而合，因此，"纯学术"研究往往受到封建统治者的提倡与鼓励。天下莘莘学子"两耳不闻窗外事，一心只读圣贤书"，致力于与现实政治保持相当距离的学术文化事业，既使封建王朝感到了某种安全感和满足感，同时亦可作为"盛世"的一种点缀和粉饰。因此，总括而言，大凡政治较为稳定时，"纯学术"思潮风行，而一旦王权式微、社会动荡和革故鼎新之际，则"经世致用"思潮抬头，学者的忧患意识、社会批判精神和要求变革的愿望便通过学术思想表现出来，明末清初如此，道、咸之际如此，清末民初亦如此。

但是，经世也好，"纯学问"也罢，今文经学与古文经学，换言之，经世派学者和纯粹做学问的考据派学者尽管在学术精神与治学风格上存在差异，但在学术语言和学术范式上却大体一致。从学术语言而言是经典语言，亦即冯友兰先生指出的皆依傍古哲学诸系统，以古代哲学所用之术语表出之。在学术表现形式上则是注疏。"孔子所定谓之经；弟子所释谓之传，或谓之记；弟子展转相授谓之说"（皮锡瑞《经学历史》），儒者对传的诠释为注，对注的诠释则为疏，形成了经—传—注—疏的经典诠释亦即学术表达系统，并在总体原则上体现出"注不驳经，疏不驳注；不取异义，专宗一家"（皮锡瑞《经学历史》）。这种学术范式与西方古代及中世纪有很大不同。"从思想史的立场来看，传统中国思想家表达其思想系统有一个很特别的方式，这就是：以注解及诠释经典的方式来建立自己的思想体系。这种表达思想的方式与西方思想传统有很大的出入，一般说来，西方思想家很少以注解经典的方式来提出他们自己的哲学体系。我们固然可以说整个欧洲哲学传统就是柏拉图思想的注脚，但是西方思想家对柏拉图哲学是'抽象的继承'，而不是'具体的继承'。他们在思辨路数上从柏拉图汲取灵感，但注解柏拉图并不是他们建立思想体系的根本方式。"[1]欧洲中世纪的经院哲学奉《圣经》为

---

[1] 黄俊杰《旧学新知百贯通——从朱子〈孟子集注〉看中国学术史上的注疏传统》，载刘岱总主编《中国文化新论　学术篇　浩瀚的学海》，第199页。

金科玉律，哲学家们在著作中对其教义作反复诠释和论证；但经学与神学在表述形式上也不尽一致："中国发达的训诂学，并不似欧洲中世纪期间的经院哲学。训诂之作缺乏在西方国家法律学中所见到的那种合理的形式主义性质。再者，在天主教的耶稣神学者、犹太教的犹太教法学家、伊斯兰教的神学者、以及研究'阿毗达磨'理论的佛教学者中，都能看到决疑论的性质，而训诂学者却没有。"[1]

传统学术这种"注不驳经，疏不驳注"，经、传、注、疏层层制约的注疏范式首先是影响了对儒学经典的正常研究，尤其是一切以是否合乎经典的原初意义为价值标准来判断学术著作的是非优劣，无疑限制了学术思想的自由发展。对此，梁启超有一段颇为精彩的议论，他说：长久以来，人们研治经学最难者莫过于明了经典的"大义"，在先秦时代，经典通过口传心授，如果不能直接受教于孔子，而只得到孔子弟子和弟子的弟子的传授，也算勉强得经义之真传。"质而言之，则非有口说，莫知所折衷也。准此以谈，则惟先秦诸儒，可以言经学。次则西汉诸儒，犹可以勉言经学"。汉代以后，"口说既亡，而经学在势

---

[1] 中村元：《东方民族的思维方法》，林太、马小鹤译，浙江人民出版社，1989，第150页。

当成绝业。后之儒者所以不敢于求大义者",如此一来,经学岂不成绝响了吗?所以汉以后的经学家,研治经学,要么专注于经典名物训诂,要么则"独抱遗经以意逆志,而自求其所谓大义而已"。但他们苦心孤诣阐发的经典"大义",未必就是孔子的本义。因此,以经典和孔子"大义"为必须遵循的思想和判断是非的标准,无疑禁锢了学者的自由研究,学者只能戴着镣铐跳舞,一方面注经解经,另一方面有限度地在经学框架内阐发自己的学术主张。"而举天下以思想自由之故,性灵愈浚而愈深,或能发古人未发之奥,不特为六经注脚,且将为六经羽翼,其为功不更伟耶?吾以为生汉以后而治经学,舍此道末由矣。苟并此道而不取焉,则无异于谓当废经学而不许人以从事已耳。以此道治经者,创于先汉之董江都、刘中垒,而光大之者荆公也。"(梁启超《荆公之学术》)

因此,就整个儒学学术系统而言,注疏范式实际上包含两种学术旨趣:一种是注疏就是注疏,即通过注疏严格地诠释、把握儒学经典的原初意义,或者退而次之,诠释理解传、注的本来意义;另一种则是在注疏的外壳下表述自己的思想,营构自己的理论体系,虽然也属儒学范围,但与元典意义的儒学已相去甚远,这就是冯友兰先生所谓"旧瓶装新酒"。这一类儒者及其学术著作、其语言表达方式、其学术范式绝对是与传统经学相一致的。董、刘、王如此，朱熹、戴震亦如此。"朱熹是宋朝伟大的哲学家，是儒学的集大成者，但他的著作主要是对古典的注释或者是对古典注释的注疏。他在著作中没有完全独立的和系统的论述。"[①]戴震的《孟子字义疏证》批判宋明理学，是一部极具思想解放意义的哲学著作，梁启超对此评价颇高，认为其与"欧洲文艺复兴时代之思潮之本质绝相类"，"随处发挥科学家求真求是之精神，实三百年间最有价值之奇书也"（梁启超《清代学术概论》之十一）；但在著作体例、表述形式等方面仍然是注疏式的。"戴震全属西洋思想，而必自谓出孔子"（梁启超《清代学术概论》之二十六）。他仍然要反复强调自己是先圣的忠实信徒，声称"舍圣人立言之本指，而以己说为圣人所言，是诬圣。借其语以饰吾之说，以求取信，是欺学者也"（戴震《孟子字义疏证》），表示要忠实于元典儒学的本来意义，其治学路径更是传统注疏训诂一路，"由文字以通乎语言，由语言以通乎古圣贤之心志"（戴震《古经解钩沉序》），其思想性灵的火花只能在辞章训诂的字里行间迸出。

[①] 中村元：《东方民族的思维方法》，林太、马小鹤译，第139页。

传统学术的注疏范式不仅表现在儒学领域，而且扩展到佛教、道教等整个传统学术范围。佛教自汉魏间输入中国后，引起中国人的极大兴趣，研读佛教经典的僧人颇多，涌现出不少佛学大师，但他们对佛经的研究绝大部分采取了中国传统的研究范式——注解，独立地、系统地撰写的佛教著作极少：

> 嘉祥大师吉藏的著作现存有26种，其中仅有二部是系统的论述，即《二谛义》三卷和《大乘玄论》五卷。其余24种是对经论或教义的注解。华严宗集大成者贤首大师法藏的论述代表作当推三卷本或四卷本的《华严五教章》，但其余他撰写的绝大部分著作都是"经"或"论"的注释。因此，称中国佛教为"注释的"，这大概是适当的，虽然佛教是作为学问被谈论的。
>
> 强调解释的思维方法带来一些惊奇的现象，例如唐朝著名的华严宗学者澄观，他为《华严经》注解，写了长达60卷的《大方广佛华严经疏》。后来他继续从事注解，加上他对《华严经》研究的90卷，合称《大方广佛华严经演义钞》。①

这些僧人学者对佛经的注疏与儒家学者对经学元典的注

---

① 中村元：《东方民族的思维方法》，林太、马小鹤译，第140页。

疏有共同之处：一方面抱着完整准确理解佛典原意的宗旨，对佛教经典作训释注解，不少人与"汉学"学者一样，颇具"烦琐哲学"的意味；另一方面则在注疏过程中表达自己的见解，形成了独到的观点和体系，如"律宗"体系的建立，使佛教实现了中国化。"既然中国的佛教圣典全都译自印度原著，对中国人来说，探询注解的研究，以便完美地掌握佛典的含意，这或许是必要的，所以那些注解本本身是有特色的，它们比原著更富有意义。"①

关于道家，日本学者中村元认为这是中国传统学术体系唯一摆脱注疏范式，而用批判眼光独立系统地进行研究撰述的学术流派；但事实并非如此，道教和道家学者对道家经典的研究同样未能摆脱注疏范式，如魏晋六朝学者对老、庄著作的研究基本上采取的是注解形式。冯友兰先生的《中国哲学史》认为整个上古、中古中国哲学都是依傍古人、注疏旧典的，道家亦不例外。"冯先生从表面依傍成说的注疏中，榨出注疏者的新见，这种精细的工作，是以前讲中国哲学史的人没有做过的。这种工作最显著的成绩乃在第六章讲向秀与郭象的一长段。最有趣的，他从注文的勘核竟发现了一个复沈千

---

① 中村元：《东方民族的思维方法》，林太、马小鹤译，第140页。

古的冤狱,郭象盗窃向秀《庄子注》的冤狱,而得到平反的证据。"[1]可见,无论儒、佛、道,都是囿于注疏范式的,"中古人的解经纯以经典为主体,而以自己的意见补益之,如两汉今古文学家之解经(即五经),魏晋人之注释老庄,隋唐人之推衍佛说,大体都是依傍经典,不能跳出经学的圈外"。

注疏经典作为一种学术范式是中国人好古、信古、崇圣、唯上思维方式的典型体现,尽管它在保持传统文化的连续性方面有不可抹煞的功绩,但其消极作用却不能忽视,它妨碍了中国人创造精神和学术自由思想的形成与发展,使中国文化的活力和再生力的前景受到极大扼制。注疏传统源于经学,代代相续,作为一种思维与学术范式甚至延续至今。因此,对其作梳理、研究乃至进行客观公正的评价,不仅有学术意义,而且其现实意义也是不言而喻的。

---

[1] 张荫麟:《评〈中国哲学史〉下卷》,载冯友兰《三松堂学术文集》,第340页。